U0722750

北京人艺演员
谈表演

北京人民艺术剧院
中国艺术研究院话剧研究所 编

中国文联出版社

图书在版编目（ＣＩＰ）数据

北京人艺演员谈表演 / 北京人民艺术剧院, 中国艺术研究院话剧研究所编 . -- 北京 : 中国文联出版社,
2022.6（2022.08 重印）
ISBN 978-7-5190-4875-4

Ⅰ.①北… Ⅱ.①北… ②中… Ⅲ.①表演艺术－艺术家－访问记－北京－现代 Ⅳ.① K825.7

中国版本图书馆 CIP 数据核字 (2022) 第 078513 号

编　　者　北京人民艺术剧院
　　　　　中国艺术研究院话剧研究所
责任编辑　祝琳华
责任校对　胡世勋
装帧设计　雅昌设计中心 · 北京

出版发行　中国文联出版社有限公司
社　　址　北京市朝阳区农展馆南里 10 号　　邮编　100125
电　　话　010-85923025（发行部）　　010-85923091（总编室）
经　　销　全国新华书店等
印　　刷　北京雅昌艺术印刷有限公司

开　　本　710 毫米 ×1000 毫米　1/16
印　　张　23.75
字　　数　258 千字
版　　次　2022 年 6 月第 1 版第 1 次印刷　2022 年 8 月第 2 次印刷
定　　价　98.00 元

版权所有 . 侵权必究
如有印装质量问题，请与本社发行部联系调换

序　言

　　北京人民艺术剧院作为中国话剧艺术的殿堂，2022 年迎来了建院 70 周年华诞。70 年来，北京人艺走过了一条守正创新、开拓进取的艺术道路，留下了一大批久演不衰的优秀保留剧目，成为享誉国内外的话剧艺术创造的典范性剧院，创造了独树一帜的北京人艺演剧学派，造就了一大批杰出的编剧、导演、表演、舞美艺术家，形成了北京人艺鲜明的特色和宝贵的艺术传统。

一

　　遥想当年，年轻的中华人民共和国如旭日初升，人民的文化事业蓬勃发展，北京人艺应运而生，它的"四巨头"领导者——曹禺、焦菊隐、欧阳山尊、赵起扬，踌躇满志，意气风发，他们为自己的剧院设定了令人鼓舞的目标，那就是要把北京人艺建设成一座有理想、有追求、有文化、有特色、有风格的新兴剧院。"像莫斯科艺术剧院那样，树立向高标准艺术境界攀登的雄心壮志，吸收借鉴其表演经验和艺术管理的长处；继承发扬我国话剧运动的优良传统，充分调动发挥剧院艺术家们的经验、才智和艺术潜力，通过学习、训练和实践，逐步统一创作方法，把艺术家们的热情、抱负吸引到为创造具有自己特色的话剧艺术而奋斗的轨道上来，这样就必定能够把北京人艺建设成一个获得我国观众喜爱并逐步走向世界的第一流的剧院。"[1]宏伟蓝图描画了奋斗目标，心血汇聚谱写了艺术华章。

70 年的岁月沧桑、70 年的奋斗足迹、70 年的艺术道路，终于让今天的北京人艺的艺术家们，可以自豪地告慰那些前辈创业者：今天的剧院，如您所愿！

如果说一个剧院的生命在于拥有生生不息的艺术创造力，那么支撑起艺术生命的灵魂则是创造了优秀剧目的人。北京人艺号称是"郭、老、曹剧院"，这些一流的文化大家以及他们的剧作，确保了北京人艺的文化站位和艺术品格；而北京人艺的优秀导演们则在继承斯坦尼斯拉夫斯基戏剧体系的基础上，坚持诗化现实主义的艺术追求，不断探索民族化、现代化的艺术道路。话剧是表演的艺术，一切的艺术创造成果最终是要体现在演员身上，因此，北京人艺的排练厅里，高悬的四个大字"戏比天大"成为了演员的共同信念。他们是一批有艺术追求和文化自觉的人。

曹禺曾经说过："舞台是一座蕴藏无限魅惑的地方，它是地狱，是天堂。谁能想象得出艺术创造的甘苦与艰辛呢？学习舞台的知识、技能与艺术；探索世界一切美好的修养与人性的秘密；取得心领神会、活脱脱地表现各种人生境界的本领；积累多少深刻理解与偶得颖悟的舞台经验。一场惊心动魄的成功演出，是从苦恼到苦恼，经过地狱一般的折磨才出现的"。[2]焦菊隐曾经说过："无论是导演、演员，要想形成自己的风格，不刻苦用功是不行的，不能凭空去追求什么风格。任何一个有出息的艺术家都企望有自己的独特风格，但它是用渊博的知识，辛勤的劳动，用自己的汗水一点一滴浇灌而成的。所以要多方面用功，要扩大生活面，要加强文学素养，要读许多作品，要加深对音乐、美术的修养，也要培

---

① 周瑞祥：《理想与追求——从"四巨头畅谈"到"香山会议"》，见《秋实春华集——北京人民艺术剧院建院 35 周年纪念文集》，北京出版社 1989 年版，第 8 - 9 页。

② 曹禺：《攻坚集·序》，《曹禺全集》第 5 卷，花山文艺出版社 1996 年版，第 355 页。

养自己对其他剧种的欣赏能力。不要'浅尝辄止',不要走捷径"。[1]真正地闪耀着生命之光的舞台艺术,如同老蚌久经磨砺生成的珍贵的宝珠。

二

70 年来,北京人艺走过了一条坚实的发展繁荣道路,形成了自己的艺术传统,留下了许多宝贵的艺术经验。

首先,北京人艺的传统是一个蕴含着文化积淀和生命意绪的有机构成。焦菊隐先生曾经提出艺术创造中的三个重要元素:深厚的生活基础、深刻的内心体验、鲜明的人物形象。在北京人艺的戏剧中,京味话语和市井风情承载着的往往是最为典型的中华文明的核心特征,因此,它能在显示了鲜明的地域色彩之后,而不为这种地域色彩所拘囿,成为既属于中国也属于世界的优秀艺术。无论是《雷雨》《日出》《原野》《龙须沟》《茶馆》《骆驼祥子》《天下第一楼》中的世态炎凉、人生忧患,抑或《鸟人》《鱼人》《古玩》《合同婚姻》中的心气、性情、神趣、韵味,乃至《哈姆雷特》《哗变》《洋麻将》《推销员之死》《喜剧的忧伤》中本土化的人情事理和民族化的艺术呈现,都不只表现了一时一地某类人的生活状态,而是透过生动逼真的世俗风情画面,显示了深厚的文化积淀和人文精神的哲学内涵,并且以此不断调动观众生活阅历中的文化意识和人生感悟。

其次,北京人艺的传统是民族诗性传统的反映。人艺演剧体系的内涵是十分丰富的,但其突出表现则是熔铸着中华民族诗性灵魂和艺术精神的舞台形象的诗意整合。无论是形象创造中的"心象"学说,抑或戏剧语言的凝练、生动、富有韵味,或者是整体意韵中所呈现的"民族风格""中

---

[1] 焦菊隐:《关于讨论"演员的矛盾"的报告》,见刘章春编《焦菊隐戏剧散论》,中国戏剧出版社 2015 年版,第 235 – 236 页。

国气派"，都显现着重情致、重含蓄、重意境的诗化特征；在创作方法上则是一以贯之的诗化现实主义原则，这保障了人艺戏剧较高的艺术品质和较强的民族特色。当然，北京人艺的传统不是一成不变的，《虎符》《蔡文姬》《鸟人》《古玩》中的诗意显然与《茶馆》《龙须沟》《香山之夜》不尽相同，但它们之间却存在着精神上的相通和神韵上的一致。

再者，北京人艺的传统显示着艺术创造者和欣赏者之间相互关联的特征。长期以来，北京人艺在戏剧实践中，在历练自己、走向成熟的过程中，也培养了钟情于它的一大批观众。焦菊隐先生在世时，就致力于打破戏剧之"我演你看"的局面，特别强调"欣赏者与创造者的共同创造"。这种艺术精神，缔结了观演之间一种契约式的默契，戏剧的艺术反映只有与观众的预期心理相适应，才能产生强烈的共鸣，反之，观众就会说，"这不像是人艺的戏"，并因此不买账。正因为北京人艺在注重艺术发展规律的同时，并未背离自己的京味儿文化语境，故取得了艺术上的成功。

北京人艺是一座具有开拓精神的剧院，在传承中创新，在创新中发展。在建院之初，北京人艺没有完全照搬"斯氏体系"，尤其在《虎符》《蔡文姬》等话剧的演出中，运用和借鉴了大量中国传统戏曲的元素。在随后的发展中，不论是对斯坦尼斯拉夫斯基、中国戏曲元素的借鉴，还是格罗托夫斯基的表演理论等，现实主义题材的话剧和先锋的实验戏剧，都出现在北京人艺的戏剧舞台上。表演艺术家们在舞台实践中进行整合和融汇，形成自己独特的表演风格和演剧学派。先驱们所开创的艺术自觉和表演理论，通过北京人艺演员学员班的教学传承下来，契合时代进行创新和发展。

田本相曾对北京人艺演剧学派进行过概括："这个学派不仅创造性地汲取了哥格兰、斯坦尼斯拉夫斯基以及中国戏曲的导表演体系中的精华，而且汲取了中国话剧艺术发展的历史经验并集其大成，终于创造了具有自己的艺术审美个性并具有浓厚民族特色的导表演体系和方法。同时，更提炼、升华、概括出一个比较完整的富有创意的民族话剧的美学思想体系。"[1]

三

北京人艺是一座有文化的剧院。可以说，在全国的戏剧院团中，他们的资料、档案、文献管理是一流的；他们不仅重视剧院成员的人文素养和文化积淀，重视剧目建设和观众意见，也重视收集和总结艺术创作经验。表演艺术有一个特点，往往是人在戏在，人的因素在艺术创造中发挥着很重要的作用。

表演水平是一个剧院艺术水平的重要表征，演剧学派也好，京味儿话剧也罢，离开了表演就无从谈起。北京人艺建院 70 年来，涌现了一大批杰出的表演艺术家，他们在舞台上举手投足都是戏，他们的表演光彩夺目、各具特色，塑造了大量深入人心的经典人物形象，给观众带来了难忘的永恒记忆。

北京人艺的艺术家，秉承焦菊隐所说的"对于艺术事业的无限忠诚"，在多年的自我修炼、富有创造性的艺术实践中，积累了丰富的艺术经验，塑造了众多性格鲜明、内涵丰富、意味无穷的典型形象。无论是台柱子式的大主演，还是跑龙套的小角色，他们都兢兢业业，一丝不苟，显现出光彩照人、独树一帜的"这一个"的独特性和艺术品格。

任何一位伟大的表演艺术家，在传承的同时也是一位革新家，他们会在舞台实践中结合不同的表演理论进行体悟和思索、探索和总结，找到适合自己的表演路径和方法。在 70 年的发展历程中，北京人艺很好地处理了传承与创新之间的关系，形成了独特的北京人艺演剧学派，相信未来的

① 田本相：《以诗建构北京人艺的艺术殿堂——焦菊隐－北京人艺演剧学派初探》，《文艺理论与批评》1992 年第 6 期。

北京人艺会出现更多杰出的话剧表演艺术家，呈现给观众更多难忘的经典艺术形象。

为了庆祝北京人艺建院70周年，北京人艺的领导班子和话剧研究所的骨干成员，共同策划、协商，准备出版一本纪念性著作。那是一年多以前，新冠疫情还在延续，我们却很有信心地面对面交谈，彼此鼓劲，要做件有意义的事。剧院领导班子提议，要总结一下北京人艺的表演经验，可以出本书，主要内容是北京人艺演员谈表演。话剧研究所的同仁们认为，这是个好选题，研究北京人艺我们责无旁贷。访谈和整理北京人艺演员的表演心得，可以积累第一手研究资料，为进一步开展学术研究奠定基础。

《北京人艺演员谈表演》的撰写要求紧扣"演员谈表演"这一关键，尽可能用演员自己的话来表达对表演的深刻理解和总结，这些艺术家们把毕生的表演经验和感悟，结合所塑造的角色进行概括和凝练，以呈现70年来北京人艺众多知名艺术家的万花筒般多姿多彩的表演理念，为戏剧工作者或有志于从事表演的爱好者提供有益的参考。

名单确定后，话剧研究所进行了认真讨论，并做了详细分工。稿件在内容上采用两种形式：对于已逝的话剧艺术家，或现在年事已高不便采访的艺术家，从他们已发表的文章或出版的书籍中，摘录他们一生最宝贵的对表演的理解和经验总结的话语，按内容概括成几个部分，完整呈现他们对于表演理论的理解、运用和总结。另一种形式，是对仍活跃于话剧舞台上的艺术家进行采访和记录，提炼整理后成文。为此话剧研究所拟定了《北京人艺演员谈表演采访提纲》，这个提纲为通用提纲，除此之外还要对每位艺术家的基本状况、个性特点、艺术资料、饰演角色、参演剧目等进行深入了解，做到知己知彼，以挖掘他们在塑造人物形象时的独特理解。因此，每位艺术家的采访提纲都是精心设计的有针对性的问卷。确定采访提纲后，由北京人艺约每位艺术家的采访时间，采访时在不干扰被采访者思路的前提下，对于重点的艺术问题进行提示和引导，对逸出提纲的艺术家感兴趣的问题现场应变做出调整，采访后进行整理和修改，最后由被采访的艺术家确认后定稿。

在北京人艺建院 70 周年之际，我们推出《北京人艺演员谈表演》，既表达对献身话剧艺术的艺术家的崇高敬意，也为戏剧表演者或欲从事表演的戏剧爱好者提供可资借鉴的宝贵经验，更为话剧表演艺术的研究提供珍贵的第一手资料。

在整理文稿、铺排目录的时候，遵照北京人艺领导班子的意见和建议，我们对造诣深厚、表现卓越的一批演员，大体按照出生先后进行排序。而在表演经验的总结中，另有一些非常重要的北京人艺的话剧演员，或因其工作紧张无暇抽身，或因各种主、客观原因，访谈与对话未能完成，对此我们深表遗憾！因出版时间迫近，只好忍痛割爱。好在来日方长，若是《北京人艺演员谈表演》还有续篇，或许我们能够了此遗珠之憾。

由于疫情影响，由于我们能力有限，此书当中的采访人数、记录内容可能不够完备和周全，恳请读者贡献指导性意见。

祝北京人艺的艺术事业蒸蒸日上！祝北京人艺的艺术家们吉祥安康！

话剧研究所

2022 年 3 月

目　录

于是之

"决定一个演员命运的是修养"

于是之（1927 年 7 月—2013 年 1 月），原名于淼，天津人，出生于河北唐山。北京人民艺术剧院演员，曾任中国戏剧家协会副主席、北京市戏剧家协会主席、北京人民艺术剧院第一副院长及艺术委员会副主任。

1944 年，于是之参加辅仁大学同学组织的沙龙剧团，演出首部话剧《牛大王》；1947 年进入北平艺术馆工作，参演话剧《上海屋檐下》《大团圆》等。1951 年，在话剧《龙须沟》中成功扮演了鼓书艺人程疯子。1958 年，在话剧《茶馆》中成功饰演了茶馆掌柜王利发。此外在二十世纪五六十年代出演过《关汉卿》《雷雨》《名优之死》《女店员》《骆驼祥子》《虎符》《列宁与第二代》《像他那样生活》《耶戈尔·布雷乔夫和其他的人们》等。1978 年主演话剧《丹心谱》，1996 年参演话剧《冰糖葫芦》，此外还有话剧《请君入瓮》《洋麻将》《太平湖》等。

在话剧创作方面，1961 年，他与曹禺、梅阡合作，创作历史剧《胆剑篇》，出版表演理论著作《于是之论表演艺术》《论北京人艺演剧学派》等，他还参加演出了电影《青春之歌》《大河奔流》《秋瑾》等。

1989 年，于是之获得第一届"振兴话剧奖"演员名誉奖（后更名"中国话剧金狮奖"）。2005 年在中国电影诞生 100 周年之际，被评入"中国电影百年百位优秀演员"。2006 年获得"表演艺术成就奖"。2007 年在中国话剧百年之际，获得"国家有突出贡献话剧艺术家"荣誉称号。2009 年，获得首届"中国戏剧奖·终身成就奖"。

一、如何扮演程疯子

认识程疯子的过程是很长的。虽然刚一接触剧本就像是碰见一个熟人，但是对这个角色的完整的理解，直到现在我还不能用几句简单的话把他说出来。

我爱我这角色——我认为这是很难能可贵的事情，因为照我现在的生活经历和政治水平，我还不能有一个胸襟去爱许多人、许多角色。剧本的第一遍朗读，已经把我带到生我长我的地方。那些人，我都似曾相识；那些台词，我都是一句一句听着它们长大了的。

我的杂院生活和那一些演剧经历，除了叫我体贴我的角色，同时也加给我一种责任：我觉得他们要我替他们打抱不平，替他们诉苦。在排练中我意识到了这个责任，我乐于接受它，因为那些不平与痛苦，都是我曾经亲身尝过的。这种责任感成为我在工作中的一个最好的推动力量。

旧社会里艺人大都受压迫，但却未必都疯。凡是疯了的，我想除了社会原因以外，相对地说，也多少有些他自己的弱点：大家都同是受压迫的，为什么单独他就疯了呢？那一定是有他个人的思想上成为决定因素的某些弱点。为了使疯子的那些弱点（如自尊，不实际，对现在不满就逃避现实……）找到合理的根据，我把他定成旗人子弟，唱单弦的。因为这些子弟们从小总是娇生惯养，不知道一粥一饭的来处不易。据了解，这些人都嗜唱单弦，原来还都是"票友"。但是，出身这样不好的人，何以又会有那么样一种善良的心地呢？我们按程疯子的年龄推算，在他小的时候，正是民国初年，清朝贵族已是没落的时候了。我记得自己小时候听长辈讲说往事，总离不开分家、妯娌吵架、卖产业等等内容；疯子这位子弟，就是在那个环境中长大的，而且，在大家庭里，或是因为自己的生母是被迫买来的小老婆等原因，已经是处在被欺侮的地位了。随后，他在不断地"没落"过程中，了解到更多的事情，对于好歹就大致有个分寸了。因此他可以同情许多受委屈的人，但是"绅士出身像害天花病似的……就是病好了之后，满脸的疤总是去不掉的"（《夜店》台词）。他总觉得自己毕竟与大家还有不同，甚至能以自己还曾经是个虽是受委屈的少爷而骄傲了。体验生活开始的一个阶段，主要的目的成了给程疯子找历史，最后写了一篇六千字的程疯子传，才算对程疯子有了个比较系统的认识。神秘不凡的程疯子，在我的脑子里消灭了，他不是"革命的候鸟"，只是个可怜人，倘若不是北京解放，他是没有活路的。我也希望给观众的印象能是这样。

"疯子究竟疯不疯呢？"我碰见过好几个同志这样问我，但是我自己一直不这样想我的角色，我只想给他在思想感情上找到一条线索……

这位旗人子弟出身的可怜人，所以被人叫成疯子，可能有两个原因。一个是属于思想上的。照我们现在的分析，他可能是个抱有"个人英雄主义"思想的人，自卑自尊错综在一起。他想不明白他为什么竟会落到这步田地，他以自己如今靠吃老婆度日为苦恼，他想他应该出去做事情，也应该有事情让他做，但事实上没有。他对娘子是满怀惭愧，于是他也就想，总有一天做点事让大家看看。除了对赵大爷充满了尊敬以外，对于其他邻居，则认为他自己有与众不同的地方，"好出身"，过过好日子。因此，虽然自己比谁都不如，但还满有一种悲天悯人的心理，觉得别人都是可怜人。他自己有个小天地，拼命维系着这个脱离现实的"精神逃避所"，像小孩子吹胰子泡儿一样，觉得它实在好看，同时又生怕它万一破碎了。

另一个原因是属于外在的，身体形态上的。正因为他有前面所说的那种思想，和从没有参加过别种劳动，使他浑身必然地，也是习惯地保留着旧艺人气息。他请安、作揖，表示自己有礼有节；他总要穿件"宁穿破，不穿错"的大褂；曾经打过"脚布"的脚，弄得至今腿脚还不利落；头发还能让人想起他梳过辫子的模样。他的这些习惯，和这些没落历史，在他身上所遗留下来的痕迹，也足使龙须沟的人们对他另眼相待了。

程疯子的性格随着故事的进行，时代的变化，他是有很大的发展的。怎样处理他这个发展过程，是个非常重要的问题，这对于我，也是一个非常困难的问题。

解放前的程疯子，在一种求生不能、求死不得的境界中，勉强培养出一个自己的小天地来。

沟真的修了，而且程疯子也看上自来水了，有事情做了。现实的变革和实际的利益，教育了他，告诉他活着是有指望了，于是他也不再乱想了，安心做事了，他也就实际些了。

焦先生说："演员体验生活时，应先普遍深入这一阶级阶层中去观察体验，不该奢望一下子找到典型，应先找类型，最后形成典型。"在这个问题上，我自己是曾经吃过苦头的。我们曾经为了演《胜利列车》到长辛店工厂去体验生活。我演一个木工，他是个党员。当时有好几个爱好文娱活动的工人同志经常与我在一起谈、打腰鼓、扭秧歌。我觉得他们都不是我的"对象"，不是角色所需要的人；把那单纯地看成是我体验生活以外的"辅导工作"。另外我再把我的角色介绍给他们，把剧作者对那角色所做的注释读给他们听，要求他们替我介绍一位恰当的"对象"。工人同志们热心地帮助我，但他们想来想去，也很难完全找到那么一个人。结果，在工厂里住了一个月的时间，纵然每天碰见的都是工人，体验生活的收获却少得连自己也很难算得出来。现在想起来，当时就是犯了"奢望一下子找到典型"的毛病。本来人的思想情感是有阶级性的嘛，同一阶级的，特别是同一生产单位中的人，他们必然会有同一性质的思想情感，只可能某种情感在这个人身上少点，那个人身上多点罢了。只要我们善于去发掘，普遍地去注意、比较，很多人身上都会有我的角色。记得去年十月一日（指1950年，编者注），组织腰鼓游行的时候，正值《龙须沟》体验生活在进行中，我发现我们的总领队于夫同志脸上有一种笑容，是属于北京人的，是与角色有关的，我回来反复模拟和发展，结果成了现在程疯子脸上的基本样子。从焦先生教我领悟了这个道理，才算开始知道生活本身有多么丰沃。演员真该像是一个苦吟诗人，敏锐地去感应，把生活的里里外外不遗漏，一丝一毫地都记载下来，记在情感中，记在笔记本里。一定要"先找类型"。典型是存在的，但他不存在于现实生活中哪一个人的身上，只存在于作家的笔下和演员的创造里。

我明确了体验生活主要是指着体验思想情感，也只有你要发掘汲取的目的是思想情感的时候，你才会觉得现实生活的丰沃，真是"取之不尽，用之不竭"。

在我泡茶馆的生活中，每天看着那些人，先后走进茶馆来，谁见谁都半鞠躬半请安地行一个礼，然后找个地方坐下，用一包茶叶，一两盘围棋消磨一整天。那里也有个小台子，上面摆着几件大鼓、三弦之类的乐器，有的"子弟票友"上去唱了，台下的人就听得入神，下棋的就头也不抬。在这种环境中，我逐渐明白了许多事情，我明白那位老名宿为什么单到那个游艺社去表演，我也明白为什么有那么些人每天都在这家不为人所注意的茶馆里打发岁月——因为他们带着与程疯子性质相同而数量更多的弱点，使他们觉得到现在还没有他们去的地方；只要找到一个能让他们温习故日

于是之
在《龙须沟》中饰程疯子（右二）

生活的所在，哪怕地方再小再脏，他们也是愿意去的。因此，我想到程疯子第一幕住在杂院里的心情，一定与他们同样地希望找到一个能让他温习故日生活的所在。但他已经完全找不到那么一个地方了，连想泡一家极简陋的小茶馆也不可能了。他既然在现实生活中找不到他的理想世界，只有缅怀于自己的过去，在脑子里孤零零制造出一个小天地来，自己勉强维持着，陶醉着。这样的人当然是不爱干活儿的，他住在那个杂院里，也只有和孩子们闹闹，把岁月打发过去算了。另外，我也明白了他们为什么总是请安、作揖，见人寒暄那么半天，主要是：为了表示他自己有礼貌、有教养；这却并不太有尊重对方的因素在里面，因为我看他们行礼的时候，连看对方都不看一眼。这种礼节，我也适当地用在角色上了。

从我托人介绍去认识某一位与角色较接近的老名宿，到我在茶馆里普遍地注意到许多的人，因而得到丰富的收获，这个实践的过程，更巩固了焦先生所教诲给我们的体验生活的真理，更雄辩地批判了我在《胜利列车》体验生活中的错误观念——要一下子找到一个"模特儿"是不对的。现在，我想，倘若当初我只找那一位名宿学几段单弦，也许到现在单弦能有一两段唱得不错，但对于我的角色的创造，又有什么用处呢？至多我也只能熟悉他一个人，无法比较，就不容易知道哪些情感是带有这一阶层的普遍性的。

就在龙须沟附近住着一位艺人，他原是上海某家剧院的"二路角儿"，因代老板约京角而那位角儿唱砸了，一气而中风。现在腿脚很不利落，需要拄着棍儿走路，寄住在岳母家。戏，自然是完全不能唱了。

从他身上也看出一种与众不同的气质。他比谁都没法生活，甚至会叫人想到他为什么还活下去。他在杂院里的地位不高，甚至是叫人看不起；但他毕竟自觉不凡。记得我第一次碰见他，他从人群中扶杖走过，头也不回。在他，也许是由于自卑或是由于众人都不理他而避开众人的，但从客观上看，他是很高傲的。

说起往事，他眉目传神，一脸唱老生的表情。语调更是抑扬顿挫，颇有趣致。语汇中不通的"文言"甚多，诸如"故所以""故此""果不其然"等。

仅仅这一次的拜访，对我创造的帮助就太大了，甚至可以说，比我在排演《胜利列车》时住在长辛店工厂里一个月里边的收获还要大些。自尊和自卑，在他身上是那么有机地统一起来。他在整天被人看不起的生活中，"有个墙缝口"他都想"眯起来"，但他拉不下脸去求他的故人，他对他们"那脉子人"都要躲着走。他寂寞得可怜，周围没有亲人，用一个不能指望的"盟兄弟"当作自己生活的支持力和希望。当发现有人能尊重他和他谈谈的时候，他能滔滔不绝，把一切都说给人听。这一切，都最直接地帮助了我去创造程疯子，甚至他当时所说的某些话，也都化为我现在台上所说的台词。另外，他更给我一个重要的启示，因为我认识了他，我想起我的角色在解放以前，应该叫观众看不出像程疯子那样的人会有什么活路，是解放了，才逐渐看到他的前途。

跟随焦菊隐先生工作，是一种幸福。在排演场里，焦先生沉静，细致，说话不多。他让每一个演员，每一个职员，都尽量地创造。他不时嘱咐我们说："要尽量放开，尽量地突破自己，不要怕不像样儿，导演可以帮你收。"在补充老舍先生的文学剧本的时候，焦先生让每个角色自己写作，或者表示自己希望有怎样的一场戏，怎样的一些话。

我们在现实生活中会偶然地发现一两个手势，一种坐或走的姿态，觉得可以或应该用在表演里。那么以后该怎么办呢？怎么把这个动作具体地运用到戏里去呢？我在以前演戏，往往就把这些东西直接地设计在哪一段戏或哪一句台词里。结果总是僵硬不堪，自己也感觉到和别的角色搭配不起来，但是还不忍割爱。人家说我犯了形式主义，我就更不以为然，因为自己以为这些动作是从生活中吸取来的！这次，在《龙须沟》的排演中，焦先生纠正了我的错误，他告诉我说："你要把那个典型性的外形动作，孤立地练习，练习，不断地练习，在反复的模仿中，你会体会到那个人当时所以那样动作的内在动机，也就是他的思想情感。然后在排演场里，要忘记那个动作，只要你情绪掌握对了，那个动作就会自然地出来了。"

这次演程疯子，在走路的样子上，我也是经过创造的，但这回并没有硬搬，我是依照焦先生的指示做的。开始我是从侯宝林先生的一次表演里得到的素材。他模仿白云鹏先生唱大鼓的神气，他弓着腰，一步一步地向观众走来。侯宝林先生表演得那么真切，我虽然没见过白云鹏先生，但也能使我相信白云鹏先生会是那样的。就在这同时，我也想到程疯子也会是那样的。我要把这形象用在我的角色的身上。于是我开始练习，我在生活中学那样走路。在我不断地模仿中，开始是发现只有打过脚布的人才会那么走；继而是愈那么走就引起我的联想愈多，而且也愈把我的联想向思想深处引去：我发现了这种走路与茶馆里那些人的半请安半鞠躬的礼节是分不开的；又因为这样走路不会走快，我发现了这种人或者根本就不想快走，慢慢走正可以让他慢慢想……我很难用笔一一记出我在练习这种走路的时候所产生的那么多的联想。但是，总的我可以说，从这外形的模仿中，又帮助我体会到更多的程疯子的内在情绪。

在台上，使我最苦恼的事情是注意力不能保持着经常的集中，随便一点什么意外，都可以把角色的生命扼杀。

二、演员所喜欢的和不喜欢的

什么原因使我们的一些剧本里的人物那么干瘪？使演员们碰见他有如在生活里交上一个最乏味的朋友：不喜欢他，没有兴趣去了解他，也更不愿意把他介绍给更多的朋友们——我们演员们有这样的感觉，有些角色，虽然作家也给他冠上姓名，但并没去关心他们的命运。《龙须沟》是一出观众爱看、演员爱演的戏。为甚么呢？因为老舍先生写的不仅是一个修沟的过程，也不仅说明了一条人民政府坚决为劳动人民服务的道理。老舍先生写了人，写的是沟对人的命运的影响。单看修沟，事情毕竟不能算顶大，但这不大的事一经与人的命运发生了联系，就可以写出震动人心的场面。假如同是"龙须沟"这个题材，换上另一个写法：如在修沟过程中的某一个技术问题上，某青年工人有了一项合理化建议，正副两个领导者对这一建议采取了不同的态度，他们争论起来。（一般的是正职错了，副职是新来的，但正确），正在争论不休之际，群众来了（他们是赵大爷、王大妈、丁四、丁四嫂、程疯子夫妇……），用他们的切身体会帮助领导者弄清了什么是正确的和错误的。于是，有一个领导者受了批评或处分，工程在新的情况下开展起来，最后，当然是胜利完工皆大欢喜等等——这样似乎也可以无可责备地表现了同一主题，但那必是个演员不喜欢演、观众不喜欢看的戏。因为这里边的人物都不能按照他们自己的逻辑生活，他们都是为了图解一个事件证明一个道理才上场或者下场的。

写戏也好，演戏也好，都不该是对生活的抽象的图解，而该是生活的本身。人是生活的主人，人是要创造生活的，每个人都有他自己的命运，他们是不会按照我们的那几套"公式框子"和那几个"公用的主题"去生活的。所以我们只有真正地写了人，我们的作品才有可能丰富生动，才有可能给人们一点新鲜的东西，才不至于只是帮助人们去温习那些他们在生活里早已熟悉了的东西。

在这里，我想把演员创造角色的方法就我知道的谈一下。同时，我也想我们导演演员们都该争取多向剧作家们汇报我们的工作，交换意见，这样互相之间都会得到好处。常听见剧作家谦虚地说："我们要熟悉舞台。"熟悉什么呢？我们觉得剧作家如果能熟悉演员的创作规律，那对于写作或者是会有些帮助的。

我觉得，演员创造人物的过程，实际上也可以说是反复研究剧本的过程：不只是当把剧本放在桌上，逐字逐句地去玩味的时候，是研究剧本；就是在排练场里，导演和演员的共同的工作，也是研究剧本。不同的只是有时是坐在那里研究，有时是在行动中研究罢了。说真的，对于剧作家来说，导演和演员是他们的读者当中的最仔细的读者。

导演们和演员们对剧本的探索工作，最主要的内容是什么呢？是"规定情境"和"动作"；也就是说他们随时希望知道的是人物现在处在什么情况里，他现在要想的和要干的又是什么。

这两个简单的问题，之所以在我们当中如此受到重视，是由于我们逐渐体会到这是分析性格和体验人物的最科学的方法。其所以科学就在于人们在生活当中常常是用这个办法去认识人和分析人的。在生活里，我们总是通过行为去观察和了解一个人的。我们之所以觉得这个人跟那个人的性格不一样，总是由于在某一情况下，这个人是这样做的，而另一个人却是那样做的。或者两个人都采取了共同的决定，却又用的是不同的方式——这是一条生活当中的规律，同时，它也应该被运用在文艺创造之中。我们该让性格在不同情况下的不同行为中透露出来，而不该只是用话叙述出来。但是，我们觉得在有些剧本里，作家对他要刻画的性格，除了在人物表上做了规定以外，在故事的发展当中，并没有给他以足够的富于"动作"的"规定情境"，叫他能在那种情况下，按照他的性格的逻辑，做出"非这样不可"的事情来。而常常叫他本人或别的人用话去介绍他的性格。话说得很多，但不留什么印象。

在一出戏里演员们最怕演那种帮助作家介绍些什么或说明些什么的片断。有时候在剧本里会出现这样的情形：在一场戏里，这个人物从上场到下场，说了很多的甚至是些很重要的话，但就是不容易看出他到底是为了什么才到这里来的，也看不出他到底是为了什么才非要在这个时候向这些人说这么些话——实际上，在多数情况下，在这种片断里，人物已经没有了生命，已经丢掉了他自己的生活的目的。原来，他的主人在幕后，那些话是剧作家要他出来说的。譬如，同是一个农业生产合作社的两个社员在一起谈话，甲偏对乙说："你忘了，咱们社长不是进城开会去了吗？"再如，同是一个工厂的两个工人在一起谈话，这一个偏要对另一个说："你忘了，工会主席昨天开会的时候不是说过吗？……"对于这种对话，观众和演员都有理由怀疑：既然他们同时经历了一件事情，为什么这个人就记得这么清楚，而那个人就会忘得那么干净呢？这样的片断是演员们最难演好的，因为演员们很难相信这些对话是真实的。对这样的片断演员们常会埋怨说："里面没有动作。"

演员们往往是最喜爱这样的片断的：

再以《龙须沟》为例，程疯子是一个富于"动作"的角色，如在他被冯狗子打了以后的那一场戏的前半段，我就很喜欢。在这段戏里，他只说了这样几句话："我走"，"我惹不起躲得起"，"咱们谁也不找，咱们给他来个海角天涯，哪儿也比这儿强，走！"随着他要走，他想起了多年的街坊们的情义，他要一一告别，就又说出"诸位邻居们，让诸位多受惊了，是我连累了诸位了……"经过娘子的拼命劝阻，当他苏醒过来看清他对面的亲人的时候，他只叫了一句"娘子！"随即赶忙劝慰娘子说，"你别哭了！"又顺手递给她一个板凳儿，说了一句"你先歇会吧！"话是不多的，但每句话都是"动作"，而在这些简单的对话的背后蕴藏着的是最丰富的思想和情感。

三、演员创造中的"我"和"他"

演员是要用自己的形体作为自己的创造工具的。对于这一点，在表演艺术的探讨中，看来是不曾发生过什么争论的。

有争论的题目，常常是演员在扮演角色时应不应该用自己的思想感情去体验那人物：对于这一点，则是有的说要用，有的说不要用，有的说在排练阶段揣摩人物时要用，正式公演时便千万用不得它。

演员在排练中，最幸福的时刻莫过于感到自己与角色的心理状况开始一致起来——我们平素常说的"我已经感觉到了他"或者"我觉得就是他了"所指的便是这种境界。这时候，我不必再用语言向人分析他的痛苦和欢愉，我也不必费力气地去表演他们了，而是我感到了那痛苦，我享受到了那欢乐。"我"和"他"是统一起来了的——当然，尝到这幸福是要花费许多艰辛的，甚至是几乎不可能在每个角色的创造中都可以获得这般境界。有的角色对有的演员就容易些，他们的邂逅就像故人的相逢，两颗心一下就跳在一处。但同一角色对另一演员就会变得很困难，需要大量地涉猎材料，更多的苦心思索，再经过反复地设身处地，将心比心地体验，然后才能够有所得。但是无论如何，我觉得应当相信人的（或者说演员的）内在的、心理的、思想感情的可塑性，较之外在的、形体的是要大些的。矮身量很难变得高大，但是一个矮小的演员却尽可以产生出气贯日月的感觉，创造出气魄宏伟的角色来。形体的方面再怎么锻炼，终于还难免要受些先天的限制，而思想感情的陶冶则是无限的。

在演员的整个创造过程中，不管是在排练，或是在演出，一个"我"字是离开不得的。必须用"我"，不只要用"我"的身体作为创作的工具，而且还要把"我"的心动员起来，与角色同尝甘苦，共历悲欢。

但是同时，在排练过程中，演员的心中还必须有"他"。但知用"我"不求有"他"是不济事的，是创造不出鲜明的形象来的。

"他是什么样的呢？"于是我们一遍一遍地读那文学剧本了；

"他究竟是什么样的呢？"于是我们又去仔细地观察生活了；

"他们到底应该是什么样的呢？"于是我们又反复地理会那戏的主题、思想意图，玩味那作家的文字，回忆那生活中的各种图景了。

就这样想着，想着……今天窥测到他一点心灵的隐秘，明天也许又看到他一双眸子的闪动；又想着，想着……也许有一天，在我的心里又看到

于是之
在《洋麻将》中饰马丁·魏勒（左）

他头上的几茎白发和一件常穿的衣着——总之，必须让"他"在我的心里愈来愈显得分明，终于要叫我看到一个活的"他"才行。"他"能够活在"我"的心里，"我"才能像"他"那样生活。这道理与作画也颇仿佛：唐人符载写过一篇《观张员外画松石序》，是描写同代画家张璪作画的情景的。他感到张璪画松树、石头时，是"物在灵府，不在耳目"的，所以能"得于心，应于手"，笔墨之中没有半点犹疑，最后才能画得"松鳞皴，石巉岩，水湛湛，云窈眇"。体会这意思，恐怕是那松、石、水、云的动态也是早活在画家的心中的。画树木石头尚须如此，何况画人，又何况是需要演一个人呢!

自然，演员心中的"他"与张璪"灵府"中的松、石、水、云容或也还有一个不同处，画家孕育着的腹稿，或者于一旦成熟之际，一挥而就，成为作品；或者暂且将那恰获所怀的一花一木先记诸别纸，当作草稿保存下来，以为他日之用。而演员对于心中的"他"，总是要随着想象随着就用自己的身心去与之适应的。除了把不适应的剪裁掉之外，那些适合的东西，从这时起实际上就已融在我们未来的作品中了。

我又想到，既然是要有一个"活的他"，那就必须是个"形神兼备"的。窥测到人物心灵的隐秘固然可贵，但是如果真能想象到一件确乎只有"他"才能穿的衣服，也不要觉得不稀罕。许多演员都有同样的经验，在一定的创造阶段中，当我们说我们想象到"他"一件常穿的衣服或一件常用的什物时，常常是我们已经感觉到"他"穿那衣或用那物时的精神状态了。甚至在有的时候，探索到的某些适合于人物的外部特征，如他的肌肉的感觉、他的动的节奏等等，都是会大大地巩固我们的内在的心理的体验的，这种时候就是自己也觉得自己那角色的生命已经更见饱满起来，立体起来了。

创造真实的、深刻的、生动的人物形象是演员的重要任务，为了完成这个任务，我以为演员在排练过程中，心中是必须有"他"的，一个活的"他"，一个形神兼备的"他"。这个"他"在我的想象中孕育出来，并且就生活在我的想象中。"我"之爱"他"，如父母之对子女，虽不在眼前时，心也能相连，闭目便能看见。"我"之爱"他"，又似乎还要胜过父母之对子女，因为"我"为了"他"的生长是得把自己全部的心血骨肉都要花在"他"身上的。这最后，才能从排练时的"有他"达到演出时的"无他"。

四、十年从艺小结

程疯子为什么疯？为此，我在桌面工作期间做了三件事：

（一）体验生活。当时是一九五〇年，在曲艺团的后台还可以感染到某些旧的东西，另外，还有观察访问，直接找侯宝林等人，请他们看剧本，对角色的刻画提出丰富的意见，介绍疯子这类人的故事，甚至请他们也替我想"他为什么疯"的问题。

（二）写程疯子自传。结合自己的生活经历、情绪记忆，加上间接得来的材料，为人物写了自传。

（三）"生活于角色"。当时还不懂得做小品，但也在生活中努力适应角色，走路的姿态、衣着以至于眼神……都努力去"生活于角色"，特别是眼神，我从老友丁力那带有感慨神气的眼神加以模拟、发展，成了程疯子特有的眼神。

看起来，正是这三方面的工作帮助我抓住了角色的主要的东西，收获极大。

准备工作虽充分，但一到排演场却十分紧张，想把准备好的一下全用上，结果手足无措。焦先生让我上场后先洗脸，这才找到了开始表演的具体动作（人物的行为）。焦先生又帮我删掉许多多余的东西，逐渐不紧张了，这才一步步走上创造角色的正道。

《龙须沟》的工作对我后来的影响是什么？

好的部分：

（一）坚持深入生活，有时甚至到了执拗的地步，但基本上是正确的。

（二）建立了演戏、看戏的正确标准。

看戏，我不喜欢那种演得正确，但不立体（无后景）、无性格特征的不鲜明的形象，觉得这种形象不能引起人的想象力。

演戏，抓住"我就是"的时候，就觉得创造进行得较好，否则不行。

（三）演戏必须先立意。

自己很明确，一个演员必须有一定的思想逻辑将自己扮演的人物组织起来，也就是说要考虑自己所演的人物将会给观众什么东西。

自《雷雨》始，至《三姐妹》终，这六年半的时间，是我苦恼的时期，有学习，有怀疑，有探索，也有动摇，甚至对演员事业失掉信心，想改行。在这期间，演过十几个角色。有的角色使我激动，如周萍；但对有的角色，如威尔什宁（《三姐妹》中人物），不但未留在心里，就连脑子里也无印象了。

排《耶戈尔·布雷乔夫和其他的人们》，收获不小，大致有以下几点：

（一）明白了如何找动作，以动作表现感情，懂得了真听、真看。

（二）"形体动作记忆"的练习给了我很大的好处，明白了如何按逻辑动作。

自此，对于比较能引起自己共鸣的角色，创作状态就较前好了些，但疑问仍未解除。斯氏体系就不过是这个？对斯氏体系未能全面掌握，仍陷于窘境。

在以后的实践当中，我不再为角色的后景做太多的工作了，以为做了反而紧张，最后，就剩下三手：

（一）"假设我"；

（二）规定情境中的动作；

于是之

在《名优之死》中饰左宝奎（右）

（三）情绪记忆。

在演《名优之死》中的左宝奎时，我就用了这三手，结果人物很单薄，自己并不满意。申请演栾警尉（《智取威虎山》中人物），是因为觉得他的动作性强。演威尔什宁，我写了自传，练了形体，又用了以上三手，简单地做，但效果仍不大。对于做小品，只是为了检查内部元素，做完了便问："我还紧张不？"看大家都做小品，认为是导演统一创作方法的办法，自己兴趣不大。

在困惑的情况下，怀疑自己坚持体验，但为什么老没过关？看到那种不引人联想、无后景、不立体的表演，自己也不满意。对那种不从自我出发、只追求技巧的表演，又觉得是形式主义，而自己又达不到自己的要求。在跟大家的接触中，又常觉得自己太"学究式"，似乎悟到应少读些理论书籍，多填些知识。

《列宁与第二代》，演捷尔任斯基，获得了角色的自我感觉，大部分地方感到"我就是"。自然，这个角色离着成熟还远。

我对于程疯子、老马、王利发一类的角色容易产生共鸣，而创造党的干部的形象，也是我的志愿。捷尔任斯基的生活十分动人，我想谁看了介绍他生平的材料，都不会不受感动。我看了后，非常激动，有强烈的欲望要学习他的为人。在生活中，开会中，我也努力学习他，找角色的自我感觉。有一次在街上遇到一个老乡问路，于是我便十分热心地帮助他打电话找人，帮助他解决困难……自己觉得，我那时就是捷尔任斯基了，等于做了一次比较成功的小品。这些地方，都帮助我找到了角色的自我感觉，也逐渐抓到了人物的外部特征，走路的样子、手势、眼神，一逮住这三点，我就能自由自在地"生活于角色"了（其中特别对我起作用的是眼神）。

演员对自己扮演的人物，一定要有心象。装龙像龙，装虎像虎。当然，首先要了解龙虎，还得知道如何装才是真像。"一定要我看见的，我才能创造"，苏联演员赫梅辽夫说过这样的话，我认为是十分对的。

于是之
在《骆驼祥子》中饰老马（右）

关于演员创造形象和一些其他的问题，我也思考过，但不成熟，也不系统，提出来谨供大家参考：

（一）话剧同生活更为接近，所以必须有深厚的生活气息、鲜明的人物性格，这是它的特点，而局限性也正在于此。

有种感觉，三面墙的戏愈来愈少了。好像为追求这个或那个技巧，而把话剧弄得不像话剧。学习传统，所谓民族化，是要在三面墙之内创造真实的民族的性格。

（二）现实主义与浪漫主义。

极深刻的现实主义就是浪漫主义，不能认为有音乐、转台……就是浪漫主义，否则就是现实主义。

浪漫主义在于内容不在于形式。

（三）生活是创造的源泉。

"斯氏体系"重视生活，生活包括两个含义：

（1）人的一般生活。如疲乏了要休息，渴了要喝水等。

（2）装龙像龙，装虎像虎。要懂得龙、知道虎。

两个含义不可混淆。对于演员来说，不单单仅有自己的作为人的一般生活，更应当积累大量的社会生活，用来进行创造，这就要了解各种人。

（3）要坚持深入生活。对于我们来讲，这还是非常重要的，没有生活，即失去创造的基础。

（4）演员创造角色不能光有"我"没有"他"。从自我出发，最终是创造出人物形象。

（5）动作有三要素：我做什么？这样做为什么？如何做？分析动作很必要。但演员的理解和内在的激动、语言和形体要结合起来，动作起来比坐着分析好。

演员要注意"怎么做"，要设计；排斥设计，就是忽视匠心。动作三要素中，"为什么"、"愿望"当然重要，"怎么做"，也十分重要。

（6）内与外有区别也有联系，有了外在的东西，不一定能唤起内在的东西，有了内在的东西，也不一定一切都会有了。两方面可以互相启发，但不能代替。

（7）演员对角色应该有心象，但是要分清性格与性格特征。凡人皆有性格，性格是特殊的，在现实生活中，从不存在不带性格色彩的思想。但是，有的人外部性格特征不具备太多的色彩，有的剧本也不要求人物有太多的外部性格特征。

果戈理说过：一个聪明的演员，在抓住他从外部找到的人物细小的癖性和细小的特征（性格特征）之前，必须是设法求得角色的一般的人的表现……必须研究一下这个角色的任务是要干什么，必须仔细考察每一个人物最关心的和最急于要得到的东西，这种东西在他的头脑中永远占有中心的地位，成了他梦寐以求的目标，为了它，他可以耗尽他的一生。在找到登场人物这种最关心的事物以后，演员必须沉浸在这种精神状态之中，而且那样的强烈，仿佛他所演的那个角色的思想和愿望已变成了他自己的思想和愿望，并且在剧本的演出过程中，它们始终是寸步不离地萦绕在他的脑际。果戈理精辟地道出了演员创造人物的重要问题。

五、深刻的体验，艺术的含蓄

我总以为，一个演员应当有能力把自己的角色组织起来，使主题表达得更有力、更丰富。比如（《茶馆》）第二幕，王掌柜除了按照剧本的规定接待各种人以外，我为他加了一个动作：把"莫谈国事"的标语一张张地贴起来，我以为这是一个有助于揭示主题和表现人物的动作。尽管他标语贴得那么认真，"国事"还是横冲直撞地闯进了他的茶馆，终于逼得他活不下去。这样，改良主义是没有出路的这个主题思想，就表达得更充分了。

于是之

在《茶馆》中饰王利发（左二）

演员的创作是很有意思的。困难起来像是碰上"鬼打墙",怎么也突不破;顺利的时候,思想就比较活泼,许多事可以触类旁通。还说这个贴"莫谈国事"的动作,贴东西手上就难免粘上浆糊,就不能叫它碰在自己的衣服上,于是两只手就只好拎挈着,这是一;二、这种姿势,这种拎挈着手走路的步态,又引起我想到我小时的邻居,一位在小学校里摇铃的老人,增加了我对角色的信念;三、我对这位老人渐渐想得多了,他身上的勤俭、麻利和虽贫穷、低微而又十分讲究整洁的各种特点,又回过来丰富了我的王掌柜。我由衷地感到演员一定要是个关心生活、热爱生活,善于很细致地观察、体验生活的人,粗枝大叶、潦草肤浅地对待生活不行。要"多情善感"。生活里的一些细节,常常可以极大地帮助演员获得角色的可贵的自我感觉。

我还想不自量力地说一个艺术上的含蓄的问题。这些年在林彪、"四人帮"极左路线的影响下,话剧表演被糟蹋了。剑拔弩张,大喊大叫,虚张声势,一味鼓噪,而且非如此不算有"革命的激情"。对于这种表演,观众是不欢迎的,演员自己也是不满意的。

我想谈两点认识。第一,含蓄是艺术的本性,没有含蓄,就没有艺术。不错,艺术品是给人听、叫人看的。但艺术欣赏的特点却绝不是听清楚、看明白了就算完事的。一件好的艺术品,它必然会引起人们的想象。观众看戏,只有他们的想象力被你的表演调动起来,他才会感到满足。你所表演的人物,引起他对生活的想象越多,他就越觉得过瘾、有味道。所以,那种把尽人皆知的道理说个没完的剧本和表演、那种故作多情的激昂和痛苦的台词和表演,都是观众所不喜欢看、不喜欢听的,因为你堵塞了他的想象。再好的东西,弄得太多了,也是令人败兴的。我常想,无论多好的人物画,画家也只能画出那人物的一个极短暂的瞬间。但是,看这种画却能够叫我们通过这一瞬间想象出所画人物的一生。演员要学这种本领。演员的概括能力越强,就越能表现得精炼,观众的想象力也就越容易调动起来。

第二，我总觉得是实际生活里本来就有含蓄的。往往认真研究一下生活本来的逻辑，表演就可以含蓄些。譬如，王掌柜决心把他的儿媳、孙女送去解放区的一段戏，既是生离，又是死别，是可以感人的，演起来也常常会不由自主地落泪。究竟怎么演？一字一泪，哭腔悲调地演？还是另外的演法？研究一下生活吧。王利发这时一定不愿意哭，他要控制住自己，并在亲人面前装作轻松，当儿孙们欲哭时，他甚至还要申斥，为的是要他们迅速逃出这灾难的虎口。因此，这个悲剧的小片断，就不能直接去演那个"悲"，而要多演那个对"悲"的"控制"，甚至强作欢笑。这么演就可能较含蓄些，也可能更感人些。但这并不只是一种什么"手法"，而是生活本身就是这样的。三个老头撒纸钱的片断也是如此。王利发在这个片断里有对旧制度的控诉，有对自己的谴责，而且这控诉和谴责又是在他自尽的决心已定之后。怎么演？控诉，自我批判，再加上向老友们的诀别，这些内容加在一起还不能演成一场低沉压抑、苦不堪言的戏啊！仔细研究一下王利发这个人吧。此时此刻，他有一个隐蔽着的感情，用我们的话说，这是他一辈子思想最解放的时刻，他用不着再向人请安、作揖、赔笑脸了，再无须讨什么人的喜欢了，对于自己的房东，甚至可以加以奚落了，自己也敢于坦然说出自己的不是，并指名道姓地骂国民党了。这时候，他感到他一辈子从来没有过的痛快。这个片断至王利发上吊自尽，是一段悲剧，但同样不能直接演那个"悲"。认真研究人物和生活本身的逻辑，便会找到新鲜的色彩，使这场戏显得曲折一些、含蓄一些，因此也就可能更感人一些。

六、生活·心象·形象

关于典型和类型的问题，我不想多说了。他（焦菊隐）当时提出来的就是体验生活先要从类型入手，后形成典型，意思就是不要一下子找典型。实际上他的话的意思就是典型是不存在的，典型是你创造的，除了你演肖像那是另一回事。所以是先类型，然后再形成典型。像咱们材料里经常引的高尔基的那些话，选几十个警察写一个，几十个小偷写一个；和像鲁迅的那段话，说什么在浙江、什么在江西、什么在山西……那时候他是经常利用这两段话指导我们。一下去就找典型，这毛病在当时体验生活中是普遍存在的，有一点背鞋找脚的味道，下了厂去，就和人家说我演这个人物，谈谈剧情，请人家帮着找找这个人。找来了，又觉得不像，请人家再找，还不行……总是找我戏里要演的那个人，很可笑。焦先生讲到典型和类型时就举我当时演的那个角色（程疯子）的例子，他说一个角色身上，一定有一般人所共有的东西，其次是他那一阶层人所具有的东西（即艺人所共有的一些东西），第三才是你这个人（特定的人）身上特殊的东西。他引导演员从类型入手去了解生活。这种做法很有深意。确实，一个人身上是有许多与别人共同的东西；第二是有职业的特点；第三才是他个性的东西。我们就是在他这样的指导思想下下的生活，确实感到比原来的路子宽得多。

有一次的日记上，焦先生给我写了一段话，我觉得很重要。他说："请你提醒我当面讲讲法朗士《论文艺中的疯子》。"法朗士是十九世纪末叶二十世纪初叶法国的一个作家，他写的《论文艺中的疯子》，我没看过，到现在也未能见，焦先生他看过。他批了这样的话，我就去找他，他找我谈话的内容，集中成一句话就是"在疯子眼里其他的人都是疯子"，我觉得他讲的这番道理，除了演疯子，对演其他的角色也同样适用。在大家的眼里你是疯子，在疯子的眼里就觉得大家都是疯子；焦先生需要就此说明的问题是什么呢？就是让你一定要把这个疯子为什么疯弄得清清楚楚。一层意思是你不能直接演疯，另一层更重要的意思是所谓人物性格的特点就是在他思想上一定有一种与众不同之处，有他自己的、特

(indifferent + 懂之间) +

八月二日

18. 作喉后之西口—————————————

19. 娘子好戏的去处。

20. 对艳芳秋大的观防。（好多嘴别心害，可读作情了）

21. 他忘黄板的活着珍。（不是麦傅，而是 indifferent）

22. 人们都是从社底'得到苦/善（对伴呢是民主主义），但都是苦的。

23. 为4斗争得到生命的四群的限防。此日过设家主对了。他放收，过解措施，除设行隔，因而痛快也。

24. 一个人的第一种对中神运特到奇色，或成反才。（看汤你搜破纸去面读 France "海文艺中的骗子"）

九月三日

25. 23 的除生纸定量，他偏单呵谏。解释了骗子的存在。

26. 我从研究骗子在书引去看。解放前后在引去看？解殊的思维逻辑，而他形成他这种特殊的思维逻辑就一定有他社会的、历史的原因。所以他当时告诉我，疯子是为什么疯的，这就是你写自传中最重要的一个问题。

我觉得这道理就包括着演其他角色。凡疯子，不管他文疯、武疯……不是每秒钟都疯，不是随时都可看出来，有时候还特别文明。所以那时候，我就花了相当长的时间，在面上观察的基础上重点找了几位艺人，了解他们的出身经历，找他们谈，最后形成了一篇程疯子的自传，这个自传字数写得确实不少，够仔细的，从小写起，怎么怎么回事，确实是篇完整的自传，致疯的原因也都弄清楚了。后来拿给焦先生去看，又给老舍先生看，老舍先生他还根据这个调整了剧本。原来剧本里，程疯子不是艺人，只是爱说快板，管他的老婆叫娘子，有这种种特点。老舍先生原稿说他是一个被臭沟熏疯了的人，作为演员，总得给他找点社会原因。当时就定成了艺人，还算是个阶级兄弟吧，本阶级的人，另外受苦很深，容易引起人的同情。原来写的人物是从大家庭没落下来的，然而受压迫的人不一定都疯，他身上一定有自己的弱点，便把他变成一个大家庭里姨太太生的孩子，父亲死后遗产继承得很少，便由玩票到下海，从下海到落地。玩票是不要钱的，后来成了职业演员那就很惨了！成职业演员以后又不成了，被迫到天桥那儿去撂地摊卖艺，在那种困难条件下还那么受气……我就写了这么一篇自传。以上我就是想说明焦先生曾这样叫我从类型出发，然后就是用法朗士的那句话启发我怎么逐渐地完成了程疯子这篇自传。

下面要讲的是两个问题，两者又分不开，就是焦先生讲的"先要有个意象才能有形象"，或者说"没有心象就没有形象"。关于这个问题，我先要引一点焦先生的原话："先有心象才能够创造形象"，"你要想生活于角色，首先要叫角色生活于自己"，"这次演员的创作，要从外到内，再从内到外，先培植出一个意象来，再深入找其情感的基础"（先什么后什么是针对当时具体情况而言）；"要突破自己，就要先看到角色和自己的差别"……而且还要求在排演场上大胆地试验，错了砍下去，不费力，你不试验就什么都没有。对他这种办法，我们剧院的各类导演，有乐意这么干的，也有不乐意这么干的，有的主张非突破自己不可。譬如他就常指出，这儿还是你自己！我就不知被他指了多少次。另外一种导演就要求："就要你自己，首先是你自己，就假设是你自己……"这假设有时是有魔力，有时也不一定那么有魔力。"你不要紧张，你不要演别人，你就是你自己，你自己在这个情况里头干什么呢？"我对所演的生活都不甚了了，我干什么？就更想不出来了。我如果不熟悉生活，决不是假使一下、积极动作，这人就可以演活了。比如光靠假使，假使你是阿巴公，这成吗？第一阿巴公、第二莫里哀、第三法兰西等的情况我都不知道，就假设我，这样假设没有资本啊！焦先生总是要求你突破自己，先应当看看自己和角色的距离，而且要试，错了好办，扔了就算了，明天再拿新的来，对的就留下。你老是自己，怕是没法演出形象来。

下面的话更需要解释一下。他说："准备角色的时候，可以用哥格兰的办法。"（哥格兰的书中国翻译为《演员的艺术》，吴天同志译的，应当看看，咱们基本是用斯坦尼斯拉夫斯基方法，但要知道一点别的。）他这话重音在"准备"。哥格兰的主要观点是演员是第一自我，角色是第二自我，第一自我应随时监督着第二自我，在台上要绝对的冷静……这是他基本的理论，但他说是那么说，实践中也不可能，第一自我、第二自我不可能分得那么清，就跟斯坦尼斯拉夫斯基说的那种下意识形态自己也不可能完全进入一样。焦先生之所以在排戏前向我们推荐哥格兰的办法，就是要让我们把第二自我给想清楚了，不是一般的理论上的清楚，而是在你脑子里得有一个形象。

焦先生还说过这样的话："从自我表演到第一自我监督第二自我是进了一步了，是走向下意识的途径。"下边还谈到：从生活里吸收了什么东西（更主要指外在的），在排演场底下要练，而且反复地练，练的目的就是找到这个外在特点的内在思想感情的根据；在排练的时候你就不要硬去模仿他了，只要思想感情发展到需要那个动作的时候，那个动作自然而然就出来了。

　　围绕心象与形象的关系问题，我想结合谈一些实例。如果说，我刚才提到的曾找了那么多艺人而形成程疯子为什么疯的一个自传的话，这总得算是捕捉程疯子内心世界的一种过程吧。但还有一个问题，即体验生活是否就只是体验"内心"的问题？这个问题过去一直弄得不明不白，在"文化大革命"中更是登峰造极，总认为体验生活就是体验内心，似乎体验内心价值就高一些，这种看法可不是个别的。因此我想特别说一说，内心是看不见的，你所体验到的内心，哪一个不是通过他那外形叫你看到的？哪有不经过外形的内心啊？那创作不就等于是下神儿啦！内容和形式是辩证法的一对范畴，离开形式，内容就不存在了。语言是思想的形式，没有语言怎么思想？所以一个是下生活不能去找典型，一个是到生活里去千万不要只观察内心，而是应该连内带外一块儿拿回来才对。当时确实也有某种气氛上的感受、情绪上的感受，对他的经历、遭遇的同情，同时也会看到他对他的那段经历，遭遇是怎样说的，是怎样叫你那么动心啊？他有些什么习惯啊？他是涕泪横流说他那段苦，还是带笑说他那段苦？这都是每个人的性格特点呐！所以观察生活不会不看到外形而只看到内心的。这是压根儿不可能的，总是通过外形而找到那个人的内心，因此，在我们为了写自传想把程疯子思想弄清楚的时候，当时由于焦先生那种指导思想，我们没有忽略两个方面，在笔记本上是连内在感受到外形特点一块儿记下来的。而且我感受到你对那个人物的思想感情越了解得多一点，对那角色的思想摸得越透一点，你对他的外形选择能力就越强一点。会自然而然形成像鲁迅先生说的那样鼻子是他的、眼睛是他的……自然而然在你脑子里形成了一个从模糊到清楚的人，这就是焦先生说的那"心象"。我当时想塑造一个那样的艺人，什么《立言画报》《名伶百影》等形象资料都看。包括在龙须沟看到的那位手拄拐棍从人群骄傲地走过的人，后来一打听原来他是唱戏的，这人穿得破破烂烂，还有点脏，绰号"气迷心"，听说他因为从上海到北京找金少山搭班，没请着，栽了跟头，一直寄居在他岳母家里，由岳母养着他。我们去访问他，老太太以为我是区政府的，还直表功，当着这人说："要不是我们家养活着他，早死了……"那人说话的时候还很骄傲，你一下就能看出来他还不是个邀角儿的，自己就是个演员，而且是唱老生的，眼睛、脖子、脸上、身上还一直保持着唱老生的那味儿。当时还看了《名伶百影》的那些照片，后来还了解那些唱单弦的……这些琐碎的就不说了。总之在杂耍园子里泡吧，聊吧，结果除了给我写自传提供了材料而外还积累了人物许多外形的素材。按焦先生的办法，积累了外部的素材自己还要练，比如学白云鹏走路，就多练练，练得多了你就能感觉出那样的人应该是个什么样的来。过去看《名伶百影》以及那个唱戏的人，甚至最近看到杂志上发表的俞振飞的照片，到现在我还不太明白他们为什么眉目之间的距离这么大。杨小楼啊、王瑶卿啊，这些老伶工似乎都有这些特点。记得那阵打腰鼓过国庆，于夫和我带队，于夫的鱼尾纹特别深，他那鱼尾纹叫我想起丁力来，丁力和我过去在一个剧团工作过一段，这人入世较深，有时有点恃才傲物，自卑与自尊错综在他身上，我看到于夫笑的那劲儿就一下子想起丁力。慢慢地《名伶百影》加上丁力的笑纹，使我觉得像是程疯子这人物的眼神，缅怀、自尊、自卑……白云鹏走路两脚老离得挺近，因为他小时候裹脚，那时男的也裹脚，讲究脚的俏皮，所以这脚老是平着着地，加上很有礼貌的样儿，那大演员的味儿就出来了。还有就是在台底下看他们的手势，往往为了强调点什么，他就指点几下，譬如要说"这壶水我敢说它是开的！"就用手点三下，后头这三下是肯定前边那意思的。或者说"这机器准保不灵！"点三下，意思是"我说对了吧"……有时用头，有时用手，都很生动。总而言之，我觉得这三个过程，其实是一回事，了解人物思想，为此体验生活，了解人物思想同时也是了解人物外在的过程；了解的同时又是选择的过程，看哪点合适哪点不合适，选择了合适的东西，你就练，你练了，反过来又帮助你了解人物的内心。所以心象形成的过程，既是你把角色思想弄清楚的过程，也是你获得了那角色自我感觉的过程。这里边的道理我说不清楚，但我相信许多同志会有这个感觉：即获得了那个人物真正的自我感觉、正确的自我感觉，就是演员最自由的时候，信念最强——我就是那个人物。那时我们脚本老改，随便怎么改，由于经过几个月的工作积累，角色自我感觉是丢不了的。

下面顺带讲一下内与外的关系，因为最近杂志上也有些争论。我认为没有单纯的从内到外的表演创造方法，也没有单纯的从外到内的创造方法。如果说我这演员专门用从外到内法，这就如同说我专门用从内到外法一样是谎言、谬论。你靠什么选择那外？你怎么就觉得这手势是程疯子的？这不是因为你对那人有所了解。你因为做了那些工作，所以你才觉得我应当是这么样的，才觉得这样的人应当有这样的手势，而这样的手势练长了以后，你就能体会到他那种感觉了，等到台上需要这种感觉的时候，你这手势自然就出来了。你要单纯把它总结为我演程疯子因为看到这么个手势，那大街上人的手势多了，你干嘛单找这个手势，企图挑回来就练，练了就成功，你至少是自欺欺人，这不可能，如同纯粹搞内心也不行。另外，一个演员在不同的角色里头有时也会用不同的办法入手。一个演员的创造倘若是正常的话，他会因剧本里某些外在的方面吸引他，或某些内在的方面吸引他，使他感动，是交错出现的，什么都不应该排斥的。这个演员演这个角色的时候，由于某种特殊情况，如程疯子，需要演员写自传，先从摸清这人思想发展的历史入手，也不排斥吸收外边的东西；另外一个角色，你一看确实已经写得明明白白，非常能唤起人们想象，一下子脑子里就出现角色的外在特点，那人就非这样不可，那就从这开始入手也可以。但是你不论从哪入手，都是内在与外在结合的。我怀疑是否真有那么两种方法。原来我想得比较天真，觉得这争论没意思，我们剧院早已不争论这问题了。五十年代曾经争论过，后来觉得单纯从内到外或单纯从外到内都不可能，就不再争了。

关于自我感觉的获得，我觉得有三样东西很重要，一个是眼神，一个是手势，一个是步态。这三方面常常最能反映出人物的外部性格特征。手势问题，见诸画论颇多，远的不说，近点的像苏联画家格拉西莫夫有本小册子，他说肖像画除了画好眼睛就是要画好手，手最能表现性格，他还引证了其他人的画论。我听说西欧的大画家也十分重视画手，谈了其中许多道理。这次在巴黎看到罗丹博物馆里有两只手，塑在一个不大的小石膏托上，上面两只手，题目是《爱》，两手是男人的手和女人的手，是在相爱的手，但两手没像咱们表现爱情那样非攥到一起不可。那两只手的形象真令人觉得神奇，两只手的感情太丰富了。可见眼睛、手势、步态对刻画人物的重要。凡角色自我感觉获得越强的时候，你那排斥能力越强。有时候我觉得都对了，自己在屋里练一段程疯子上台、伺候人家一段什么，拿着八角鼓，唱段单弦，说一段开场白，觉得都挺好，信心百倍，什么都是了，可是拿老舍先生剧本一念，那点东西就又全跑了。这种时候，只好再去向生活请教，然后再拿着老舍先生的台词琢磨琢磨，到自己相信了程疯子就该这么说话为止。

以上谈的是心象与形象问题，这儿还顺带说一件事：我最腻味演员在上演前试装的时候把脸往这儿一搁，过来个化妆师就给化，好点就是"多大岁数？""六十。"噢，那就再画几道，还不够，再来两道，而且是人家化还不是自己化。有一次闹了个笑话，我不知道现在这时代的发展，我们一位年轻演员让一位很老的化妆师给化妆，我就对那位青年演员说"你那么年轻就叫人家给化，你自个学着化吧！"结果那年轻的没对我怎么样，那化妆师急了。人家认为化妆业务就是要给演员化妆，而我始终觉得，他们的工作是应当尊重的，但他们应该搞那些造型、制作什么的，演员的形象是应该由自己随着排练进展而逐渐获得。这儿还得插一句，焦先生排到第一幕时就让演员开出清单，你那人物外形是什么样儿？穿什么衣服？拿什么道具？化什么样妆？纯外形地让你交一份东西。一个演员排练时没有获得心象，到临演了还没获得，还叫人化妆？那得你自己做，别人没法儿给你化，也许你这么化、那么化，反而给人物充实许多东西。斯坦尼斯拉夫斯基说过在脸上抹油彩而寻找性格化的事是可信的。化妆是演员的创作啊！你把一个模糊的或基本清楚的形象通过化妆而把他明朗起来，这是演员的责任啊！你怎么能把脑袋交给别人呢？

第三个问题，焦先生要求我们把角色组织起来。他当时说：这个戏里的人应当自始至终，是一个自内而外的、越来越向上的过程，有些人更应当有显然的改变（这不是原词，是我的笔记）。对他这一思想，我后来的体会是，在剧本统一的主题当中，要弄清我所演的这个人物为什么存在？起什么作用？这个人物应从哪个方面帮助和丰富这个主题？我这个人物到底应当给观众什么？我演出为什么？当时我们脑子里习惯比较概念的东西，例如在我的笔记本上就写了一句话"（程疯子）从恨沟到爱沟的过程"。焦先生看了就在旁边批了几个字，大意是"难道没有一个麻木不仁和漠不关心的过程吗？"我觉得凡是大师，他总是在探索生活，不满足随手拈来的概念化的东西。例如我们曹禺同志吧，你如果找他写剧本或者拿出一个剧本的想法来请他谈意见，他最严肃的批评往往是四个字：普通普通，或者现成现成，他读的剧本存在脑子里太多，所以一听就现成现成，普通普通，太多了，他们总是不满足于已有的东西，总是想把生活认识得更深一些。所以焦先生一听"从恨沟到爱沟"，就会觉得你像小孩子似的，所以才提出有没有麻木不仁时候的问题。确实，你到臭沟那儿一看觉得痛苦得不得了，可住长了慢慢也就麻木不仁了，所以用简单的答案去完成焦先生提出的任务是不可能的。后来想来想去才想到这么一条，剧本中程疯子的起点是靠老婆吃饭，明知这是很不光彩的，另一方面又缅怀过去自己是个好角儿，是有本事的人；他实在想做点什么，偏没有他做事的机会，解放后使他这愿望在新的条件下完成了，各得其所，给他找了一个看自来水的工作，这人也比较实际了，管上自来水后觉得是大权在握，自豪得不得了。是旧社会夺去了他正当的劳动权利，到新社会才重新获得，他歌颂新社会绝不是简单的。解放的欢乐有大家所共同的，但也有每个人不同的积极与欢乐的原因。这样就找到了程疯子这个人物特有的表现与原因。生活里像荣剑尘对解放的信念和欢乐有他特殊的表现，每个艺人都有各自对解放的不同态度和原因。听说荣剑尘在刚解放时每天出去遛遛，他说："您知道我为什么要每天出去遛遛？我就是要看看这解放以后的警察是个什么样！"因为他腻味警察。解放了，看警察拿个大喇叭筒子那么喊，他说："那不是为了咱们好吗，为了别把咱们碰着。"他就是从这儿认识为人民服务的。

把角色组织起来的问题，到以后排《茶馆》时也是这样。

当时对那个戏的主题有各种说法，我当时对这个戏的认识是：戏说明了任何改良主义也不能解决问题。剧中秦仲义是个自觉的改良主义者，王利发是个不自觉的改良主义者，反正莫谈国事，靠着自己的聪明才智，觉得不问政治，管我的事业就一定能兴旺发达，尽管他总想莫谈国事，但国事老往他茶馆里钻，弄得他头晕脑胀，直至最后逼得他上了吊。从社会效果的角度，我想通过王利发告诉观众一个人光靠自己的聪明和努力而不关心政治是不行的！我只是这么概念化地说说，因为也没听到观众有这样的反映。我特别要说的是演员把角色组织起来以后，在服从总的主题的情况下会产生另外一个作用，它得支配你的表演，这是比较实在的，即越是这样一个悲剧人物，你越是应当从反面演他。第一幕要演得他自己觉得自己聪明，甚至要为他说出来的话透着那么聪明而骄傲。第二幕世故深了，不再为自己的聪明而骄傲了，但他生活的信念更强了。考虑到这一点，所以我加了满墙贴"莫谈国事"的那些动作，要不然那场戏没他自己的事，于是我想了这人在台上唯一要做的事，但又常常被打断，就是想把"莫谈国事"的小条贴满墙，但是只贴了两张，因为"国事"老来，不容他贴。第三幕世故更深，一切看透了，不大在乎应酬什么人，变得倔强，同时还不忘赶潮流，在茶馆弄个女招待试试，最后没想到惹来杀身之祸。在临死之前还要找到他的乐趣，那时候他把家里的人也打发上解放区了，家里就剩他一个人了。就在那会儿，常四爷、秦二爷先后来了，这是他临死前的一次大享受，没想到临死前还有两位老友来访。于是那一阵儿成为他思想最解放的时候，他简直是连笑带自我批评、带骂国民党、带奚落他原来的老房东，什么都不在乎啦！他就是要在临死之前痛痛快快过过这快乐之日。通过这样对角色的安排，就使你不要去直接演他那悲剧，相反要从反面赋予他应有的性格色彩，这个人一直没想过死，他总觉得自己是可以的，等到发现自己非死不可了，也觉着自己的死是可笑的——"怎么我落了这么个结局？"自己都觉得可乐，而那乐也就相当辛酸。跟小刘麻子瞎聊天，想赶那么个潮流，想找个女招待来行不行？弄是弄来了，可是一会儿有人带信儿来了，人家要霸占茶馆，这根本就没想到，从他爸爸（刘麻子）那时候，就看透了他爸爸，现在又来这么个歹毒儿子，没想到这条命就断送在他手里！他简直觉得荒唐可笑，于是便在苦中作乐。最后人家都走了，那两位也撒完纸钱走了，自己还聊以自慰，再捡它几张，给自己再撒一下，然后找个地方算了……因此他用不着演任何悲剧，一个一辈子想改良的人就这么糊里糊涂地死了。

除了体验生活形成心象，找到角色的自我感觉以外，一个演员应当对一个角色做出自己的设想，从思想上评价这个角色，弄清我这角色在总的主题底下到底应当给人以什么？简单说吧，是给人以教育、给人以教训？最好是越有哲理的深度越好，挖得越深越好，不能只挖到"从恨沟到爱沟"，那不行！以现在的话来说，就是要估计一下社会效果，到底我这角色给人带来一个什么问题、隐喻什么哲理。在明确这个思想的情况下反过来再好好安排安排自己的角色。

回顾焦先生指导我们演戏，对他教过我们的东西，如果用一句话概括，我体会就是：所谓演员的技巧，就是怎么把生活的真实变成艺术真实的这么一种本事。具体就演员来说，是你怎么依据生活变成舞台形象。看你把生活真实变成艺术真实变得好不好？这就是那技巧。至于形体训练、声音训练等我觉得那只是基本技术。真正的技巧，和文学创作一样，是怎么把生活的真实变成艺术的真实。焦先生教的这一课，我觉得总的就是这个内容。

焦先生给我们打的这个底子，后来就成为我们的创作信条和习惯。接到剧本想的就是这一套，时间长了，就体会出了这么几条。这几条自己希望能做到，倘若对的话，就希望青年演员们也能做到。我讲不全面，就三条：

第一条，必须真实。

（一）你所创造的人物要使观众有似曾相识的感觉最好。就是说你所创造的人物，要能调动起观众的想象和积极性来。凡欣赏艺术，都必带有自己的想象。同一出戏叫观众哭，每一个观众所被触动的神经是不一样的。好像屠格涅夫说过这么一句话：同情别人都是由于自己想到自己什么事而发出的……这有一定道理。总之，演什么戏都应调动起观众的想象，我甚至觉得演古装戏也要使观众有一种似曾相识的感觉，"嗯，这种人好像是见过的！"只要你演得真，使他想象到自己的经历，这样的角色才能感染人。顺带谈个问题，我们想到不论我们探索民族形式或者吸取外国形式，特别在现代化条件下突破四面墙利用多面观众的舞台……无非一个道理，他要叫你承认，剧场无论如何有它的假定性，你想完全和生活一样是不可能的。这个前提我也承认，特别看戏曲的时候完全承认这一点，但我要说的一点是，布景再虚，或者说越是承认剧场假定性的不可克服，越要强调人物的真实性；布景再假，甚至裸形舞台，越要求演员——人物的真实，我觉得布景越抽象，人物就要越具体。

（二）演员对人、对事、对生活要特别敏感，对一种气氛、意境、情趣、情绪……要有音乐家、诗人那样的敏感，就像一块海绵似的搁在水里就能吸收东西。要体验各种人，不能说下乡、下厂才是生活。这跟咱们说现在写农村戏少是两回事，别都掺和在一块啰！这里就是指演员对生活了解得越真、越细越好。

（三）演员要有两种决心，一种信心：一个决心是决心不再搞那些约定俗成的玩意儿，比如预先定了这人一摔椅子就应该走了，那人就一定要喊上这么一句话："于是之，于是之……"你有事拉他回来得了，不，规定了只喊他这么几声。更简单的就是这样：听见"你母亲死了！"他就"噢，噢……"做痛苦抹泪状。一个战士下决心的姿势规定是做握拳提臂下决心状。

于是之
在《虎符》中饰信陵君（左）

我还不明白为什么现在给人一件东西都爱说："给！"其实生活里有多少丰富的表现形态啊！所以要下决心搞新的东西，舞台上尽量少用那种常见的套子。演员也觉得不真，观众也觉得不真，但形成习惯了，反正那就是那些，快成了京戏的马鞭了，可人家的特点是程式化，咱们的特点不是那个。对这个要下点决心！第二个决心是要把生活中常见的而舞台上见不到的最真的东西拿给观众看。观众看到那个才叫亲切啊！鲁迅先生说写文章也是这样的，要写出人们都想说而说不出来的那些话，而且说得特别俏皮，读者就特别喜欢那样的文章。演戏也是这个道理。

信心，是指舞台上再细微的东西，你要相信观众是能看见的。只要表现的是真实的，生活里大家所共同感受到的、又是舞台上不常见的。你不要以为"唉呀，太细微了吧，别闹自然主义吧……"你要有信心，观众是完全可以感觉得到的。譬如一个人坐在这里说话，他会感到多少气氛啊！哪是人们喜欢听的，哪是不喜欢听的；甚至眼睛贼点，看出哪人听得腻味，哪人不想听，想走了……都会感觉得到的，今天就这么一种公事公办的会场的气氛都这么生动具体，何况生活中的各个角落。我就特别爱看音乐会，这儿有一个指挥，那儿有拉小提琴的，唉呀，你会觉得那指挥和小提琴独奏者之间、指挥和整个乐队之间的联系。那指挥就靠他那双眼，你能感觉得到他们之间那无声的"台词"，"我这最后一个反复该你指挥了！""我这完了，该你。"你能看出来哪个人是掉进去了，哪个人跳出来了，哪个人是紧张。他们并不想表演点什么，但你都能看出来。我举这个例子，无非是要说明要有这点信心，观众能看出来，只要是合情合理的，观众就能接受。

第二条，演员必须对生活热爱！

演员在生活面前必须有自己的爱憎，做一个忠诚于生活的人。我记得一九五一年《文艺报》上发表过一篇张天翼的文章，这文章我始终记得，题目叫《关心和注意的方面》。文中有这样的话，一个做会计的人，迷上了林黛玉，他每天算账的数不一定出错；但是一个文学家、一个作家心里头只想着林黛玉，可能好多东西就表现不出来了。他的中心意见是做文艺工作的人关心和注意的面要广泛一点！我从这得到了启发。但感到演员和作家还有一点不一样，在同志们的材料里都管演员创造的特点叫"三位一体"，即既是创作者，又是创作工具，又是作品本身。确实演员在台上一站，你的思想、品德、文化修养、艺术水平，以及对角色的创造程度……什么也掩盖不住。因为你演员本身是创作材料，特别是戏剧演员，你每天都在创造，演员修养如何，这是一览无遗的。因此，热爱生活、爱憎分明这一条很重要。我现在不知道还有什么学说比马克思主义更科学的。因为咱们关闭多年，许多哲学思想也没引进来，但听了一点儿，去年到欧洲之前以及去欧洲后（指 1980 年，编者注），听到他们在二次大战以后的一些思想。一做比较，那马克思主义无论如何是我们认识生活最科学的思想武器。叫不叫"改造自己"这再说吧，但演员必须是，至少是一个好人：忠诚老实，敢爱敢恨，不大爱掩饰自己，我不是说随便去骂街，我是说他的心应当是透亮的，他的感情是可以点火就着的——指正确的感情，不是那邪火。凡是对生活玩世不恭、漠不关心，就不大能够演好戏。演员这事儿是太真了！你这一百多斤往那一摆，连呼吸人家都能听见！这么个职业你说有什么办法？想掩饰也掩饰不了。所以表演要真实，要正确。当然，表演时不能直接演你演员自己对生活的态度。但凡想耳提面命地把结果直接告诉观众，这种表演必然是要失败的。

第三条，演员的修养问题。

依我说，从形体训练、声音训练说起，到创造形象为止，这个方法那个方法，内啊外啊的，说这么半天，而对于一个演员来说，长远起作用的是修养。鲁迅说，我不相信什么小说作法之类。现在咱们谈的许多问题还没出"小说作法"的范围，总而言之说的还是方法问题，或叫体系，或是什么戏剧观之类，以及这么训练，那么训练，这些都是给打基础，而决定这演员真正生命的是他的修养。就跟写字的人一样，说我拿笔拿得稳，不仅能悬腕，我还能悬肘，一米见方大字我写出来也照样挺帅，拿笔就写，写法我全能掌握，这都可以，但对写字的人来说最重要的是读帖，得多见碑帖。甚至写草书的人——有的是看了哪位舞剑后很受启发，书法大有提高。那些古代文人，哪个不是琴、棋、书、画啊？什么郑板桥的三绝：诗、书、画；据说齐白石把自己的诗、篆刻、书法都排在前头，他把国画排在第四等，他自认刻印和写诗更好些。你看都是通着的。所以，同样的剧本、同样的角色，两个演员具有同样多的生活素材，创造出来的人物也有深浅之分、高下之分、文野之分。生活一般多，排练时间一般长，对这角色合适程度两人也一样，可那人演得就有味，这人演出来就一碗白水。这个区别就在于演员的修养，不只是思想的修养，特别是姊妹艺术的修养。你要把《伤逝》交给鸳鸯蝴蝶派去写，就这故事写得一定比鲁迅长多了，但那不是鲁迅。所以一个戏、一个演员，还得有一种美感。比如演坏人，第一要演得这人真坏，第二你还要演得叫人爱看才行。你真坏了，坏得简直叫人不忍卒睹，那叫什么艺术啊？我读过一个古典诗剧，戏里写一个父亲看上他女儿了，要去强奸他自己的女儿，有一段独白，他都怕脚踩了地板，惊动了大地的神灵而犯罪，每走一步都那么精心。你看，写那么一个坏人，把他情感写得那么细致，把这个人物心灵揭示得是那么丑恶，同时又让观众获得一种艺术美感的享受。我想创造形象，都应当是文学形象。倒不是文学形象一定要比戏剧形象高，我的意思是要多读一点文学作品为好。我为什么要说这事呢？因为我们剧院也有一些戏剧院校毕业的同学，现在他们有点后悔，总说"哎哟，希腊戏剧史什么的那都教过，布置剧本什么的我们也都看了，可就是没好好学，心想主课不是这个……"现在看表演课是主课，可长远看修养是主课，这是一辈子的事。你老靠这"方法"，天天排，天天演，演了三十年戏、四十年戏，还是"从内到外呀，从外到内呀……"还老搞这个？爱从哪儿到哪儿，只要把那人演真，演好，你从哪儿到哪儿都行。

从长远看决定一个演员命运的是修养，除了文学修养还要多涉猎一些姊妹艺术。一是多看看各位大师、各种大师他们是怎样概括生活的，很有好处。二是由于咱们这种"三位一体"的特点，老看不见咱们自己这作品，因此我们在创作理论上总有些说不清的东西。要吸收姊妹艺术，譬如拿一篇画论来，他讲画人物，不管中国画论或者西洋画论。你可以触类旁通地从美术、雕塑、摄影等各种艺术理论中寻找出我们创造人物时值得参考的东西，有时我觉得比咱们这个还容易说得透一些。因为他那作品是脱离他自身的，白纸黑字，铁案如山，看得见，摸得着。咱们这老是自个儿说，你说演好了你自己也没看见，所以自己很难说得清。看诗论、画论，有时对咱们启发很大。

以上摘自于是之：《我演程疯子》，原载《人民戏剧》1951 年第 3 卷第 1 期；于是之：《我们所喜欢的和不喜欢的》，原载《剧本》1956 年第 9 期；于是之：《演员创造中的"我"和"他"》，原载《北京文艺》1961 年第 11 期；于是之：《深刻的体验，艺术的含蓄》，原载《文艺研究》1979 年第 2 期；于是之：《生活·心象·形象》，原载《戏剧学习》1982 年第 1 期；蒋瑞整理的北京人民艺术剧院提供的资料等。

此文由中国艺术研究院宋宝珍编选、整理。

刁光覃

"牢固地把握
人物的发展线索"

刁光覃（1915年9月2日—1992年5月12日），原名刁国栋，生于河北省束鹿县（今辛集市）。北京人民艺术剧院演员、导演。曾任北京人民艺术剧院副院长及艺术委员会主任、中国戏剧家协会理事、北京市文联常务理事等。

上中学时开始参加业余戏剧活动，演出过田汉和丁西林等人的剧作。抗日战争全面爆发后，在南京加入首都平津学生救亡宣传团，1938年又在武汉加入抗敌演剧第九队。演出过话剧《烟苇港》《一年间》《钦差大臣》《日出》《水乡吟》《北京人》《丽人行》等。曾参与《八千里路云和月》《一江春水向东流》等电影的拍摄。1942年排演老舍、宋之的编剧的四幕戏剧《国家至上》，这是他首次执导多幕剧；1946年导演四幕话剧《孔雀胆》。解放后他创造了一系列血肉丰满、性格鲜明的人物形象：《非这样生活不可》中的卡尔、《带枪的人》中的革命导师列宁、《蔡文姬》里的曹操、《关汉卿》里的关汉卿、《胆剑篇》中的越王勾践、《北京人》里的江泰、《英雄万岁》里的志愿军师长宋尚武、《李国瑞》中的李国瑞等。合作导演了话剧《工农一家》《针锋相对》《狗儿爷涅槃》等；执导话剧《日出》《小井胡同》等。出版了表演理论著作《刁光覃、朱琳论表演艺术》。

1956年全国第一届话剧会演，刁光覃在曹禺的剧作《明朗的天》中塑造了爱国知识分子、医学专家凌士湘的形象而荣获表演一等奖。1991年获得第二届"中国话剧金狮奖"导演奖。

一、桌面分析与体验生活

材料、剧本，只是你的创作素材的基础，它并不是你的创造本身。阅读分析时，是越细致越好，记得越具体越好。但是，一进入排练场，就应该把它丢在一边，先不去想它。否则，它就会成为阻碍你投入角色、抒发感情的东西。这是不是说桌面分析工作可以不做或少做呢？绝对不行，这是角色的根本。但是，忘掉它不等于白做了吗？完全不会。分析与创造的关系就是这样微妙，只要你真切地理会了的东西，它总会在你的创造中起很大的影响作用，它会成为你思想、逻辑的一部分，指导你的感情、你的行为。有它与没它，实际上是决定着你是"从自我出发"还是"向自我看齐"的创造道路的。但是，如果你在创造的当时，永远意识着它，那么直接表现结果的现象就会出现，你不但不会真正地体现出你所理解的东西，也不会通过一次具体的感情体验，反过来再丰富你的理解。

在舞台上，人物关系非常重要，我们看到的某些戏，常常没有人物关系。除了儿子叫"爸爸"，人们知道这是个儿子，那个是爸爸以外，从行动上、对事物的态度上、互相之间的感情上……都很难看出是父子关系，或者说很淡。就是说，人物关系不清楚，如果台词不写的话，往往演半天也不知道两人是什么关系。

有什么样的关系，就有什么样的思想情感、什么样的表现、什么样的相互态度，这是很重要的。所以，人物之间的关系要很细致地去分析、去处理。

"点"不是结束，而是新的起点。主要是想说明"点"的作用是要清楚地介绍人物发展，最终还是要观众从若干"点"中，得到对人物的全面印象。就总体来说，它是手段而不是目的。"点"的出现固然需要铺叙和照应，但是，前一个"点"对后一个"点"来说，也是一种铺叙和照应。"点"，在相对的意义上来说是稳定的；但，联系起来看，它又是不稳定的。因此，就必须在找寻"点"的同时，牢固地把握人物的发展线索，把这个线索贯穿到各个"点"中去。

从曹操关心董祀到要杀董祀，有一条贯穿的线，这就是人物的思想情感线。在这条线里，我刚才所举的例子都是几个比较重要的地方，我常常把这些地方作为"点"。每个人物，在一幕戏或是全剧中，都有一条不断贯穿的线，这条线上有许多重要的"点"，也可以说是关键的地方，是戏的高潮。我认为这些地方，应该着重地处理，给以渲染。因为这些地方是表现人物在关键时刻的关键的思想、关键的感情、关键的态度。

当然，我演的这个角色也有一定的困难。譬如说我过去所演的角色大多是领导层人物、高级知识分子等正面形象，而这次扮演的却是一个没有文化、思想落后的、年轻的八路军战士，特别是我和角色在年龄上和外形条件上的差异太大。因此，无论在创作路子上，或者在生活经历方面，我和角色都有一定的距离。我从来都认为，没有万能的演员，任何一个演员都有他创作的局限性，但我也坚信，演员经过努力，在一定程度上可以突破自己的局限性，演员创作的乐趣有时也就产生在这个"突破"上。于是，我仔细地分析了自己的有利和不利条件，针对自己的具体情况，在创造李国瑞的过程中充分发挥了自己的主动性。

我对李国瑞的生活虽不怎么熟悉，但对八路军战士的情况却有间接的感受。那个时候，八路军很多战士都出身于农民，入伍后没有受过什

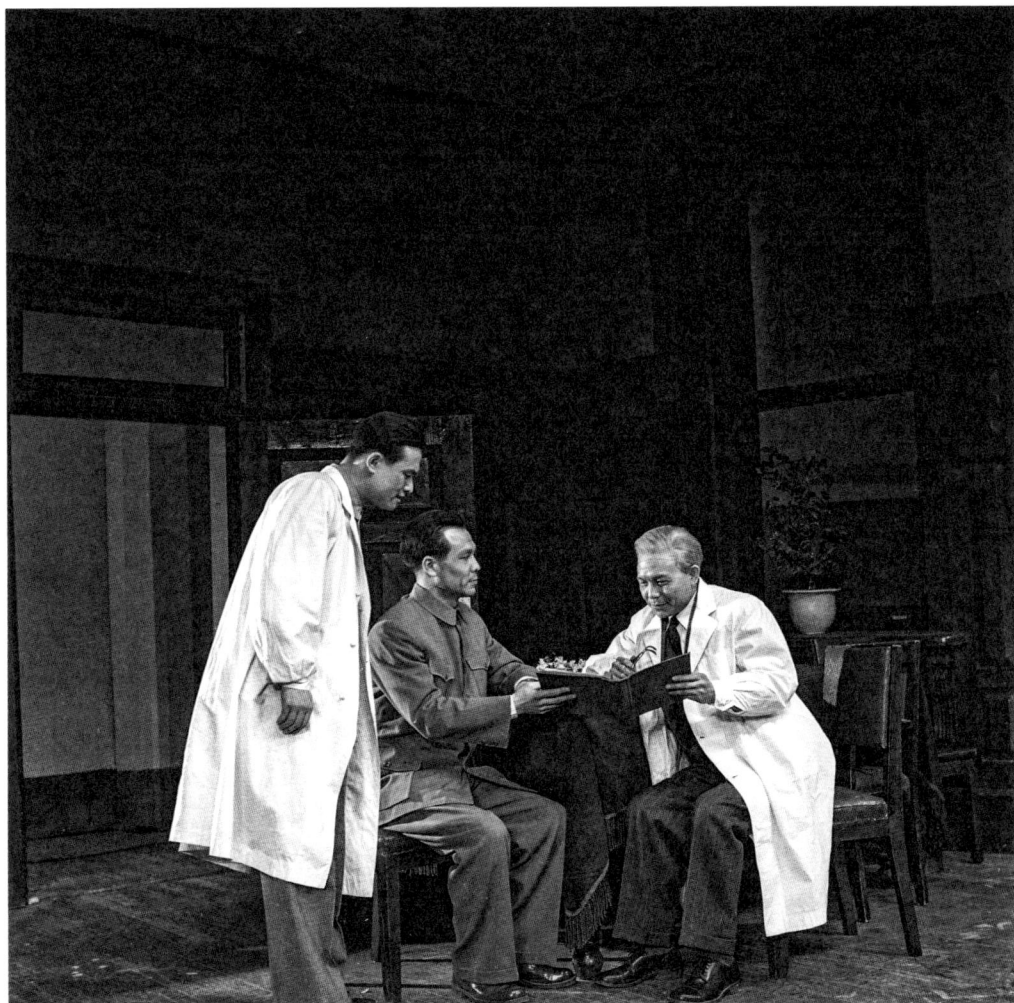

刁光覃
在《明朗的天》中饰凌士湘（右）

么正规化的军事训练，便投入了战斗。他们尽管作战时十分英勇，但平时却保留着许多农民意识和生活习惯。所以说，当时的八路军战士基本上是穿军装的农民。如果熟悉农民生活，就比较容易接近李国瑞这样的人物。我从小生活在冀中农村，后来到北京上中学，但每年的寒暑假都必须回农村。特别是暑假期间正值秋收农忙季节，我常到地里或场院里帮助干农活，劳动之余，每每和农民拉些家常话，因而对冀中农民生活有切身的感受。不过，我对部队生活确实不熟悉，我决心补上这一课。就在剧院的安排下，我们曾经到石家庄驻军部队去体验生活，和战士们同吃、同住、同操练，开始时并不怎么顺当，主客双方都感到别扭，尤其是我的年龄比他们大得多，在一起相处，没有共同语言。后来他们见我诚心诚意，在生活和训练上能和他们同甘共苦，这才逐步打破了知识分子和大兵之间的隔阂，并建立起了感情。这样我也能体察到战士们的所思所想了。通过这一阶段的军事训练，我也初步把握了战士的形体自我感觉。有了这样的基础，也就便于我进入排演创造阶段。

只有充分理解到的东西，才能做到尽可能完美的表现。演员对角色理解得越深刻，其舞台形象的创造也就越鲜明，越具有典型性。因此，正确而深刻地理解人物，是表演创造的重要前提。

二、体验与体现

我之接近戏剧，最初却是从戏曲开始的。还在学校读书的时候，我就是"富连成"的热心观众，那时正是"盛"字班在科（许多位如今已是卓有成就的名演员了），他们都是和我差不多的孩子，我为他们迷醉，欣赏那种生气勃勃、节奏铿锵的表演风格。抗战开始，最初搞话剧的时期，

刁光覃
在《李国瑞》中饰李国瑞（中）

戏曲表演给我很大的影响，那个时期所扮演的人物，都带有一些类似戏曲那样大红大绿的色彩。人物表现得很鲜明，但也比较简单。搞了几年，这点认识便不能满足创作需要，也不能满足个人的提高愿望了。接着就开始接触了斯坦尼斯拉夫斯基体系的某些部分，初步知道了演戏中还有许多道理。当然，那个时期根本无法和今天相比，学习得很不经常、不系统。看到的材料也只限于片面的只鳞片爪，只是概念地懂得了一些从"生活出发，从内心出发"的简单道理。至于如何正确体现这些道理，不清楚。结果，在一个时期当中，便陷于这样一种境地：我懂得体验的重要，也在创造中尝试着去体验真实的感觉，问题是，我表现出来的往往不是我所体验到的东西，说句行话，戏很"瘟"！

下一步怎么办？不知道。当时关于斯坦尼斯拉夫斯基体系的介绍，就我接触到的，只限于内部技术部分；外部技术，表现范畴的学问根本还没有接触到。就这样"瘟"了很久。大家很清楚，"瘟"不是因为学了体系，而是学得不到家的结果。

1942年，我接触到一个角色：《钦差大臣》里的市长。这个喜剧要求在表演上不能"瘟"，但也决不是我开始演戏时那种火气十足的演法。要求的是更能体现性格特征的鲜明形象。没有办法，我找到本《〈死魂灵〉百图》，翻来覆去地看，那些极有性格特征、地域特征，而且多少有些夸大了的生动造型，给予我很大启发。我不但从中学习到一些动作、神态，而且也开始悟到了应该如何以有色彩的笔墨，凝练而鲜明地体现文学作品中的形象。这本画册对于帮助我演市长起了不少作用。与此同时，我和湘剧界的一些朋友相识了，大家朝夕相处，观摩的机会很多，和湘剧中许多位前辈艺术家差不多都熟识了，从他们的表演中，我也看到了把细腻和明确、集中和丰富、夸张和真实……统一在一个人物造型中的卓越技法。尽管演员们好像只是刻画了人物的某几个方面，但是观众却从几个突出的印象中，感觉到了人物整体的存在，从他们戏中得到的某些感受，和我在读《〈死魂灵〉百图》时所得到的非常近似。

因之，我悟出了这样一个道理：知道了要用明确的动作去体现你所体验到的东西。比起只是闷着头去体验，自然是一个进步；但是，如何体现，体现什么，却是又要下大功夫去揣摩的。从自己演戏、看戏的过程中，我也感觉到，剧场效果，或者说剧本、人物的最高任务，单靠表演是不能完成的，应当把观众的理解、联想估计在完成剧场效果的因素之内。

有了正确的内心体验必须找寻适当的表现形式：在掌握外部特征的时候，必须时时不能丢掉心理基础；至于到底是从哪里下手为对，那就要看具体情况了，这里有个人的习惯，有个人对角色的感受，怎么方便就怎么下手，只要不偏重一方，只要不存着先入为主的主观定势，进入角色的门永远是敞开着的。

如果在排练演出的当时还在念念不忘地记忆着你所练的一招一式，那戏就没法看了。最起码的结果也会是若断若续、一节一节的。只要是真正花够了劳动，确实把某些具有人物特征的动作样式以及为什么会出现这样的原因，亦即内心的感情状态理解透彻并且表现明确了，借鉴来的东西就有可能移植在你的身上，生根而且发芽。创造的当时，只要你全心全意地投入到剧情的发展之中，只要有了真实的情绪，这些东西是会自然地流露出来的。

切忌公式化。生活中，不同人物表现不同感情的方式千变万化，戏剧中，不同的规定情境，不同的舞台任务（你的、同台演员的、整个戏的）也都要求在感情的表现方式上有区别，根本的问题在于内心的正确体验、正确理解，排演时的反复摸索，演出时的反复检验。舞台上只有一条不变的真理：必须真实。即使你反对自然主义的表演，内心的真实体验依然是不可缺的，不然就会走入另一个极端——形式主义。

人在生活中内心有所动，自然会通过语言或表情表现出来，而创造角色有了体验，不一定能自然而然地通过形体表现出来。你体验到的东西，分析到的东西，如果不去想办法经过处理把它表现出来，就会使观众看不清楚，也不理解。没有外部体现，等于没有内部体验，也等于没有表演。如果你没有真正体会到这段内容的话，那么，就会像我们平时所讲的，"形式的东西"多了，缺少内在的依据，没"根"，没基础。所以，体验和体现最后必须合二为一，使观众通过演员的表演，很直接地就能感受到人物的思想感情。

所以在处理上，不仅要分析出人物发展的贯穿线，还必须在这条线里去掌握人物每一个关键地方的思想情感。我觉得一方面我们体验到的东西要想一切办法体现出来，而在体现的时候一定要抓住那个主要的、关键的地方去下功夫。重点处可以极力地渲染，但在渲染时要选择最简明的动作，使观众一目了然。否则动作凌乱，重点反而不突出。

我最初处理这段戏（指话剧《蔡文姬》中曹操和周近的一段戏，编者注）并不像现在这样，这都是我最后处理的结果，从开始排练，到不断演出这么多场以来逐渐形成的。这是逐渐地去寻找准确的动作，逐渐把一些不必要的动作去掉的创造过程。所以说，用简练的动作去表现复杂的内容并不是一件容易的事，但是，用简单的动作去表现，就很容易。可见，"简练"与"简单"是绝对不同的。"简单"的动作是对生活现象的表面模仿，而"简练"的动作，则是从生活中提炼加工了的动作，是经过精选的艺术创造。

对角色的理解和体验，只是创造形象的基础，而不是形象创造的全部。因为，理解到的、体验到的东西，并不一定都能完美地表现出来，这就需要用经过选择的表现手段（包括形体动作和语言）把"角色"演出来。我总认为，在表演上根本没有什么"下意识"，我所扮演的角色都是我匠心经营的结果，都是我有意识的创造，也就是说，我对我所要创造的角色是什么样的一个人物（从内心到外形），都是心中有数的。在排演过程中，即便有一些所谓的"下意识"动作的流露，那也是我有意识的设计和不断练习的派生结果。

三、演员、观众及向传统学习

戏曲的表演，有的地方轻轻带过，有的地方却是着力刻画，细致到生活中都很少见的程度，然而这种粗细之间却很和谐，而且就在这种粗细很不均匀的表演中，观众清楚地看到了人物，也理解了演员要表达的感情。这一点是不容忽视的，其中有构思，有安排，不但是技巧上的，而且是艺术上的。概括地说，这是一种"突破一点、带起全局"的卓越手法，是着力渲染必须让观众知道的人物性格的主要特征。通过这一点，让观众自行去领悟、联想更多的东西。而且，对于把人物的主要特征突出表现出来了，也不怕观众离题太远地胡思乱想，因之，是有所启发但又有所制约，有纵也有擒，照相般的自然主义的表演是达不到这种明确而又丰富的艺术效果的。

当然，这并不等于说，演员的表演就发挥不了能动性，甚至于表现不出来也没关系，反正观众自己会去联想。但，也不得不承认，如果你所表现的东西引不起观众的联想，甚至不被他们理解的话，即使你把所有的细节都刻画得十分细致，细致得和生活一样，观众依然不被感动。

在某种意义上说，演员和观众之间，存在着一种征服与被征服的关系。演员表现一个人物，一种感情，总要和观众对这个人物、感情的理解和认识做斗争。说起来，这好像有些疏远了观众和演员之间的亲密关系，然而

刁光覃
在《带枪的人》中饰列宁（右）

这和他们之间的相互尊重是两回事。因为，每个人的经历不同，对于同一事物的理解就存在着差异，而表演的任务要用自己所理解的东西，说服观众，从而让他们和你获得同样感受，使矛盾统一起来。这自然不是说演员的虚伪表演、错误理解，也非要说服观众不可。虚伪和错误的东西，根本就没有说服观众的可能。

从这一点上讲，列宁这个人物是最难演的。每个观众对于这位伟大的领袖都有自己的理解，从学习中、电影中、图片中，都汲取了不少印象，这就成了他们对演员塑造人物的要求，艺术作品中罕有比这位领袖的形象更能引起观众的注意的了。这个形象在观众中所引起的波动是如此巨大，所遇到的必须加以"征服"的对立因素又是那么坚定，因此，可以说，这是表演创作中困难的任务之一。

我一向很赞赏许多著名的戏曲表演艺术家所创造的"亮相"，我认为："亮相"不仅是一个舞蹈动作的塑型，而且是这个人物思想感情主要方面的塑型。好的演员应该在人物第一次出场时的"亮相"中，孕育下人物性格发展的种子，让观众可以见一知十，对这个人物的主要精神面貌有所理解。

我是这样来认识传统戏曲的技术基础和技巧安排的：它们二者是由简到繁的一个连接体，贯穿在其中的是现实主义与浪漫主义相结合的艺术处理方法。特别是浪漫主义这一点，在我们的话剧表演中很缺乏，因此也是最值得继承学习的部分。

看戏曲，最好不仅仅看一招一式，更要看整个的人物，整出的戏。要从人物处理的角度，看看他们突出了什么，简略了什么，怎样突出的，突出前做了什么准备，突出后又给以后的情节发展带来什么作用，等等，从这样一些大的方面去追寻它的处理规律，所获得的东西虽说不太具体但却是神髓。由于它将作用于你的创作思想，因此要比学来的一招一式更能有利于话剧的人物塑造。

戏曲，正是依靠演员集中了许多重要的细节刻画，所谓许多"点"，来让观众接受戏剧效应。"点"，不是静止的，也不是孤立的，从表面上看，在一定的时期中（比如一段表演后的某个"亮相"），雕塑感很强，但，这个从形象到思想感情的凝结状态之所以能够说服观众，是因为在这以前做的必要的铺叙和照应；另外，这个"点"，是前一段感情状态的终结，同时又是下一段感情的起点，因此，在静止的形象中，又孕育着强烈的欲动因素，观众不能不在这个突出的"点"当中，一步步地被吸引被说服，从而接受演员所要说明的东西。

我有一个习惯，也是从传统中学来的，那就是尽可能地让观众看到我的眼睛。"眼睛是灵魂的窗子"，这句话大家都知道，但有许多同志不肯把自己的眼睛让观众看到。片面理解生活和艺术关系的演员，误以为只要和人讲话，眼睛就一定不能离开对方，其实并不然。首先，生活中就不完全是这样的，一边和人说话一边看着别处的现象经常出现；另外，戏毕竟是演给观众看的，如果硬要把眼睛藏起来不让观众看到，也就违背了艺术的目的。当然，我不是主张所有的演员都眼冲台下根本不管对方地去和观众交流，但是，在剧情允许的情况下，我总是认为把眼睛交给观众去审查是最好的办法。

四、演好小角色

（解放前）我演的大部分都是小角色，有时甚至是没有什么台词的"群众"。但似乎并没有什么苦闷。我是这么想：在生活中，如某个人在此时此刻的情境中起陪衬作用，即或是不引人注意的配角，但作为"人"，都有自己完整的人生，各有不同的经历、具体生活环境、复杂的人物关系、特定的思想性格。作为出现在剧中的一个角色，他（或她）既是剧情中的一员，出现在舞台上的生活（规定情境）中，那么无论戏多少，也应该是一个完整的人物形象。因此，作为演员，无论扮演多么小的角色，都要与主角一样，感觉自己是完整的"自我"。因此，我对自己演的小角色都下功夫琢磨，越琢磨越想演，总想演出"人物形象"来，无论成功与否，都觉得有意思。当时虽然抗战热情很高，但是，这种创造激情和欲望，单凭政治动力是萌生不出来的。小角色的创造难度总是小些，由浅入深，由易而难，对于青年演员适应舞台环境大有好处。反复体验各种人物不同的交流反应，在舞台上可以锻炼张弛自如，一旦扮演主角，"自如"能排除不少进入人物的障碍，各色人等的小角色使我有机会体验生活的多层面，丰富生活阅历，领悟自己的艺术个性与特色，察觉自身作为演员的优势与局限（心理与形体的）。业精于勤：实践、琢磨，日积月累，逐渐摸索出自己的路子，形成一定的表演风格。

参加北京人艺这个艺术集体之后，我成了"老演员"，演主角的机会多，成功的创造也似乎多起来了。记得将近五十岁时，还能在《李国瑞》中扮演年轻的八路军战士李国瑞；在同一晚上演出的三个独幕剧中创造三个身份，思想性格迥然不同的人物形象。我想，如果没有以往多年演小角色的锻炼和经验，我绝不可能创作出这些成绩，对于小角色，我的瘾头仍不减当年。1957年人艺演出《名优之死》，我演何先生，一位中共地下工作者，戏极少，名副其实的小角色。他的出现是为了引导主角京剧名伶刘振声反抗旧社会邪恶势力。剧本虽然出自名家田汉之手，但这个角色写得较为简单，甚至概念化，但我仍将他作为完整的人物创造，力求真实鲜明。当时的青年演员童超扮演的刘振声大放光彩，我这个"何先生"相形见绌，但作为演员的我，感到这次实践也仍是有收获的。

首次排演《茶馆》，我曾在第一幕里演一个茶客。众多的茶客是为烘托大茶馆的兴隆热闹气氛，陪衬主戏。导演焦菊隐要求这些茶客设想自己在剧中事件过程中内在与外在的动作，精确配合主戏，对不同的人和事有不同的态度，多了不行，少一点也不行。群众角色也要创造真实生动形象，也应该是"这一个"。导演为演员提出一个极有兴味的创造难题，能激起创造欲望。我担任的那个茶客可以说是最小的一个角色，座位靠台后，且背对观众，只坐在那里几分钟，然后下场。我与同桌的两位茶客按照剧中的社会背景和规定情境，为在场的几分钟设计了一段十分有意思的戏。各有不同的身份和思想性格特征，有特色的穿着打扮和细节动作。我挖空心思琢磨自己的"背工戏"。心想，假如有哪位话剧迷观众把注意力集中在我身上，也要引起他的兴味。戏剧家曹禺曾称赞《茶馆》第一幕是"古今中外罕见的第一幕，老舍先生把泰山般重的时代变化托到观众面前，画出了时代的风貌。"而北京人艺的演出则焕发了剧本的全部光彩，其中包括着几十个茶客的艺术魅力。在《智取威虎山》中，我曾扮演过匪徒八大金刚之一，又塑造了一个相当有兴味的小小角色。

北京人艺一向有重视群众演员（小角色）的传统。建院起始《龙须沟》的群众场面，曾以活灵活现的几十个小角色形象赢得中外观众的叹服。表演艺术家舒绣文曾在《带枪的人》中担任一个没有台词的打字员，在《风雪夜归人》中扮演仅出场几分钟的女学生；董行佶也在《带枪的人》《蔡文姬》等剧中演小角色，他们塑造的人物都给人留下深刻的印象。于是之也曾在舞台上创造过感人至深的小角色——《骆驼祥子》中的老马。优秀艺术家林连昆曾从几十年演小角色的实践中锻炼技术，奠定了成为一名表演艺术家的基础。黄宗洛则以专演小角色而成为艺术家的。

每部戏中，主角永远是少数，大部分是配角或群众演员。演员的一生，演配角的机会也是更多些。

我们既是演员，凡出现在舞台上，就要创造人物，演"人"。

"没有小角色，只有小演员"，俄国戏剧大师斯坦尼斯拉夫斯基的这两句名言是值得深思记取的。

五、台词训练

关于舞台语言，我基本上掌握三个字："意"、"情"、"韵"。

"意"，就是内容。不管是一段台词，一段对白，或是一段诗，首先要掌握最根本的思想内容，这是基础，是一切表现的依据。

另外就是"情"。我认为由于掌握了"意"，就能产生一种"情"——感情。……

再就是"韵"。韵嘛，就是我们一般讲的"抑扬顿挫"。像小桥流水一样，水总是不断地在流，但它是忽而快，忽而慢；忽而急，忽而缓；忽而隐，忽而现……。这样才引人入胜，给人一种美的感觉，能够传达人物丰富的思想感情（包括规定情境、人物关系）。总的来讲，就是要使人听起来悦耳、受听。

"由情而发"，产生了一种声音。所以，语言应该是以情代声，先产生一种感情，然后再用语言去表现自己所感受的内容，因而产生一种语言上的韵律。

也可以说，在语言上这"意"和"情"是属于体验方面的东西；"韵"则是属于表现方面的东西，而这两者都是不可缺的。

要说好舞台语言必须做到音美、字清、意深、语醉这四点。当然其中首先要考虑到观众。演员必须随时注意到，一切为观众，因为舞台语言必须传达到观众耳里，打在观众的心里。而做到这点，我认为必须运用夸张（比生活中的语言更强烈更鲜明）的手法。要打动观众的心，使之动情，但又要使观众感到是在欣赏艺术（这也是矛盾的统一），最后使观众带着各种不同的有所收获的心情，念念不忘剧中几段优美而动人的台词，回家安睡，第二天精神焕发地去工作……当然要达到这些效果还有别的因素。但我现在是谈舞台语言，所以重点谈谈舞台语言的作用。

音美、字清是技巧问题。在生活中，说话可以随便些，无人会苛求。但在舞台上就要求美，因为艺术是美的欣赏，如果舞台语言不清楚，观众总是竖着耳朵，很吃力地辨听台上说什么，有多么难受呢，还能谈得上美的欣赏吗？所谓要字清，那是指我们说的不仅要第一排观众听得清楚，而且也要使最后一排观众能听得清楚，这就必须有技术的锻炼。

基本锻炼的功夫分三方面：（一）声音。锻炼正确地运用声带，使声音能够洪亮、达远、持久。（二）吐字。做到字字清晰，包括对口、舌、唇、齿的基本功训练。（三）气息。这里发声与吐字的基础，尤为重要。以上三个方面的基本功已广为人知，这里我补充两点要注意的地方：（一）各人的先天条件和生理特点不同，所以练法也不同，不能强求一致。更重要的是要善于运用自己声音的特点。……（二）锻炼的目的是为了说得好，所以基本锻炼必须和说相结合，要经常朗读诗、小说、散文或独白等。戏曲很重视说白，所谓"千金白四两唱"，说是基础，说好才能唱好。其他说唱艺术，平常的锻炼也是选些段子来说，而不是在舞台上展览漂亮的嗓子。

有了基本锻炼，是否就能把台词说好呢？不行！演员不管有多么高的技术，如果不同生活与思想相结合，是不能产生高度技巧的。基本锻炼的方法和舞台语言的一些规律，可以相互介绍学习，而语言技巧是不能教的。不过，可以提出四点具体要求：

（一）快而字不乱。如《蔡文姬》中曹操在撤回敕令时，因为是人命关天的事，所以讲得非常快，而又能使人听得清楚，一点也不乱。（二）慢而意不断。慢有慢的道理，但意思不能中断。（三）高而声不嘶。声音高了容易嘶哑，但台词无论如何也不能嘶哑。（四）低而音不暗。声音尽管很低，但也能让人听得清楚。

做到这四点。虽然要加强基本锻炼，但也要考虑到个人的条件。比如

刁光覃

在《蔡文姬》中饰曹操（右）

高和低，只能高到"g"，那么说时便说到"f"，只能低到"G"，那么说时只能说到"A"，也就是说千万不要超过极限，要留有余地。从全剧来说，自己的音量也要适当地安排使用，只有这样才能基本上达到音美、字清。

如何达到意深、语醉呢？我认为只有很好地研究剧本，这一点说起来很容易做起来难。现在大多数演员做得还不够。特别是在过去，这方法做得更加不够。我们在排演时，如果某一个动作做得不好，倒能够排了又排，反复地推敲。可是很难得对一段台词推敲再推敲的，所以有许多台词中本来包含了极其深刻的含义，但却没有被发掘出来。

研究剧本，推敲台词确实是一项十分重要的工作。台词只能独自逐字逐句地推敲，否则只能理解其表面，不能成为艺术创作。因为剧本是由许多段落组成的，而段落又由许多小段组成，小段中有许多句子，而一个句子是由许多词组成的，所以，只有从逐字逐句的研究入手，才能理解整个剧本及其含义。

在现实生活里，在好的艺术作品里，每一句话都有其隐含的内容，它往往比这句话的表面意思要丰富得多、重要得多。演员的创作任务就是在于挖掘台词的潜在意义，通过语气以及形体动作表现出来。

如果你问我从何入手的话，我的答复是从分析剧本研究台词入手。从说意开始，理解了台词的意义就会逐渐引起自己的感受，当演员对人物语言的体会和作者取得一致时，台词就变成自己的话了。

当然，仅是对台词有深刻的理解还不够，正如有人认为"心里有了就行了"，这同样是不能完成创作任务的。心里必须有，但心里有不一定就能够鲜明、深刻地表现出来，还得通过外部技巧，只有通过外部技巧才能把感情传达给观众。而说台词的技巧，主要是掌握语气和语调。语气越丰富，感情就传达得越清楚越深刻。语气表达了说话者的态度，同时给对方一种形象的感受，这就是语气的魅力。

刁光覃

在《胆剑篇》中饰勾践（中）

曹禺同志的《胆剑篇》第四幕暗转后，有一段近八十行的勾践一人在场的独白。对勾践的这一大段独白的处理，与其说是一次语言创作，不如说是对人物精神形象的一次艰苦探索；而人物的精神形象又总是离不开作家及其语言的风格特色……要想处理好这种风格的舞台独白，必须首先抓住它产生的具体规定情境，并体验到此时此刻不断发展着的角色内心矛盾。用我的体会简单概括，就是禁不住的怒火要从心底爆发出来和又不能不强制自己忍耐下去的那种内心矛盾。

六、戏剧是集体的艺术，重在从自我出发

从自我出发，重点不在"自我"而在"出发"。曾有过这样的表演，演员极片面地理解了这句话，其结果是"向自我看齐"，所有的人物都和他一个样，不但是形象而且也包括了思想。谈"自我"的目的，是为了要你首先把人物表现得像个人，可理解，可捉摸，而不要弄成某种概念的化身。这只是一个起点，从这里开始，还要做许许多多的工作，逐渐从"人"走向"人物"。在许多工作中最重要的一条，是要设法去理解人物的思想、感情、人生观、世界观，特别是他对于事物的具体态度。另外，这种态度又不能是静止的。不错，其中有不变的、基本的东西，但更要注意有变化、有发展的东西，要研究一下这些变化所以产生的原因，研究这些变化产生后，对以后的行为所起的作用，等等。一句话，要多做桌面工作，多看材料，多读剧本。

戏剧是集体的艺术。一出戏，就是在一定的故事情节里，许多不同的人在同一个规定情境之中，为了各自的目的而展开的交往活动。因此，在这中间，相互是有影响、有推动的。也正是在这种相互影响、相互矛盾之

中，戏剧才得以进行、发展。但是现在的戏剧舞台上，有些交流做得很不好，因此才产生了这种情况：尽管生活在同一事件之中，但是你干你的，我干我的。从表演来讲，就是你演你的，我演我的，互不相关。没有交流，戏也就没有味道，而且不能促成剧情的发展。洪深先生曾经说过："戏应该是一台戏，所有台上的人，都要参加这个戏。比如四五个人在台上，虽然只是一个人讲话，或是话只对一个人讲，可是其他的人都应该按照个人的性格与心情去反映，戏应该同时在四五个人身上，这就是一台戏。戏最怕的就是四五个人或更多的人同时站在台上，只有一两个人做戏，其他人都没反应。我要求台上注意反应，要一台戏。"

其实，完全依靠下意识的活动来进行创造是不可能的。从理性分析到感性体验的过程，也是交替作用的过程，要做一些有意识的工作。就我个人的感受而论，多年来我颇得力于一件工作，这工作，盖叫天老先生把它归纳为一个"默"字，我没有这样明确的文字说明，姑且为之"自己看自己演戏"的作法。就我来说，这是行之多年而且自感见效的一个方法。无论拍完一场戏、或者演出一场戏之后，我总爱自己闭眼一坐，把整个舞台景象包括我自己的内在活动，在脑子里演一遍，通过这遍"演出"，我分析自己的表演，评论自己的表演，特别是通过这步工作去咀嚼我分析过的东西，哪些我已经体现了，哪些还没有，其中哪些是我还没有分析到、认识到的；从这遍"演出"中，我知道该巩固什么、修正什么、加强什么，下一遍就会改样。

以上摘自刁光覃《演员、观众及其他》，原载 1959 年第 4 期《戏剧研究》；刁光覃《演小角色好处多——复一位青年朋友的来信》，《人艺之友报》1990 年 3 月；刁光覃《我演曹操》《我演李国瑞》《台词浅谈》《"独白"的独白》，见蒋瑞、王宏韬《刁光覃、朱琳论表演艺术》，中国戏剧出版社，1991 年。

此文由中国艺术研究院毛夫国编选、整理。

朱　琳

让角色

"像磁铁石那样紧紧地

吸住我的心"

朱琳（1923年5月—2015年7月），出生于江苏海州（现江苏省连云港市海州区）。北京人民艺术剧院演员。曾被选为北京市人大代表，曾任中国戏剧协会理事，北京市剧协常务理事，北京人民艺术剧院艺术委员会委员。

朱琳自幼爱好唱歌和表演，1936年考入淮阴师范学校，1937年初中二年级时加入淮阴地下党，1938年参加了抗敌演剧队第二队，从此在抗日宣传活动的舞台上开始了她的戏剧表演生涯，她一生中成功地塑造过50多个舞台人物形象，其中被大家所熟悉和喜爱的有曹禺编剧、夏淳导演的《雷雨》以及梅阡导演的《咸亨酒店》；郭沫若编剧、焦菊隐导演的历史剧《蔡文姬》《武则天》和《虎符》；美国阿瑟·米勒编剧及导演的《推销员之死》、美国科培恩编剧的《洋麻将》以及瑞士迪伦·马特编剧的《贵妇还乡》等。她与丈夫刁光覃共同出版了表演理论著作《刁光覃、朱琳论表演艺术》。

1989年11月，朱琳被授予第一届"振兴话剧奖"演员名誉奖（后更名"中国话剧金狮奖"）。1992年1月被授予国务院颁发的年度"文化艺术方面有突出贡献专家"政府特殊津贴。2007年4月被授予"国家有突出贡献话剧艺术家"荣誉称号。

一、让自己所要演的人物在心里活起来

每当我扮演一个人物，除了把全剧弄明白，把自己所扮演的人物来龙去脉弄清楚，还有一项十分重要的工作，就是让自己所演的人物的身世在自己心里活起来，就如同我对自己的生活经历那样熟悉。这样才能使角色变成一个立体的人，有血有肉的活人。演员如果对人物的过去是一个空白，那人物生活在舞台上就无所依据，就无法真实地充满信心地行动起来。

例如我初读剧本《贵妇还乡》时，它像磁铁石那样紧紧地吸住我的心，激发起我强烈的创作愿望，我觉得女亿万富翁克莱尔大有创造的天地。后来在排练《贵妇还乡》时，我不仅重读了剧本，同时还读了迪伦马特的其他著作，这位天才作家的创作特色和个性，引起我极大的兴趣。我感到这个作家的创作才能在于他的"即兴奇想"以及"想象的自由飞翔"，透过《贵妇还乡》荒诞的情节和奇特人物性格的表面，我们可以看到它的思想深刻性。一切都出乎意料之外，而又在情理之中。

在排练过程中，我把作者的提示"我描写的是人，而不是傀儡，是一个具体事件，而不是一段寓言"作为创作的出发点，首先把克莱尔当作一个活生生的人，而不是一个躯壳或一具僵尸。

我们在初步分析了剧本以后，就去体验生活。在熟悉生活的基础上，每一个人用讲故事的方式来讲述所要扮演的人物的身世，然后进入戏剧小品练习，我们把有关人物身世的各个方面的故事都编成小品去做。这些小品练习，大大地促进了对人物和人物关系的深刻感受，更重要的是起到了在未进入正式排戏以前，能使人物在自己的心中活起来的作用。

《贵妇还乡》全剧的中心事件是克莱尔还乡复仇，复仇的对象是伊尔。

朱　琳
在《贵妇还乡》中饰演克莱尔（左）

伊尔是克莱尔昔日的情人，今天的仇人。怎样准确地认识克莱尔与伊尔的关系，确定克莱尔对伊尔的态度，是一个值得推敲的问题。在做小品的过程中，我从行动中逐渐了解人物，靠近了人物。其中有两点体会：一是演员在未进入排练前作各种生活小品，就如同作家、画家在创作时收集各种人物素材一样，积累得越多、越丰富，刻画出来的人物才有可能越生动典型。演员作小品也如同是这样的一种积累。所不同的是除了要用头脑去构思各种小品外，更重要的是用行动来记录、描绘并获得人物的准确的自我感觉。这样做的好处就不致使演员在排练开始时陷入死记作家的台词、只表演角色既定行动的僵化状态中去。其二是，在演员进入排练或演出时，这些小品就成为种种景象，浮现在眼前，从而激起演员真挚的感情，推动人物更积极地在舞台上行动。

克莱尔与伊尔的第一次相遇是在居伦城的火车站。在一阵火车轰鸣声后，克莱尔拉了紧急刹车信号，下了火车来到车站月台上。当她断定这是她幼年生活、居住过的居伦城并看到欢迎人群中的伊尔时，复仇的迫切心情油然而生。按照常理，一个复仇欲极强的人见了仇人，会表现出不可抑制的仇恨来，何况她有的是钱，而这个世界有了钱就可以办到一切，还有什么顾忌呢？还有一种可能，就是为了掩人耳目而表现出过分的热情来对待她的仇人，然后再设法巧妙地置仇人于死地。但是，我没有这样做。我想到果戈理在《钦差大臣》中刻画的赫利斯达柯夫的形象，深刻之笔在于把他的说谎写成是他的天性。这个克莱尔的虚伪也化成了她的本性，所以她不能有丝毫的装腔作势，她不想也无须掩饰任何东西。我处理克莱尔在一个极其自然而惊异的短暂停顿（内心独白是：哦！？你还活着？这一回你将永远属于我了）之后，叫着伊尔的爱称，并快步走到伊尔面前，伸开双臂去拥抱他，热情亲切地与伊尔谈笑，使得伊尔一下子就落入了她摆下的迷魂阵里。

二、用台词技巧塑造人物情感

有的观众曾问我："一个戏，你演了那么多场，总说一样的台词，演同样的情节，不觉得腻烦吗？"也有的青年演员问我："一个戏，连续演很多场，如何保持新鲜感，保持演出的青春？"

说实在的，一个戏如果一天也不停地连续演出二三十场，是会感到腻烦，会出现机械的重复。因此与其他剧目轮换一下，然后再演是有好处的。但是保持创作的新鲜感，更重要的是演员必须具备强烈的责任感，培养强烈的创作欲望，必须全神贯注一丝不苟地在舞台上认真地行动起来，要认真地听、看、交流、判断。在多年的演出中，我尝到过这种认真的甜头。

我早年在抗敌演剧队时，演出常常是在广场上，面对着成千上万的观众。当时的条件艰苦，没有任何扩音设备，要让所有观众都能听清楚台词或者歌词，就得天天练声，把嗓音练得洪亮有力，日久天长培养了我扎实的台词基本功。我的台词形成特色，得益于北京人艺重视台词的好传统，想当年周总理在 1961 年文艺工作和故事片创作会议上，谈到话剧的台词重要性："话剧是一种综合艺术，它包括剧本、表演、导演、灯光、效果、道具等，但最主要的是语言的艺术化，话剧要通过语言打动观众。"周总理特别重视和关心北京人艺演员的台词训练，他要求演员台词必须读清楚，台词的含义要准确地表达出来。

台词是表演的一个非常重要的因素，编剧把要表现的大部分剧情都编在了台词里，要想说好台词，就要对台词进行分析与研究，理解剧本的剧情、主题与风格，人物的性格、人物的行动内因、人物之间的关系以及矛盾冲突等内容。

说好台词最重要的是把握好风格，演员根据剧本的规定情境和导演的处理风格，对每部戏中台词的处理也应该有所区别。例如《蔡文姬》属于古典抒情剧，台词处理上就要讲究诗意，而《雷雨》是现实主义题材戏，经过加工的生活化语言更能拉近演员和观众的距离。《推销员之死》以现实主义手法创造了美国人的社会悲剧，剧本很口语化，演员的台词就要说得很生活才好。

当年在创作《蔡文姬》时，我为了文姬夫人这个角色台词与音色的准确定位颇费了些脑筋与周折。蔡文姬所作的琴曲歌辞《胡笳十八拍》是感人肺腑的千古绝唱，同时也是中国传统文化的精髓。我感到欣赏这首诗，不能作为一般的书面文学来阅读，而应想到是蔡文姬这位不幸的古代才女在自弹自唱，琴声是随着她的心意在流淌——为此我特意请教了国学与古琴大师查阜西，向他讨教琴歌吟唱的要领。

琴歌形式是古琴艺术演奏的一种境界，弦与歌相和相融，往往能表现出中国传统文化的含蓄美和语言声调美。我在《蔡文姬》中，多处借鉴了这种吟唱的方法。戏一开场，蔡文姬念着《胡笳十八拍》中的诗"东风应律呵——"此处我用吟唱与现代朗诵的语调来念，把"东风"念得慢一些，在"风"字后面略为上扬拖长一些声调，再念出"应律呵"，"应律"比"东风"又慢一些且沉重一些，"呵"字的尾音再拖长一些，正好接上从后台传来的伴唱歌声。这样处理既可以与伴唱的曲调相协调，也能使观众有一种对诗意渐进的理解。

中国是诗歌的王国，古人写诗的时候，常常会注意声音的组织，也就是要用语言所涵盖的意义去影响读者的感觉。我从小喜爱朗诵中国古诗词，尤其喜欢辛弃疾的诗词，那种热情洋溢，慷慨悲壮的意境无形中培养了我的艺术气质，增加了艺术想象力和台词渲染力。我在《蔡文姬》里大量运用了古诗的吟诵方法，如与儿女离别、为董祀辩冤、古墓旁梦幻中的语言，都采用了比平常台词更夸张的吟诵式方法，有的地方甚至借鉴了戏曲腔调里的叫板腔。这种分层次的台词处理方法往往更能打动观众的心灵，也使郭沫若的诗剧产生了音乐的效果。

阿瑟·米勒编剧的《推销员之死》原作是非常口语化的美式纽约英语，英若诚先生当年翻译成中文时，就注意到了尽量使这个剧本偏重老北京的味道。阿瑟·米勒来北京人艺排戏时，也要求演员不要模仿美国人的表情动作乃至声音，他希望演员把功夫用在理解台词的内涵上。所以我在扮演林达时和扮演威利的英若诚都认为北京方言夹杂土语，更能够使观众体会剧情中人物关系的亲切、自然和真实。另外为了表现美国社会疯狂的竞争状态、生活琐事及诸多矛盾重压下的小人物的生存状态，我们两人把台词风格确定为快节奏，不拖泥带水、不拖腔拉调。

台词的研究不是理论家的纸上谈兵，而是作为一个演员多年来的实践经验。我早年在抗敌演剧二队期间，通过声乐训练，掌握了一套中式的发声方法，这个方法的重点就是要让表演者呼吸顺畅、声音有美感。做到这一点首先是需要呼吸的轻松舒畅，从容不迫；第二，换气要灵活巧妙；第三是以气带声，气息饱满，声音圆润，气沉丹田，声贯三腔；四是气息适度，声音悠扬，清脆响亮；五是以气带情。气息平静，情绪稳定，情感亲切；气息急促，情绪激动，情感欢乐；气息深沉，情绪悲壮等。这套方法虽好，但它是声乐训练法，所以后来在长期的表演实践中，我把这些方法运用到角色台词的塑造中，并总结出了一套适合话剧演员的台词训练法。

学好台词首先就是要注意节奏。节奏是艺术作品的灵魂，一部话剧恰当的语言节奏会使观众对舞台人物的内心状态以及人物的性格、人物关系和规定情境有一个相对合理的认识。演员在表现人物外化的情绪时，台词的念白形式可能各不相同，但一定要注意语言的层次，要善于用对比的方法。就像书法讲究刚柔相济、疏密虚实，音乐讲究曲调与节奏协调一样；台词念白如能做到这种境界，定会使剧中人物神采奕奕、活灵活现。

以我主演的《雷雨》第三幕为例，鲁侍萍在家中追问女儿四凤与周萍的关系，当时鲁侍萍已经察觉到女儿很害怕说出实情而且和自己撒了谎，在无奈的情形下，我要女儿面对苍天用霹雷发誓。在此处，我用低沉的声调、有力而缓慢的节奏来说这几句台词："孩子，你听：外面在打着雷。可怜你的妈，我的女儿在这些事上不能再骗我啊！"这段台词中，鲁侍萍的心理动作是威胁和恳求混在一起，威胁中带着恳求，恳求中带着威胁。四凤听后先是极为恐惧，其后很可怜母亲，但她还是怕说破与周萍的这层关系，可她又不善于说谎。这时她的心情很慌乱，演员在处理这几句台词时，呼吸须急促些，台词的节奏也要既快，又不稳定。四凤说："妈，我不骗您！我不是跟您说过，这两年，我天天晚上——回家的？"她想瞒过母亲，结果反而露出了马脚。这母女俩虽然都处于紧张纷乱的心境中，但由于年龄、经历、性格的不同，台词的节奏也应有所不同，鲁侍萍是紧拉慢唱，四凤是紧拉快唱。

我在长期实践中体会到学好台词，注意节奏之余，演员要时刻注意自己气息的运用。因为人的气息活动是一种自然的生理现象，心情平静时，气息平稳，古人称之为心平气和；心绪烦乱时，气息紊乱，称之为心浮气躁；情绪低落或悲观绝望时，则是垂头丧气。从这里可见人的气息变化是与思想感情变化和人性格的特点息息相关的，演员一定要明白"气随情动，气动方能传情"这个道理。

气息的运用是有技巧的。比如"偷气"，就是快速地吸进一点气息，要又轻又快，不露痕迹才行。这种吸气的方法，一般用于快节奏的长台词。例如《推销员之死》中，"林达训子"一段的台词，林达由于心情极其气愤加快了说话的语速。我在演出前，先是背熟、背清楚每一句台词，然后结合换气进行多次的练习，这样正式演出时，才能自如地表现这段台词的内心动作。"深吸慢呼"一般用于突发事件让人物一时不知该如何做出反应。《雷雨》中鲁侍萍看到周朴园递给他一张五千元的支票，对这突如其来的行为动作，我先是愤怒，后来演变为对周朴园的蔑视。我在此处的表演是先深吸一口气，把气息控制在心底，在稍稍停顿之后，把气息随着慢节奏的台词缓缓呼出。"深吸快呼"一般是用于非常紧急的事情，或是极端的情绪变化。《雷雨》第三幕结尾处，四凤在狂风暴雨中夺门而出，鲁侍萍此时极端惊恐，我在此处快而深地吸了口气，然后高声急呼："四凤！四凤！——"把气息随着喊声倾泻出来。"托气"的状态一般是用于沉思、呆滞。《推销员之死》的结尾"安魂曲"一段中，林达由于受到了强烈的刺激而显得呆滞，我处理这段台词时，气息几乎总是托在胸口处，气流随

朱　琳

在《雷雨》中饰鲁侍萍（左）

着细微的喘息极其缓慢地运动。"憋气"是由于激动而产生的一种暂时停顿的状态，要先急速地把气吸进去，重点是控制住它，然后再依据戏剧情景换下一口气。而"急换气"是在人物处于激动、恼怒或极兴奋的状态中，用带声音的气息表现人物的情感和内心动作。

我在台词的处理中，感到气息的运用最主要的是随着人物思想感情的变化而变化。还以《推销员之死》为例，中年林达和老年林达音色、音调是不一样的，中年林达性格开朗而愉快，声音应是明快而响亮的，台词处理上就多用高音声部，气息自如轻快，还加强了头腔的共鸣；老年林达心情沉重，声音苍劲浑厚，则多用中低音，加强胸腔共鸣。

台词的重音、停顿以及色彩气息的运用对人物塑造也很重要。我认为重音与停顿，有时候是为了加重语调，有时是为了改变心理动作，有时是为了加强情感色彩，有时是为了渲染舞台气氛。而台词的色彩主要是指语气和语调的变化，如同绘画的色彩一样，台词表演中的"欲放先收"、"欲扬先抑""欲抑先扬"都是通过对比的手段来烘托人物的丰富性。

以《贵妇还乡》中女主角克莱尔为例，我在塑造这个角色的时候，语气和语调以"娇、狂、狠"为基调，形成多变的、多层次的音质与音色。剧中克莱尔为了嘲弄和讽刺医生和校长对她可怜的恳求，先是用一种轻缓的语调和讥讽的语气重复校长说的那句"仁慈心肠"，然后在对方毫无准备的情况下，突然爆发出一阵令人难以忍受的尖声怪笑，接着她又立即恢复了正常的语调，轻松自如地说："对于像我这样一个普通的女亿万富翁来说，是怎样弄到更多的钱的问题。"继而她又以夸耀的语气，并略微提高了声调说："以我的经济能力，能够重新安排世界秩序。"当她说道："这个世界既然把我变成了一个娼妓，我就要把世界变成一个大妓院。"这时我的语气和语调透露的是玩世不恭的态度。只有通过运用这一系列复杂的语音、语调的形式变换，才能准确地勾勒出克莱尔复杂的性格和变态的心理，以及被金钱异化的人性。

三、坚持追求"美"的表演内涵和诗化的表演意境

演员要追求"美",这个美是人物内在的美、精神世界的美、人格的美。我在创造人物的时候,非常注意发挥自己外形与内在气质对美的诠释。例如《蔡文姬》中的文姬夫人,是中国历史上少有的博学能文,又善诗赋的大才女,我在创造这个人物时,把蔡文姬的形象深植于自己的身心中,让人物"长"到自己的身体、心灵和情感中,这样呈现在舞台上的蔡文姬无论是她质美的声音、端庄的仪态还是优美的身段,我都希望观众有穿越时空的审美享受。

另外,我不仅将那些心灵高尚的舞台人物给观众以美的感受,同时也希望能把那些丑恶的灵魂给以美的表象,使观众深刻感知人性的复杂。以《贵妇还乡》为例,我把贵妇克莱尔设计成外表极具迷人的魅力和优雅的气质,甚至还有罕见的幽默感,但内心却是极其冷漠、自私、残忍,极美的外表包裹着极残缺丑恶的心灵,这样一来剧本中金钱万能的社会残杀人性的罪恶本质就显露了出来,而且表现得很含蓄、不直白。

我自幼受到中国戏曲的熏陶,后来在焦菊隐的引导下,把戏曲的程式化动作及处理情绪的手段运用到话剧舞台上。自话剧《虎符》开始,我在塑造人物时,就自觉地追求一种诗的韵味与意境,我认为这种意境是长期的审美体验、情趣、理想与经过提炼加工的生活形象融为一体后追求的艺术造诣。作为话剧演员的班门弄斧,我总结出学习戏曲传统的表演方法首先要"神似",先理解精神内涵,再学动作。做动作时,要注视动作的准确性与简练性,手、眼、身、法、步的设计一定要切合舞台人物的性格、情感和规定情境,不能乱用这些程式。最重要的是学会方法后,一定得活学活用,不能死板地照搬、也不能滥用。例如《蔡文姬》中,我把青衣与扇子小生的步态揉入蔡文姬的身段中。为了表现蔡文姬为董祀辩护时心急如焚地要见曹操的心情,我采用戏曲的"急急风"程式,疾跑上场的同时,双袖在身后随之飘动。我还特别注意借鉴戏曲表演中眼神的运用,把眼神

朱 琳
在《虎符》中饰如姬夫人（左）

运用分为表现人物性格和表现人物特定心情两种，我认为剧情中的关键点是演员一定要把眼神送到观众心里，才会使剧情触动观众的灵魂。

在台词念白方面对美的提炼，是我在处理台词时一直特别在意的地方，我通过《蔡文姬》《武则天》等很多戏的声音造型实践，创造出了一种适合舞台上高贵成熟女性需要的"帝王腔调"。声音能反映一个人的年龄、性别、身体状况、气质、阅历，甚至职业。区分人物的声音个性对塑造角色来讲至关重要，要善于从人物某个独特的发音习惯入手找到人物的感觉。

虽然这种话剧的舞台腔很受观众的喜爱，但我并不希望受束缚，后来我在几部外国戏的台词处理上一直尝试创造新的可能性。演员要重视提高台词技巧，台词一定要经过加工与处理，要适合剧中的人物身份，在音高和音调上也要讲究，观众听起来才会清楚顺耳。在尊重人物个性的基础上，台词要更注重与观众的沟通，要把自己多年来对人生的理解、体验都融汇到角色身上，把外国人的故事演得让中国观众都能看得懂、理解得深。

四、历史剧中民族化表演的尝试

《蔡文姬》的排练是在《虎符》实验演出的基础上发展的。所以，首先来回忆一下《虎符》排演中所碰到的问题是很有意义的。《虎符》最早写于 1942 年，是郭沫若根据司马迁撰写的《信陵君列传》中"窃符救赵"的故事改编而成。《虎符》排练开始，最大的顾虑是会不会造成表演上的刻板化？造成形式主义？这两种顾虑都是根源于一种思想，就是认为戏曲和话剧的表演是完全不同的，而戏曲表演又是刻板的形式主义的。

我们后来看了很多优秀的戏曲演出，如几个剧种的《穆桂英挂帅》、秦腔《游西湖》、昆曲《十五贯》、评剧《秦香莲》、京剧《姚期》《将相和》、川剧《打神告庙》等，并且进行了讨论和研究，进一步理解了戏曲表演艺术的一些规律——极度夸张与极度细致入微的动作相结合，写意与写实相结合：运用丰富、优美、准确的外部动作，表达出生动的人物性格和充沛的思想感情。这使我们认识到戏曲的充满舞台魅力和极富表现力的表演程式，绝大部分是有着充分内在体验作依据的，否则，它是不会产生那样感人的效果的。消除了原来的疑惑，我认为学习戏曲传统的表演方法以及它的程式，并不一定会造成表演的刻板化，也不至于把我们引向形式主义。问题在于必须具备以下三方面的条件：1. 充实的内心体验，明确的行动线。2. 外部动作的准确性，手、眼、身、法、步的运用要切合人物的性格和思想感情。3. 纯熟的外部技巧的锻炼，要达到能消化，能运用自如。首先要神似，更要形神兼备。

在《虎符》中我被导演焦菊隐安排饰演女主角"如姬夫人"这个形象。从排练之始，焦菊隐就确定了这部剧作在话剧民族化方向上的实验性，而历史证明了这部戏的确是北京人艺民族化表演的发轫之作。

焦菊隐要求演员从学习中国戏曲的表演程式入手，为此他特意邀请了京剧表演大师荀慧生、赵荣琛来担任动作指导，他们设计的动作既保留了戏曲中程式化的动作元素，又很接近生活中的动作。老师们认认真真地教，我们一招一式地学。由于从小有学京剧的那点基础，我在剧中有不少舞水袖的动作运用得就比较自然，通过尝试我感到夸张的戏曲动作在这个特定的历史剧中表现如姬这个人物形象与气质很合适。例如在第五幕第一景中，如姬甘冒死罪完成了窃符救赵的重任后，宁可牺牲自己也不愿意损坏信陵君的名声。如姬在父亲的墓前有一段抒发内心情感的独白，我在这里采用了跌宕起伏的语气和语调，加之以古典舞及戏曲动作，尝试把如姬磊落的胸襟和高尚的情操转化成诗意的舞台表演。我逐渐认识到戏曲表演与话剧表演的区别，戏曲着重运用以生活为基础提炼而成的程式性动作和虚拟性的空间处理方法，如果中国的话剧艺术能融合一些戏曲的手法，对于形成自己民族的话剧风格将产生重大作用。这次演出同中外戏剧史上任何一次重要的实验性戏剧一样，既激动人心又留有些遗憾，我在使用戏曲程式化动作时，常感到功力不足，把握不住形体动作的内心依据；在台词的处理上，虽然吸收了很多韵白、京白和朗诵的方法，但还做不到"水乳交融"的程度。

如果说《虎符》在民族化的探索上还不够完美的话，那么《蔡文姬》在民族化探索上已达到炉火纯青的境界。为了进一步了解戏曲表演的艺术规律，了解怎么结合极度的夸张写意与细致入微的写实动作来表演；怎么运用丰富、优美、准确的外部形态，表达生动的人物性格和充沛的思想感情等问题。在焦菊隐的带领下，剧组全体成员观摩了很多戏曲演出，包括不同剧种的《穆桂英挂帅》、秦腔《游西湖》、昆曲《十五贯》、评剧《秦香莲》等，并从中找到了适合《蔡文姬》剧中人物的语言和形体动作最佳表现力的一些方法。

我结合蔡文姬在剧中的不同心态，吸取和融化了戏曲中诸如走圆场、甩水袖、用眼神等方面的表现方法。我认为戏曲的水袖运用既美又有表现力。例如在第四幕第二场，为了表现蔡文姬为受冤枉的董祀申辩求见曹操时心急如焚的情绪，我将双袖平举置于身后侧，并采用了戏曲"急急风"的程式疾跑上场。后经蔡文姬解释，曹操起先还是不明就里，蔡文姬忍无可忍。这段戏里，我整个身体微微上下颤动几次，直冲曹操的公案，两只袖子用力向地面抛去，然后又紧攥双袖回头，急速跑向舞台中央，将双手紧背于身体后面，头微昂起以表现抗议。在此处碍于曹操与蔡文姬地位的悬殊，在略停顿后，我将背着的双手放松下来，低下头表示自己刚才的失礼做法。

戏曲演员的眼神表现力很强。观众坐在十几排以后都能看清演员的眼神，从中懂得人物的思想感情。我们话剧演员，虽然知道"眼睛是灵魂的窗子"，是表演的重要工具，但是却很少注意眼睛的训练。我在一段实践过程中，深感到运用眼神的好处。

蔡文姬决不宜于像花旦似的，目光总是闪来闪去，如机智活泼而又年轻的红娘。目光灵活、晶莹，只能表现红娘的性格。杨贵妃的目光，我以

朱　琳

在《蔡文姬》中饰蔡文姬（左）

为是既妩媚又端庄。这两个人物虽然同属花衫戏，但她们性格身份是完全不同的。而蔡文姬却是一个饱经沧桑、思想感情极为深沉的人。她的智慧不表现在她目光的灵活上，妩媚的眼神也不是她的特征。她的目光深邃，她常常是定住眼神凝视远方在深思，眼珠一般移动起来较慢，当内心涌起激情的波涛时，她的眼睛也会闪耀着炽热的火花。透过她的目光，应该让人看到她思想的深沉和素养，但又要表现她的热情和她作为诗人特有的敏感、易于激动的一面。在这个戏里，我学习着把人物这些特定的眼神，在关键时刻送到观众心里。

第三幕，长安郊外蔡邕墓前与董祀夜谈一场戏中，蔡文姬听到董祀鼓励的话，以及曹丞相的信赖与重视。我认为此时蔡文姬目光应从犹豫、不安、苦恼逐渐转变为开朗、兴奋、显示着她喜悦的心情。我认识到，在这部剧中的重要时刻，有必要将眼神亮给观众，让观众看清蔡文姬的思想感情。

戏曲的手、眼、身、法、步非常讲究节奏。我在动作节奏的处理上，结合了蔡文姬的情感起伏变化，设计了不少出彩的地方。例如第三幕结尾的一段戏，蔡文姬在董祀由衷的劝告启发下，终于跳出狭隘的个人情感，以天下大业和民族和睦为重，思想豁然开朗了。我在此处用了三种节奏掌握和调度不同的"明天见"。第一次我用较轻快的动作对董祀行半跪礼说"明天见"，说完一手背于后，一手扬起简袖碎步跑了半个圆场。第二次是侍琴、侍书两位使女从各自的位置跑半场，三人合在一处行半跪礼，同声说"明天见"；然后两位使女用二龙戏珠的步态向两边分开留出中间空地，我从后台再次反身跑回，再一次向董祀行半跪礼说"明天见"。这三次"明天见"，在节奏上，此起彼落，一次比一次轻快，反映了蔡文姬的心情的转变过程。

五、外国戏剧本土化表演的探索

上个世纪八十年代中国话剧界经历了一次思想的大解放，中国话剧随之走上了一条"探索"与"解构"之路，北京人艺先后上演了一大批外国优秀剧目。我当时先后在《贵妇还乡》《推销员之死》和《洋麻将》中担任主角，这三部剧作在题材、戏剧观念、戏剧风格上与我过去的角色有着显著区别，它们唯一的共同点，就是都在探讨西方社会中人性在社会重压下畸形变化的问题。

大家都知道，演一出戏之前要对剧本和作者进行深入分析和研究，因为一出戏的导演、表演、舞美都要按照作家的风格来进行二度艺术创作。《推销员之死》的作者阿瑟·米勒被认为是美国当代现实主义大师之一，他有几段话谈到戏剧的客观效果及现实意义："必须让公众明白，舞台是思想的战场，是哲学的战场，是探讨人生命运的地方。易卜生是进行这种探讨的大师之一，我愿意再次指出。""戏剧是一个使观众陶冶、并使之更迫切向往美好生活的出色工具。"这些话谈得非常深刻，也就是米勒的戏剧观，他很讲究伦理关系，所以被推崇为"美国戏剧的良心"。

在《推销员之死》中，最初排练阶段我把林达这个人物作为逆来顺受、没有主意的弱者形象处理，这时导演米勒告诉我，可以把林达设想成出身于中产家庭，年轻时为了与深爱的威利结婚，与自己的家庭断绝了关系这样的身世。在排练中，编剧兼导演米勒总是不断地启发、诱导我加深对剧本和人物的理解，他经常告诫我，要透过人物行动的表象，深入分析其心理状态。在他的启发下，我渐渐对威利这个形象有了更深入的剖析，我发现威利这个人物说话有时不着边际，但他心地是好的，只是在很多方面并不成熟，充满对社会与人的主观幻想。因此作为威利的妻子，林达肯定是家里的主心骨，否则这个家的日子就没法过了。如同剧本里威利对林达说的台词"你就是我的根基，我的依靠"。林达用自己的智慧、宽容、勤劳和对丈夫深深的爱情支撑着这个家，林达在整部戏里有个最高任务，就是

朱　琳
在《推销员之死》中饰林达（左）

给威利信心、想方设法使威利好好活下去。周围人都爱威利，只有他自己不爱自己。导演米勒多次指导我在这部戏中不要流露太多的自我怜悯、不要太多的感伤情绪，他说："你不哭，而要观众为你流泪……"在处理这种台词时，不能太直白，要通过具体的人物心理、语言、行动，激发出观众的深思、唤起观众的共鸣，而不是简单表现可怜、赚取观众的同情。

在这次排演中，米勒只有一次谈到社会制度问题。他讲得很动人，他说："这个戏实际上是讲这个社会制度带来的后果，很多人不能成功，但他们是付出了代价的，因此必须对他们进行关怀。"他说："任何事业成功的是少数，不成功的是大多数，对于那种牺牲品，那些小人物，应该同情。"他还说过："人类为了商业化付出了巨大的代价。商品这个东西给人们带来幸福，又带来灾难，可又是历史发展中必然产生的一种东西。"

《推销员之死》里用了不少表现主义的舞台手段，表现人物的情感变化的幅度很大。要求演员能很快适应这种变化，具有熟练的驾驭情绪的技巧。特别是几场情感戏，要求演员要快速地进入规定情景，调整情感。例如在最后一场戏中，林达在窗口看见了威利开车自杀，她大喊"威利！威利！"几乎昏厥的情况下，挣扎着下场。紧接着，剧中场景变化成了墓地，林达身穿丧服被两个儿子缓缓地搀扶上场，然后呆坐在台阶上。这种感情的跌宕起伏，在以前演的现实主义题材话剧中很少涉及，以前碰到这种情绪极度激动或悲伤的戏都需要一定时间的酝酿。这次我用气息控制情绪，一方面运用呼吸控制情绪，使人物的惊恐、悲惨的情绪转向内在状态，另一方面运用想象力，想象着自己目睹车祸惨状后，家里出现死一般寂静的气氛，自己变得呆滞、麻木的心理状态。另外感情一定要有所节制，不能无节制地宣泄感情，必须始终把感情控制在美的限度里。只有这样，节奏才会有分寸。

朱 琳

在《武则天》中饰武则天（左）

不是结尾

演员演一出戏，对剧本、作家、风格、内在涵义或者主题、最高任务等都需要有个清醒的认识，发掘得越深，你才越能理解你所扮演的角色在戏里究竟要干什么，起什么作用……

正确地解释、理解自己的人物非常重要，否则就会把人物演拧了……

一个演员必须锻炼驾驭自己感情的技巧，而且要不露痕迹地、自如地驾驭自己的感情。演员经常要在很短的时间内到后台抢换头饰、服装。特别是激情戏，一两分钟内抢好装就得出场，一出场就得很快进入规定情境。运用一些心理技巧把自己的注意力快速、高度集中起来，以排除干扰……

我以为，绘画乃或戏剧，凡有意境者可为上品。而我理解所谓意境则是作品对观者通过移情而产生的联想，联想得愈深远，观者的审美心理愈能得到满足。有人认为，戏剧的意境主要靠导演去创造，我觉得这种看法不全面，戏剧的意境除了靠导演、舞台美术之外，更主要是靠演员的创造去引申……

以上内容摘自刘彦君主编，《北京人艺经典文库：生命·舞台》，中国戏剧出版社，2011年；见蒋瑞、王宏韬《刁光覃、朱琳论表演艺术》，中国戏剧出版社，1991年。

此文由中国艺术研究院赵红帆编选、整理。

郑　榕

"让观众的心

　随着演员的心来跳动"

郑榕，1924 年 5 月出生于安徽省定远县，毕业于国立艺术专科学校。北京人民艺术剧院演员。中国戏剧家协会会员，曾任北京市文联理事、北京人艺艺术委员会委员。

舞台上，他凭借其苍劲、浑厚的表演风格成功塑造了《龙须沟》中的赵大爷、《雷雨》中的周朴园、《茶馆》中的常四爷、《胆剑篇》中的伍子胥、《武则天》中的裴炎、《明朗的天》中的赵树德、《丹心谱》中的方凌轩、《甲子园》中的金震山等经典形象。特别是在北京人艺保留剧目《茶馆》和《雷雨》当中饰演的常四爷和周朴园形象，堪称话剧舞台上的人物经典，曾随着《茶馆》剧组赴西德、法国和瑞士等国家演出。曾担任北京人艺经典保留剧目《龙须沟》《茶馆》的复排艺术顾问。他还参加了《丹心谱》《茶馆》《楚天风云》《两宫皇太后》《西游记》《三国演义》等电影、电视剧的拍摄。在舞台实践的基础上，发表了大量研究性论文，有《〈茶馆〉的艺术感染力》《焦菊隐导演艺术点滴》等。

先后获得第七届"中国话剧金狮奖"，第十三届中国戏剧节"中国戏剧终身成就奖"等，荣获国务院颁发的政府特殊津贴。

一、生活，是创作开始的出发点，也是最后表演的着眼点

参加《龙须沟》的排练、演出，我遇到了不少困难和问题，也学到了很多东西。我扮演的赵大爷是个老泥瓦匠，这样的形象在以前的舞台和银幕上很少。导演焦菊隐要我们从劳动人民的生活中去寻找创作依据，排演前布置演员到龙须沟体验生活，对我来说这是一个新的课题。

开始我不知从何下手，错把调查分析当成了主要目的。我当时没有深入下去交几个知心朋友，也没有在比较中寻找自己的思想差距，因而感到体验生活和扮演人物很难结合在一起。我在龙须沟指名寻找老泥瓦匠，和个别人交谈后发现对方思想保守，和剧本中敢于抗拒反动统治、能说服教育思想落后者的赵大爷有很大差距，于是感到了惶惑，甚至对剧中人物的真实性产生了怀疑。后来一篇题为《论电影艺术的党性》的论文，对我颇有启发。文中提道，"应该认识到以前这些人物生存其间的社会所产生的缺点，找到他们在长期反动统治桎梏之下的具体的人类品质，有坚强的韧性和对于物质幸福的渴望，这才是真实的一面……"龙须沟有一位王大爷，性格开朗，笑容满面，群众关系很好。因为他不是泥瓦匠，也不具备剧中人那样的倔强性格，我就没有和他深入接触。我想在生活中找到一个职业、性格、思想、年龄和剧中人完全一样的人，实际上是不可能的。即使能够找到，倘若照样去模仿，在舞台上也不会创造出一个活生生的形象来。

这段体验生活对我来说收获不大，进入排演后我只得借助于一套程式化的表演手法。焦菊隐导演对旧套子的陈腐演技深恶痛绝，他见我伸着两臂摆来摆去，便责问道："你在干吗？在抓蚊子吗？"他提醒我首先要找到人物的共性，"这一些人"的特点是什么，进一步再挖掘"这一个

郑　榕

在《龙须沟》中饰赵大爷（右）

人"的特性。他说："在表演赵老头时不要只抓住他说人劝人的一面，而忽略了他个人的日常生活，否则任何动作或技巧也不能使这人物活在面前……"他启发我如何观察生活：例如泥瓦匠因为要站在房顶上干活，腿脚都扎得很利索；身上总是特别干净，因为沾上灰泥会被人看作不会干活；常年持砖的劳动使他双手粗大，五指不易并拢……

从此，我每天早离家一小时，排演以前到朝阳大街闹市上进行体验生活的补课。见到那些吃早点的、卖菜的、摆摊儿的老人，我就盯住不放，观察他们的神态、手势，模仿他们的语调、步态，和他们攀谈，尽量使自己成为他们中间的一员……到最后化妆彩排时，人物基本上得到了肯定。站在化妆室的镜子面前，我自己也感到惊奇："原来赵老头是这样一个人！"

关于剧中人热爱党热爱社会主义祖国的感情，我从作者本人身上得到了启发。老舍先生出身于城市贫民，新中国成立后他立即从美国赶回祖国。他对社会主义建设中的新人新事无不热情歌颂，心中像是燃着一把熊熊的烈火……我想赵老头的思想情感也应是这样的，但我对人物具体的思想活动还不能掌握。有一个时期为了加强内心体验，开场前半小时，我预先钻进布景搭的小屋里，去寻找潮湿和闷热的感觉；假想昨日大雨涨沟、脏水灌屋的情况；寻找几天来打摆子、没活儿干、没饭吃的自我感觉……没想到在出场之后，竟把台词都忘了！导演要我注意处理好和大杂院里每个人物的不同关系，我这才逐步从个人情绪转移到针对不同对象的不同心理行动上去。

这次创作对我来说是个新的起步。我开始认识到生活的重要性，它既是创作开始的出发点又是最后表演的着眼点。舞台上的人物形象源于生活，又不等同于生活。艺术创造要求提炼集中，这样才能给观众留下鲜明的印象。认识生活要靠丰富的生活积累和提高修养素质，否则即使下到生活中去也会收获不大。因此演员要有两个基本功：一个是表演生活的基本功；一个是认识生活的基本功。生活有直接的也有间接的，个人的经历有限，理论的修养就很重要。所以说生活、修养、技巧，是演员创造形象的三项必不可少的条件。

二、面对大量的生活素材，如何跨出第一步

1954 年《雷雨》开排时，导演夏淳提出：要符合历史的真实，不能让旧时期的人物现代化。为了熟悉那个时代的生活，我们用了几个月的时间去体验生活、讲故事、做小品……给我留下印象最深的是访问了几位我国最早的留学生和企业家。其中，有的是父亲担任清廷驻外使节，从小把他带出国外的；有的是李鸿章、张之洞办洋务时选派出洋的。他们大都具有一颗爱国之心，但缺少用武之地，少数人借第一次世界大战之机回国兴办企业，如"抵羊"毛线、"启新"洋灰、"久大"精盐等，但都困难重重，好景不长。也有些人回国后寓居租界，在声色犬马中虚度一生；有一个人曾为了抗议租界公园门前悬挂"华人与狗不得入内"的牌子发起了一次"不参加洋人舞会"的活动，这大约是他一生中最值得纪念的一次爱国行为了……

袁世凯的国务总理朱启钤，是在国外学工程的，回国后也设计过一些桥梁建筑。1954 年我们访问他家，一进门就见一块大牌匾，上面依次刻下他一生设计、建造的各项工程，像是一面烜赫的记功碑。那时虽已解放多年，可他家中的生活依旧是前呼后拥，花团锦簇，吃饭时儿媳等侍立一旁不得入座，室内帘幕重重，仍然保留着从前的生活习惯。

我们还访问了石景山煤矿，参观了旧社会留下的小煤窑，工人就从一个仅可容人的洞口进出，在"锅伙"里一个土炕上要睡十来个工人。过去经理住的小洋房建在最高的山顶上，后院有个小栅门，门外是个断崖，下边就是许多工人的葬身之地。据老煤矿工人讲：从前的经理都不在矿上住，

郑　榕
在《雷雨》中饰周朴园

来的时候坐小汽车，山下好几里地都要戒严，还布下持枪的军警，矿工们根本见不到那些人的面。

此外，还搜集了不少旧照片、旧画报，阅读了一些有关的中外小说。

面对大量的生活素材如何进行选择，这是我创造中遇到的第一个难关。

演员可以扮演许多角色，但创造出一个典型人物形象却极不容易。这就是说，不仅要"扮演"——模仿一些人物的行动举止、音容笑貌，而且要"进入人物的生活"，要使人物有血有肉有他独特的思想感情活动。我当时正是想探索这样一条新的创作道路。要经过多少次艰难的孕育，要经过多少回反复的探索，也许在一个偶然的机会里，方能进入角色生活的大门。

那是在戏开排以后，由于我老想着人物的身份、派头，导演指出我太硬、太躁，缺乏"书香气"。为了培养这方面的气质，我选了一些古诗词来诵读，有一次在树下低吟乐府古诗《孔雀东南飞》，竟有感落泪，这时我忽然悟到一点人物的自我感觉：在半封建半殖民地的旧中国，像周朴园这样的老一代资产阶级，大多出身于封建门第，从小受的是封建教养，虽曾出国留学，但中国古典诗词中，那些令人一唱三叹的青年男女的忠贞爱情，在他的思想中、心头上想必也保留着难以忘情的位置。他要保留旧家具、旧衣物，甚至房间里的陈设还要保留老样子，是为了要在回忆中重温旧梦，是希图仍能得到一种精神上的慰藉、享受，一种自我满足。正因为在他心底有这样感情的种子，所以30年后，当他和侍萍意外重逢时，才能演化出现在剧本情节中的悲剧。所以我认为周朴园年轻时对侍萍的爱，应该是出于真诚的。我想每当他读到《孔雀东南飞》或陆游的诗《沈园》的时候，未尝不是"犹吊遗踪一泫然"的。

为了培养这种"怀旧"的感情，我从一堆旧照片里翻出一位清末民初的青年妇女的两张小照来，一张是她焚香鼓琴的，一张是她和一个婴儿的合影。此人雍容、淡雅、安详，我便照样画下来放在桌前，作为侍萍的照片与之朝夕相对。……由此又勾起一些往事的回忆，记得20世纪30年代天津洪水过后，我曾隔着一垛泡塌的墙缺口，看见一个身着短衫的白须老翁，站在阳台上破口大骂。看里面高楼深院，像是官宦人家。据说此人年轻时，爱上一个侍女，为了把她培养成自己理想的妻子，甚至送她去日本留学。不料这女人出国后，竟摆脱了他，自己走掉。这个打击使他一下成了疯子。我从这事联想到，各个阶级的爱固然有所不同，但不能说资产阶级绝对没有真心的爱。于是，我从周朴园对侍萍的"爱"，迈开了进入角色的第一步。

三、通过心理行动走向人物

1956 年原瓦赫坦戈夫剧院的表演教师库里涅夫来我国主持表演训练班，同时在北京人艺授课。他先看了我们的自选表演片段，然后在黑板上写了一个公式："行动 = 愿望 + 目的。"他说："行动不同于情绪，是可以由自己支配的；情绪则无法支配。演员不应当在舞台上表演情绪，一直要寻找行动。行动分生理的行动和心理的行动。前者用来改变环境；后者用心理状态去影响对方，它对演员的表演最为重要。"

库里涅夫为我们导演了高尔基的《耶戈尔·布雷乔夫和其他的人们》。他看我个子高，便指派我和梅阡演布雷乔夫。初读剧本之后，除了回答些不懂得的问题外，导演没有进行过多的分析，只是提醒："不要演布雷乔夫的病，最后他并没有死。"他要我们从"估计剧本的事件"开始，注意剧中出现了哪些事件和纠葛，寻找隐藏在剧本事实下面的角色的"人的精神生活"中的若干谜语和谜底。告诉演员在舞台任务方面只能准备"我要做什么"和"我为什么要这样做"，而不要去想"我怎么去做"，这一点让它在舞台上自由产生。

导演要求先搭好布景，室内布置得和演出时一样，然后很隆重地把演员接进了这个新的"家"，让我们在那里学习俄罗斯人的生活习惯，用盘子喝茶，听伏尔加船夫曲……做一些生活小品，不要求情节，只为了感受周围的环境和具体每个人。（后来我从书刊介绍中才明白，瓦赫坦戈夫认为舞台"信念"是表演艺术的一块基石，演员对角色的生活环境，应该像对自己母亲那样熟悉。他在解释斯氏体系时，直接借助于"以假当真"的舞台艺术规律。）

第二阶段可以按剧本中的情节活动，但不说剧本中的台词。目的是诱发演员产生真实的心理行动。

第三阶段才过渡到正式的排练。

布雷乔夫的首次出场是从伤兵医院参观回来，当时是第一次世界大战后期。他进门后的第一句台词是："这场战争毁了多少人呐！"排演前我翻阅了不少图片和资料，上场前脑子里幻想着伤兵医院中见到的一些凄惨景象……进门以后，走到台中餐桌前，握拳击桌，说出了这句有分量的台词。

这时，导演在台下喊："回去！"我不知出了什么事，又回到布景门后。

导演悄悄上台来把门道里挂的镜框弄歪，再次让我出场。我根本无心去注意镜框，仍然带着一脑门子情绪，径直走到桌前，握拳一击："这场战争毁了多少人呐！"

"回去！"导演在台下又叫了，我莫名其妙地又出去了。导演这次把一堆撕碎的纸屑撒在进门的路上。

当我第三次踩着碎纸屑走向台前，依旧照方抓药时，台下禁不住哄堂大笑。

从此导演不再理我了，第一幕第二幕排完，他没有对我提过任何要求。到排第三幕时，有一场是和女修道士米拉尼雅的戏。他们过去有过暧昧关系，如今她却一本正经地谈论着上帝和罪恶，希望骗取布雷乔夫死后的大量捐款。我在台上望着扮演米拉尼雅的叶子的脸，发现了她目光中的虚伪狡诈，顿时产生了要嘲弄这只"黑乌鸦"的强烈愿望……导演忽然跳上台来，伏在我的耳边小声地说："拧她的屁股！"我马上照做了，

郑　榕

在《耶戈尔·布雷乔夫和其他的人们》中饰布雷乔夫（右）

叶子惊叫跳起，我围着餐桌追她，她边骂边逃。导演在台下喊："抢起桌布来抽她！"我一把抄起餐桌布，抢打在女修士的身上，叶子号叫着，飞也似的逃出了大门……

苦心钻研了多少个日日夜夜，人物总像是和我隔着一座大山，没想到转瞬之间像捅破张纸那么容易便进入了角色。这就是斯氏所说的创造角色，事实上就是"演员富有创造力的有机天性的一种自然行为"吧。从这一天起，人物在我身上活了起来，我找到了布雷乔夫的心理行动。

这个剧本哲理性强，开始很难懂。布雷乔夫是个来自民间的喜欢恶作剧的人，他盗取金钱30年，同时剥削过人；在他患癌症临死的前夕，他发觉他的一生"路走得不对头"，是跟"异己的人们"在一起度过的……在第一幕里布雷乔夫的行动是"探索"。从伤兵医院回来，他想弄清一个问题："为什么一些人在作战，一些人在做贼？"（最初排练这场戏时，我之所以被三次赶下台，就因为我的"表演情绪"一出场便把行动愿望的幼苗扼杀在摇篮里了。）第二幕——"看清了一切。"他对那个敢说真话的吹喇叭的人大为赞赏，让他高吹喇叭，震聋周围那些骗子，并向他们宣布："世界的末日到了。"第三幕——"开始行动。"对周围各色各样的骗子进行了猛烈的揭露和嘲弄。……戏结束时窗外传来了最初的革命歌声。

心理行动引导我进入人物形象，使我在创作中的演员和角色，内心体验和外部体现，融和得比较成功。当然离形象的完美还差得远。在舞台上真实地感到了对方的一举一动，并由之触发起强烈的行动愿望，它使我明白了表演情绪和内心体验完全是不同的两回事。

四、表演要符合生活中语言的规律

形体行动方法帮助我打开了体验之门，但我的认识还很浮浅，在《雷雨》的演出里，一开口读台词，情绪就来了，怎么也摆脱不开。我企图按照"行动＝愿望＋目的"这个公式去解决，结果像"钉钉子"一样，形成用台词打人，表演情绪更严重了！在"相认"一场，我想把每句台词都灌进鲁妈耳朵里去。我说"卅年前你在无锡？"时，鲁妈却站在我的背后，根本看不见她，又该怎么办呢？我苦恼得很，有一阵我甚至采用了耍嘴皮子的极端做法，索性不让台词经过大脑，顺口全倒出去。这样一来，思想变化没有了，还是一股情绪！

1961年上海评弹团来京演出，听了杨振雄兄弟的《闹柬》《回柬》，我受到很大启发。

在《回柬》里，两位男演员虽然没有化妆，却鲜明可信地把张生和红娘的形象塑造出来了：莺莺羞于让红娘送信，假说要把张生骂走。红娘信以为真，暗自同情张生，怕这封信把他气坏，想不把信拿出来，用好言语把他劝走算了。张生不见回信，反疑红娘从中作梗，责怪于她。红娘一气之下，把信丢给他看了。张生见信，大喜若狂，边笑边跑，红娘以为他气疯了，边追边劝。事后，张生说明信的内容，红娘才知道受了小姐的骗，气得哭了起来。这场戏在二人的一哭一笑中闭幕。这个片段动作性非常强。评弹不像北方评书那样着力于外部形象的描绘，而是利用一个简单的事件展开矛盾。在这个片段里，一个不想给他看小姐的信；一个急着要看到小姐的信，二人都有着强烈的愿望。但他们并没有急于用一种情绪或一句台词把这个愿望一股脑地表现出来，而是通过人物关系的不断交流，通过一系列的行动，把人物的思想和性格逐步地展示在观众面前。就像剥笋一样，直到"闹"够了，"闹"足了，"闹"透了，人物心灵深处的轻如涟漪的细微活动也都挖掘出来了。

我从中得到的启发有两点：第一是人物的性格是在一系列行动中逐步

展示出来的，不可能一出场就全部都塞给观众。第二是人物的一系列具体行动都服从于他的总的愿望，不能孤立地去进行，语言动作不能从孤立的一句台词中去寻找。

倘若红娘单纯地去完成一个"送信"动作，直接去表现同情张生，这场戏是无法持续半个小时的。反之，演员如果支离破碎地只注意去表现如何劝张生，如何隐瞒他，自己如何委屈，如何痛心；心目中却撇开总的愿望而不顾，这也会陷入过火表演，不可能展示出人物的思想和性格来。

语言也是行动。生活中的语言是这样产生：在一个特定的思想后景下，针对具体的对象，产生一个愿望，愿望支配发音器官发出了语音。语音通过听觉器官被对方接收，反映到思维中明白了对方的意图。语言就像是一条小溪上漂浮的树叶，溪流是人的思想，树叶随着水流漂动。有时遇到障碍，树叶被阻住了，溪流却在照样流动着。阻力一经去掉，树叶会以更快的速度下去，遇见漩涡时，它就在原处盘旋不前……研究树叶的动向，必须从溪流中去寻求答案。

如何理解"行动＝愿望＋目的"这个公式呢？

"愿望"——是指在人物思想后景中产生的总的行动愿望的支配下，通过与具体对象的真实交流中，不断自发出现的具体行动愿望。（如何接对方打过来的球？）"目的"——必须做到"以假当真"，能够如实地感受到和对方的相互关系。时时刻刻产生真实的内心交流。一个人所说出来的话往往只是积累在他头脑里的想法的十分之一，还有十分之九并没有说出来。心理的顿歇有时能造成观众的悬念（我在《茶馆》第三幕结尾中就使用过）。演员应该学会"不要说空洞的话，也不要做无言的沉默"。

我发现生活中的语言，有实的部分和虚的部分，二者发音位置不同，实的部分是语言行动的核心，说话时不是加重，相反却是用上扬音来表达的；其他附属字句是虚的部分，说话时只须轻轻带过，不必经过大脑。如："你上哪儿去？"说话时只想着"哪儿"，发音却是上扬音。过去的习惯是，拿到剧本，先用红笔圈出重音，读时用力读。这是违反生活中语言的规律的。正确的做法应该是：首先取消重音，寻找铅字后面的思想行动线。然后分割成若干个语言动作。囫囵吞枣就会造成一片情绪。思想行动线有如一串珍珠，只有总的意图没有具体行动过程等于有线无珠，只注意个别字句忽略了思想后景则成了散珠一盘，铺排结构有如裁剪，托衬有如针线。只有精心缝制，才能做到既有具体细节，又能表达整体思想。关键在于分段时要拿得起，放得下。

　　直到弄清了语言行动的规律，我才算彻底摆脱掉"情绪"的束缚。我觉得斯特里普在《克莱默夫妇》中法庭上要求抚养幼子的申诉、劳伦斯·奥立弗在《理查三世》序幕中吐露篡权愿望的大段独白、查理·劳顿在《吾土吾民》中在法庭上由"为敌作证"到"揭露法西斯"的长篇发言……都是"语言行动"的典范，值得我们认真地揣摩和学习。

五、结合社会背景，全面进入人物

　　《茶馆》里我演常四爷，他为人正直爱国，好打抱不平，是个硬汉子。就这一个"硬"字，我演了几十年，一直在不断变化发展。

　　最初接触这个角色的时候，我想到的更多的是他的外形，体面的服饰、硬汉的性格、长长的辫子。根本没有考虑人物思想和当时社会的关系。结果，舞台上的形象是一般化、概念化的——张牙舞爪、高声粗气。后来，我就在演出的时候努力使自己进入真实的体验，研究并且真心感受当时的社会环境、人物心理变化、人物形体动作，这才掌握了人物思想性格的起伏。第一幕里与二德子那一段对手戏中，开始我上来就表现出来了针锋相对。但仔细想，就能发现，常四爷来茶馆与松二爷相会，不是为了惹事的，如果上来就和二德子吵，就变成挑起事端的人了，是与人物的主线动作不符合的，所以此处的处理是不得体的。他在刚刚产生矛盾的时候心理动作

郑　榕

在《茶馆》中饰常四爷（右）

应该是想要息事宁人，但是毕竟是血气方刚的青年，所以当提到英法联军占了圆明园就再也压不住心里的怒火，此时，声调才高了起来。整体的心理过程是意外——躲闪——对英法联军的不满——交手时的临危不惧。这样的"硬"才符合人物的思想性格和社会背景。

第二幕的时候，经历了牢狱的磨难和义和团的战斗，常四爷比以前更加老练成熟，生活的历练告诉他要内敛"硬"气，在这一幕乐观的基调中，常四爷表现出来的应该是豪情满怀，对生活充满信心；而对待特务，是心里明知道他们不算什么，但是却也不愿意轻易得罪，言语之间不能让他们抓住把柄，是藏在骨子里的"硬"。

到了第三幕，常四爷已经 70 多岁了。经历了军阀混战，国民党卖国投降……他就像一只垂死的老兽，多少曾经的抱负与愤懑都只能深深压在心底。直到见到了秦二爷，秦二爷的遭遇也在常四爷心中映照出自己的一生——时代的黑暗、历史的无情、毕生的挣扎、希望的幻灭……心底的话再也憋不住了："盼哪、盼哪！我盼着谁都讲理，谁也别欺负谁！……"那硬汉子的性格才又被唤醒，即便这样，但一生的遭遇还是不停地在提醒着他"莫谈国事"！他是心有余悸的，说话的时候要压着嗓门儿。

最后，三个老人撒纸钱的那一段，常四爷的硬汉形象的展现如电光石火般，却也只能转瞬即逝罢了。

这就是常四爷在《茶馆》中的硬汉形象，不能一成不变，因为他反映的不是一个"硬"的概念，而是映射了他身后那个巨大的社会背景。

六、演员最幸福的瞬间

对于一名演员来说，最幸福的瞬间一定是在舞台上。然而，这个宝贵的瞬间却不是轻易就能获得的。演员们往往需要为此付出毕生的努力：从开始学会表演，到后来不要表演——不要表演剧情，不要表演形象和心象，不要表演情绪，不要表演台词，不要表演风格……让这一切都从演员的个性中自发出来。一步步把演员从刻板化的形式束缚中解放出来，最后在舞台上变成一个自由的人，自由地展开思想活动，把作家的台词变成自己由衷的话……这时，舞台的魔力便充分发挥了！它能囊括整个剧场，催眠上千观众，让观众的心随着演员的心来跳动……这就是一个演员梦寐以求的最大的欢乐啊！

我记得那是 1990 年，《茶馆》演出结尾的那一段：游行的学生下场了，一路说笑穿过化妆室的通道……我拿起常四爷的蓝布腰带，走到上场门的穿衣镜前，扎紧那件臃肿的破棉袄。上台后不久，听着王掌柜自嘲他那胆小怕事的一生，千言万语涌上我的心头，一开口便似打开闸门的河水，再也遏止不住……突然话在嘴边卡住了，千头万绪不知从何说起——剧场里静极了，连一声咳嗽都没有，整个舞台忽然变小了，上千观众似乎都贴拢到我的身边来：……我低声对王掌柜耳语，我知道观众们也在窃听……一阵狂涛过去，我的心平静下来了。这时，一切的一切似乎都已远去，谢幕，掌声，献花，化妆室外的访问者，剧场门前等待签名的观众……闪过这一切，我尽量保持住舞台上获得的那点"平静"，一个人走在夜晚的街道上，慢慢地回味着、咀嚼着……好像有一种魔力拖住了时间的前进，使我得以充分享受舞台上那宝贵的一瞬间……

舞台上的奇迹原因来自多方面：

《龙须沟》《蔡文姬》的完美意境是通过导演的力量创造出来的；《丹心谱》由于作者掌握时代潮流，轻而易举地触发了观众的思绪。1979 年重排《雷雨》时，我为了克服表演情绪和表演形象的毛病，忠实地按照"回家团聚"的愿望进入第一幕，认真关心蘩漪的病情，叫四凤端来煎好的药……周冲在我身后说："妈不愿意，您何必这样强迫呢？"我回头正好看见他那顶撞的目光，突然感到对病人的姑息已经影响到孩子的任性，这是不能允许的……下面逼蘩漪喝药一场戏水到渠成，从心底感到了进入人

郑　榕

在《丹心谱》中饰方凌轩（右）

物心灵的欣慰。

1941 年看北京剧社演出《日出》：黄省三为十块二毛五分钱的悲号；李石清突遭摒弃的怪笑；潘经理最后破产的凄凉……这一切紧紧揪住了我的心，我幼年居住的天津，人们原来是这样在生活呀！朦胧的心像是经过一阵雨水冲刷，变得清楚了……

1945 年流亡重庆，观看贺孟斧导演的《风雪夜归人》。最后一幕舞台上半面墙，三个窗户。魏莲生背身在门外向玉春告别："玉春啊，往后常想着我的好处；你忘了我的坏处……吧！"松开手。最后看了一眼门楣，毅然转身沿墙急下。玉春在室内经过三个窗户追着送他，最后只剩下一束光射在窗内玉春脸上，一滴泪珠正缓缓流下……黑暗中响起画外音："时间匆匆地过去了，但玉春到哪儿去了呢？莲生的下落又如何呢……"大幕落下，观众起立，我仍呆呆地坐在那里，我感到了一种神奇的力量……多少年过后，路曦的读词仍像银铃一般在我耳边震荡，像是丢出的银币，个个落地有声；又像是高塔上的悬铃，在晨风中摇曳轻鸣，动人遐思……保持这种率真的童心对演员来说是至关重要的。

直到很晚我才懂得：表演艺术原是一种感觉的艺术，只有对自身以外的人和事觉得真实时，才能感动观众。在较短时间内便能以假当真地投入另一人生，这才是演员的主要基本功。经过刻苦的努力，感受到忘我的乐趣，舞台上那幸福的瞬间才有可能获得。

七、舞台与人生

我从幼年起就受到舞台的吸引：从雪艳琴的京剧《玉堂春》，到《日出》的打夯歌："太阳升起来了，黑暗留在后面"；从西安的《长夜行》："人生好像黑夜行路，可失不得足啊"，到重庆的《风雪夜归人》："玉春: 扎你一针, 一针见血, 让你想一想从来没想过的事"。金山的《屈原》、舒绣文的《天国春秋》可惜没有看到, 在陶金回忆录中看到史东山导演《蜕变》时首次运用斯坦尼斯拉夫斯基体系的过程, 发现沈浮导演、项堃和演剧六队叶向云主演的《草莽英雄》, 表演方法完全不同。后来在清华中学看到在营火晚会上演出的《打倒四大家族!》, 令人血脉偾张! 1950 年回北京进老人艺, 演出《长征》, 见到周总理、朱老总、陈毅、贺龙、李伯钊……解放使我看到了新生!

之后, 北京人艺在建院初期上演了《龙须沟》, 在程疯子"出走"一场, 创造了惊人奇迹, 大获成功! 随后, 剧院内部在人物创造问题上引发了一场大争论: 于是之主张"由外到内", 即根据表现派的"心象说"; 另一方主张"由内到外", 即斯坦尼斯拉夫斯基的"内心体验"。

后来发现副导演金犁曾说过: 焦先生的所谓生活起来, 也就是"行动"起来。焦先生在总结中说: 有了思想便产生意志、愿望; 有了愿望, 才产生行动。随着行动而来的是情感和更多的愿望, 接着便产生新的行动, 新的行动又引起更浓厚的新感情和新愿望……这原是瓦赫坦戈夫提出的"形体动作方法", 后被斯坦尼斯拉夫斯基采纳。1956 年来华主持"表训班"的苏联专家库里涅夫原是瓦赫坦戈夫戏剧学校的校长。库里涅夫和之前来的苏联专家列斯里不同, 他在去戏曲学校看学生练基本功和折子戏后惊喜地说: "这就是我要找的内外结合的典型!" 他同时来到北京人艺, 通过排高尔基的《耶戈尔·布雷乔夫和其他的人们》讲表演课。在这期间焦先生受到很大启发: "动作=愿望+目的": "外"与"内"; "体验"与"体现"的矛盾得到了统一……焦菊隐导演发现, 戏曲给他思想上引了路, 帮他认识体会了一些斯坦尼斯拉夫斯基所阐明的形体动作和内心动作的一致性, 符合规定情境的外部动作, 可以诱导正确的内心动作。在这一点上, 我们的戏曲比斯坦尼斯拉夫斯基的要求更为严格。在此基础上, 焦菊隐导演进行了他的"民族化"试验。比如 1957 年的《虎符》、1959 年的《蔡文姬》、1962 年的《武则天》。他提出了"演出三要素": 1. 具体的鲜

郑 榕
在《屠夫》中饰冯·拉姆（右）

明的外在形象；2.语言性行动；3.诗意。可以说，以上这些努力都为建立具有民族形式和民族风格的中国演剧学派提供了可贵的养分，而这也是我所认定的方向。

以上摘自郑榕：《经典人物郑榕》，中国戏剧出版社，2009年；郑榕：《郑榕戏剧表演创作谈》，中国戏剧出版社，2019年。

此文由中国艺术研究院陈樱之编选、整理。

蓝天野

"没有个性的演员
成不了伟大的艺术家"

蓝天野，原名王润森，又名王皇，1927 年出生于河北省衡水市饶阳县大官亭乡。北京人民艺术剧院演员、导演，曾任北京人民艺术剧院艺术委员会委员，中国戏剧家协会会员。曾入学国立北平艺专油画系。抗日战争时期开始从事话剧事业。20 世纪 60 年代曾师从李苦禅、许麟庐学画，艺渐精进。

　　他在北京人艺的舞台上先后塑造了《北京人》中的曾文清，《茶馆》中的秦仲义，《蔡文姬》中的董祀，《王昭君》中的呼韩邪单于，《家》中的冯乐山等众多戏剧形象；在《钦差大臣》《罗密欧与朱丽叶》《小市民》等外国名著中担任主要角色；导演过话剧《吴王金戈越王剑》《针锋相对》《贵妇还乡》《家》等；还出演过电视剧《渴望》《封神榜》等。他的文人风骨和表演境界"令人拍案叫绝"，被誉为"真正有艺术品质和高级趣味的艺术家"。

　　先后荣获"从事新中国文艺工作六十周年表彰""中国话剧金狮奖""中国戏剧奖·终身成就奖""全国德艺双馨奖·终身成就奖""全国优秀共产党员"等称号。2021 年 6 月 29 日，中共中央授予蓝天野"七一勋章"。

一、走上戏剧之路

小时候，我特别内向，见了生人说不出话，躲到一边，从来没想过我会成为演员。我读中学的时候，大我 3 岁的姐姐石梅，托一家小饭店的伙计给家里送回一个包裹，说她离家去外地了，还安排好了大家庭的分家事宜。后来她托人带信给家里，说到了解放区，在晋察冀文工团工作。日本投降后，姐姐突然回到家中，她是奉了共产党的命令开展情报工作，我们家成了地下党的联络站，有一天一个拉洋车的人来到我家，他其实是晋察冀城市工作部的部长武光同志（解放后曾任北京航空学院书记、新疆自治区副主席、北京市人大常委会副主任）。在姐姐的影响下，我 18 岁成为共产党员，姐姐原本是向上级党组织建议送我去解放区，我也很兴奋，很期待。可是上级决定我留下来。

我那时在国立北平艺专油画系学画，心里有一个当画家的梦想。1944 年冬天，苏民拉着我，说咱们一块演个话剧。我就参加沙龙剧团演话剧，此时期中共地下党组织希望我们把演戏当成重点，北平当时每个学校都有学生剧团，剧团成员也大多是学校骨干。在姐夫石岚的领导下，我们开展戏剧活动，团结进步青年，我的美术学业就此放下，直到晚年，我才开始与奇石、丹青相伴。1946 年，各校进步青年发起成立北平戏剧团体联合会，我们把专业与业余的戏剧演出团体联合在一起，还成立了剧联党支部，把刘景毅、苏民等人发展成共产党员。

抗日战争胜利以后，上海苦干剧团的陈嘉平来到北平，想办一个专业剧团。可在当时的环境里，演了一两个戏后剧团基本就散了，难以维持下去。陈嘉平想去解放区，后来去了天津。他离开之前，把在社会局备案的

蓝天野
在《青春》中饰老更夫（右）

祖国剧团的执照交到我手里，祖国剧团接受中共地下党的领导。1946 年 3 月，我们以祖国剧团名义演出过李健吾的话剧《青春》，我在其中演一个没有名字的老更夫，一个老农民。为了演好这一角色，我跑到京郊一个村口，坐在井台上和老乡们闲聊，观察体会他们的言谈举止。我在舞台上尝试体现这个角色的动作姿态，语气声调，性格特点。很多人来看演出，有朋友对我说，你还真演出了农民的"土味儿"。这也让我找到了表演的乐趣，有了一定的信心。

我还参加过抗敌演剧二队，那是 1946 年秋天。说来话长，抗日战争全面爆发后，国共两党开始合作，周恩来代表共产党，进入国民党政治部担任副部长，部长是陈诚，周恩来直接领导了抗战时期的进步文艺。抗敌演剧队是 1938 年 8 月在武汉成立的，当时共成立了 10 个抗敌演剧队，4 个抗敌宣传队和一个孩子剧团。1946 年抗敌演剧二队到了北平，我加入进来。苏民也成为二队队员，他参加的时间比我短，后来我们一起回到祖国剧团。我们演一些当时的进步戏剧，主要有郭沫若的《孔雀胆》、田汉的《丽人行》等。也有一些外国戏，以俄国戏剧为主，《大雷雨》等等。也有其他的，比如《夜店》，这是师陀根据高尔基的剧本《底层》改编的，在改编中，师陀将其故事背景和人物名称都中国化了。

我在演剧二队时，19 岁就演《孔雀胆》里的男主人公段功。刁光覃回京探亲，他来指导排练，对我怎样塑造人物、举手投足给予指点。他还客串了两场，演剧中的梁王。这是我和他第一次合作，印象深刻。这个戏在北平演出后引起轰动。

临近解放时，我撤离北平去了解放区。那是 1948 年，国民党政权即将覆灭的前夜，白色恐怖加剧，特务们对祖国剧团、演剧二队监视得更紧了，他们开始监视并侦查我们与共产党的联系，这是我们撤离北平、投奔解放区的原因之一。第二个原因是接到中共地下党的指示，保存实力，迎接解放战争的胜利，从 1948 年夏天开始，一些同志分批撤回解放区。演剧二队当时是国民党部队编制，我有一身少校军装，由我护送同志们出城。

中秋节前夕，华北局晋察冀城市工作部来人，传达中央指示，让演剧二队立即撤离，这时候我们安排二队队长递了辞呈，向国民党做个试探。结果辞呈马上就批下来了，他们给我们派了一个新队长，这是国民党的人。姓董的新队长来了，我们研究了一个对付他的策略。他完全没想到，演剧二队这么有实力的剧团，能对他这个外行这么热情，他很高兴，我们几个人对他一通忽悠，他被夸得也很飘忽。我们就对董队长说，您刚来啊，给大家谋点福利吧，过中秋节放三天假吧，放假之后咱们好好干。董队长一听就同意了。这样从第一天开始，每天走一拨人，不走的就陪着董队长打牌。到了第四天该上班了，演剧二队的人都走光了。后来董队长到处抓人，当然是竹篮打水一场空。我们离开北平时局势已经很紧张了。

我第一天就离开北平到天津，第二天坐火车到陈官屯，过一条河，遇到关卡盘查，然后坐车继续前行，等到了沧州，就进入解放区了。当天，接待我们的人说："现在进了解放区，你们在国统区还有亲戚朋友、很多关系，为了不受牵连、影响，到了解放区就要改名字，每个人都要改，现在就改。"由于没时间想，或许是出于逃离危险、获得自由的欣喜，我便随口说出了"蓝天野"三个字，没有任何寓意，名字就是符号。当时城工部在泊镇，我们在泊镇登记之后，就各自安排工作了，基本上都是去石家庄正定的华北大学报到。

没多久，到了 11 月份，辽沈战役已经结束了，一天一个捷报，不久就要迎接北平解放了。这样我们以祖国剧团和演剧二队的成员为主，组建了华大文工团二团，日夜北上，准备迎接北平解放。

还没到北平，我们就停下来，因为城里正在进行和平谈判。北平当时是一座孤城，清华、北大外围这些地方都已经解放了。我们文工团当时就住在石景山发电厂，在这里过了 1949 年春节，在良乡时解放军送给我们一只羊，石景山发电厂又给了我们一头猪，大家开心过年，迎接胜利，欢欣鼓舞。1949 年终于有一天，也就是北平解放的当天傍晚，我们坐卡车从西直门进城。开始的时候没有固定的住处，一天换一个地方。过了些天，我们安顿在东华门，呆了一段时间之后，到 1949 年 9 月份，中央戏剧学院成立，文工团也随之转制，我们并入中央戏剧学院，成为中央戏剧学院话剧团。

那时候我们住在东棉花胡同，开国大典当天，从东棉花胡同步行到天安门，我记得我是和光未然一起走的。下午开国大典结束，晚上我们便参加了外宾接待组。当时苏联派了一个 20 多人的作家代表团前来，他们都是苏联当时著名的作家艺术家，团长是法捷耶夫，副团长是西蒙诺夫。为了庆祝中华人民共和国成立，随团还带了一个红军歌舞团。晚上红军歌舞团在中南海演出，就是我们负责接待。

从华大文工二团到中央戏剧学院话剧团，我们主要是演一些小节目，宣传党的政策。华大二团演一些农村类的戏，造成了不小的轰动，跟我们平常看的戏不一样，我们真的把农民演得特别好，特别有生活。后来我们也试着排了一个大戏，是田汉写的《民主青年进行曲》，这个故事写的是 1946 年北平反饥饿、反内战、反迫害的学生运动，我当时参加过这些活动，对此很熟悉。

二、表演训练与艺术积累

1952 年北京人民艺术剧院（简称"北京人艺"）成立，那时我 25 岁，刁光覃、田冲三十几岁，叶子大姐也不过四十几岁。我们有一个梦想，就是一步一步地认真创作、排练、演出，把北京人艺建设成像莫斯科艺术剧院那样的享誉国内外的剧院。

20 世纪 50 年代，中国掀起了学习斯坦尼斯拉夫斯基演剧体系的热潮，各行各业，原子弹制造、航空航天、各科研院所、工厂车间，也包括文艺团体，都派了苏联专家。1954 年前后，中央美术学院、中央戏剧学院都派来了苏联专家。

俄国有良好的戏剧历史传统，19 世纪斯坦尼斯拉夫斯基演剧体系已经享有声誉。北京人艺那时候正在进行艺术探索，因为来自各地的演员，欧美范儿的、秧歌派的、本色当行的，什么样的表演招数都有，整体风格不一致，而一台大戏需要演员们彼此适应，形成默契；焦菊隐先生想要通过斯氏体系的学习，将演员们的艺术风格进行统一。因此，北京人艺对演员队伍建设提出了进一步专业化的要求，演员们就认真学习斯氏体系的重要著作《我的艺术生活》《演员自我修养》等，一遍看不懂，就重读一遍。从 1952 年开始，我们这一代人，就是带着心中的艺术向往，这里学习，那里摸索，反复研究，彼此争论，才有了艺术上的进步。

1954 年，中央戏剧学院第一次办了一个导演干部训练班，北京人艺参加的有欧阳山尊、田冲、耿震。第二年办了一个表演干部训练班。大家都想去，因为这是真正的斯坦尼斯拉夫斯基故乡的人来授课，我们管这个进修叫"取真经"，事先需要经过考试录取。当时也有人去苏联留学，但是人数很少。表演训练班开课时，我也要去，剧院没同意。头一次名额没招满，苏联专家点名要我去报考。当时可能苏联专家看了我演的两出戏：一个是苏联戏《非这样生活不可》，我在剧中扮演工程师；还有曹禺先生的《明朗的天》，我先是演反面人物江道宗，不成功，改演一个解放军政委。其实那两个戏我演得很一般，苏联专家可能是看中演员的条件。

我在《明朗的天》里演反面角色江道宗，当时导演焦菊隐先生特别希望我能够变一个路子。比如说，我是低音，但焦先生说这个人物是江浙人，声音应该又高又尖，但我的声部上不去，这样的人物我也不熟悉。正好我病了几天，这时来了个新演员，以前做生意的，没怎么演过戏，让他演这个角色，一演就对了。后来让他演别的戏也都不是很好，但是他对这个角色抓得很准。

苏联专家点名让我去报考演员训练班，考的时候也很顺利，我的自我感觉很好。考试非常简单，在我都是现成的：一个朗诵，一个小品。小品非常简单，就是有一个院子，下小雨，让你从这边走到那边。有的人就在雨里设计了很多动作，我当时就想，雨天里人最主要的感觉就是别淋雨，我就从这边嗖地蹿到另一边，完啦。演员训练班为期不到两年，学员来自全国各地。这位苏联专家是老红军，是瓦赫坦戈夫剧院附属学院的校长。我们确实在他身上学了很多东西，受益匪浅。开始知道真正的、正确的表演方法是什么样的。而且他选了一个教学实验点，非常有新意：他到北京人艺来教课，还给北京人艺排了一个戏，是郑榕演主角。苏联专家来剧院排戏，最用功的是焦菊隐先生。焦先生导演了《明朗的天》之后，一直在探索一种新方法，他的意图是塑造出一批鲜明的、有特征的人物形象，但他的方法不确定，他也在摸索。苏联专家的方法，他觉得特别好，因此就特别用心地学习，揣摩。

斯坦尼斯拉夫斯基演剧体系是一个很科学的体系。斯氏当年创建自己体系的时候，手下已经有很多好演员，这些人有很好很正确的表演方法。我们这些演员呢，也不能认为以前的表演都不对，但对与不对、怎样才对，心里没有科学的把握。经过系统学习之后，可以掌握一套有效方法。我自己上台演戏，自己当导演，都深有体会，这次学习对我非常有益。

我在参加了中央戏剧学院的表演训练班之后，还给北京人艺办了一个演员训练班。我学了两年，毕业回来以后，北京人艺让我先别演戏，先办一个在职人员表演训练班，把我所学的知识再教给人艺这些演员。我估计这个想法跟焦先生有关，他说苏联专家提供的教学方法适合我们。为了这个训练班，我备课、准备了一年，上课都没用一年。当然，我结合北京人艺的实际情况，把两年的课程做了些改变。我办培训班，做了几件事：一、自愿，不想学的人非要他学是没有好处的。二、开书单，鼓励演员一天读一个剧本，要积累知识，学会思考。我吃过这方面的亏，我扮演一个小市民，到最后也没明白这个角色，但是观众却明白了，所以说学会解读剧本很重要。

谁在艺术上最用心，一下就看出来了。比如童超，他非常有才，有灵

蓝天野
在《北京人》中饰曾文清（左）

性，他也有苦恼的时候，比如如何提高自己、突破自己，方法一直找不到。上完学习班，童超在表演上进步很大。学习结业时，1956 年，我在剧院排了田汉的话剧《名优之死》，童超在剧中饰演主人公刘振声，这是个抑郁不得志的过气儿的戏曲名角，1957 年此剧首演，童超演得很成功，这也成了北京人艺的保留剧目。就在我快排完此剧时，被调去演《北京人》里的曾文清。《名优之死》由夏淳接着排了，但大量的体验生活的基础工作是我做的。

我演曹禺先生的剧作《北京人》里的曾文清，我想演这个角色，觉得能够演好，可是进入排练之后，直到即将上演，我仍感觉这个人物不是我希望的那样精彩生动。到底是怎么回事呢？后来慢慢领悟到，《北京人》其实是一个很"冷"的戏。在那样一个大家庭里，一群有文化、有天分的人，无所事事，烦闷厌倦，却又不能分开，只能"朽"在一起，一点点走向衰落，如果还想呼吸一口新鲜的空气，只有像愫方、瑞贞那样走出去。可是曾文清是倦飞的鸟儿，是折翅的鸽子，飞不动了，这个世界在他眼里已经无动于衷了，一种旧的文化的"霉"气包围了他，他在鸦片的烟雾里麻醉自己，当他连这样的处境和这样的自己也彻底厌烦的时候，那就再也找不到人生的支点了，只有走向可悲的结局。曹禺的戏剧像契诃夫的戏剧那样，带给人们一种欲说还休的况味，让人们去品咂人生的无奈和凄凉，这是一种文化的意味。剧中的曾文清会画画、写诗，还很会养鸽子。我学过画，喜欢诗，为了接近这个角色，我还专门找人去请教养鸽子的方法，怎么把鸽子拿在手里，让它不想扑腾，要让它感到舒服。

演员对角色的塑造，绝不能拿到剧本后才开始，应该从决心做演员的那一天起，就要不断地观察和创作。对自己塑造的人物，要像生活中最熟悉的人那样，一听到窗外的脚步声，就清楚地知道这是谁。

三、在焦菊隐指导下演戏

大家说《龙须沟》是焦菊隐先生现实主义话剧的基础，但实际上从 1946 年导演《夜店》时他就开始发力，只是很多人不知道。焦菊隐先生 1930 年在北平创办中华戏曲专科学校并担任校长，他有雄心壮志，想搞很多艺术门类，但最终还是致力于话剧。我 1946 年在演剧二队的时候接触过焦先生。那时候他导演《夜店》所用的方法很吸引我，就是体验生活。

体验生活太重要了，北京人艺建院后，很长时间没有排戏，第一件事就是全院分成四个大组，下去体验生活。当时要我们去天桥的贫民窟，深有感触。

焦先生导戏偶尔会给演员在场上做示范，大的动作他很少示范，小的细节会亲自去演演。他生活面很广，知识积累很厚，对人物细微的心理、动作，他抓得很准。但是焦菊隐先生也走过弯路，比如《明朗的天》中要求我声音变高变尖，但我生理上达不到，可焦先生还是一直要我去练。他脑子里有这个形象，而演员却不明白他的意思，焦先生也非常苦恼。焦先生每个阶段都不一样，比如说跟苏联专家学习，后来出了几个戏，像《茶馆》，他从苏联专家那里受到不少启发。后来开始探索话剧民族化，毕竟戏曲里面好东西非常多。焦先生在导演《虎符》时强调一个观念，矫枉必须过正，让演员吸收戏曲的表演法，演员们可就不干了，担心话剧变成京戏了。

焦菊隐先生每个戏都不重复自己，焦先生的特点就是满台生活，要求演员体验生活，把生活中的经验带进来。过去不管什么戏，台上或多或少有些表演的成分在里面，总有一些模式化的固定演法。焦先生就是要打破常规，造就舞台的真实感。排演《夜店》，焦先生对形象塑造要求很细致。戏里面有个年轻人，他有点泄了咣当，临走以前有个从墙上摘帽子的动作，这人常年懒散惯了，因此他摘帽子的时候就懒得挪步，离得老远单腿支撑把帽子够下来。生活当中就这样子。《龙须沟》里，有一场下暴雨，大家都躲在小茶馆里，这时有人进来，焦先生马上叫停。为什么？下雨了，地上都是水洼，你得捡着没水的地方走，不能直接平蹚过来。生活当中不就是这样吗？平常我们演员没有注意这些细节。还有戏里做了一个城墙，城墙下有间屋子，屋子的门很矮很窄，演员说走起来很不方便。焦先生说，不方便就对了，你家的门就这样，你不仅要走，还要走得利落走得快。的确如此，你每天从这里走进走出，一定非常习惯这样的小窄门，动作要连贯。天天在生活里泡的人，不一定能弄清楚生活什么样子，但是演员一定要弄清楚。这也是体验生活的第一步。

焦先生排《龙须沟》，让演员花大力气体验生活，这被他当成是一种创作方法。体验生活回来之后，很多演员用不上自己所体验的那种生活，就好比下大雨的例子，导演还是要去点醒演员，要注意从生活之中提取创作素材。当时焦菊隐导演有个外号叫"捏面人儿的"，他光在那儿捏，不太注意演员自身的体验，很多演员不懂角色到底怎样演，焦先生还是一个劲儿地去追求鲜明的人物特征。大家都说焦先生脾气不好，可能是，也不完全是。我在跟他接触的时候，不论排戏顺利或不顺利，他从来没跟我红过脸。焦先生排戏，只要你在表演上是一直摸索的，能拿出新东西来，哪怕不一定是对的，他都会鼓励。他不喜欢演员总是按照一个套路去演戏，他希望每个人都是有特征的鲜明人物。

焦菊隐先生创造了话剧舞台上"一台生活"之后，他又开始追求戏剧民族化。在《虎符》里探讨锣鼓点的运用，在《蔡文姬》里尝试戏曲程式、水袖什么的。1958年，焦菊隐先生导演他最后一个戏《关汉卿》，他找我去做副导演。焦先生加了一个序幕，元大都郊区，在舞台上形成一片流民图，有运河，有纤夫，有乞丐，有押解犯人的兵，有小商小贩，关汉卿看到了元代老百姓的疾苦，在这种情况下，出现了一个朱小兰含冤问斩。焦先生吸纳了很多戏曲、美术的元素，但是他坚持的还是话剧艺术。

焦先生在搞民族化的时候，首先是向戏曲学习，并且要一招一式地学，而且这也不是他最后的追求。焦先生对表演也没有一个固定的态度，就是根据每一个演员的状况，有的演员没有创造性，焦先生就会比较烦躁。有

蓝天野
在《茶馆》中饰秦二爷（左）

的演员有创造性，哪怕不对，焦先生会给你调整。很多演员不是不会去塑造人物，而是缺乏一种理解人物的创造力。

现在老说，大到中国话剧，小到北京人艺，有没有焦菊隐结果完全不同。北京人艺就是受到了焦菊隐先生的影响。但是他这个戏这么排，那个戏那么排，从不默守陈规，他主张"一戏一格"。我演戏的时候跟着焦先生，根据不同的角色来设计和安排自己的动作。

四、典型形象的民族风格

排《茶馆》的时候，我觉得和焦先生的合作是愉快的。在排练期间还是需要体验生活。首次排练《茶馆》时，我们花在体验生活上的时间和精力，比用在排练中的还要多。为了解有关老北京的各种人和事，我和于是之、童超去访问两位老评书艺人，聊得特别好，收获颇丰。几人回到宿舍时已经是深夜，大门已上锁，我们咚咚咚一阵敲门，敲开了才突然想起，这是董行佶和陈国荣、朱旭和宋凤仪两对新人结婚的日子。我们这么一通折腾，真是不好意思。没办法，只好第二天登门道歉。

头一次体验生活，焦先生要求不要管自己要扮演的人物，回来把有兴趣的感觉直接演出来，有时候有些感觉跟角色无关。第二次去体验生活，就要找跟自己角色有关的人物去体验。然后回来再做一个人物小品。

在《茶馆》中，我饰演的是秦仲义秦二爷，秦二爷跟庞太监俩人一见面就针尖对麦芒，过去应该有点什么过节。这个人物我原来不太熟悉，这种新兴资本家我没有什么交集。老舍先生给演员们详细地讲述过清末人们的生活，尽管如此，我们还是需要进一步熟悉我们将在舞台上扮演的角色。必须了解他们的生活方式，想象当时的街道、茶馆是什么样子。秦仲义是骑马来茶馆的，如果我登台演出，那么我必须知道我走过的小胡同是什么样子。

演老舍先生的戏，你不熟悉生活不行，一般的熟悉生活也不行，必须很熟悉老舍先生笔下的这些人物，按照作者自己的话说，他都是给他们看过相，批过八字的，对他们非常熟悉，焦菊隐先生当年排这个戏也不是单纯的运用一些技巧，首先也是抓对生活的认识和再现的问题。后来我找了一些做买卖的又爱玩的，玩花草的，玩虫鸟的，玩的都非常专业。其实秦二爷这个人物根本对这个没兴趣，他心思都在开发实业，但家里的环境就这样，一个世家出身的人，自己就算再不喜欢，只要有的东西就不能是次品。到后来明白了，这种新兴资本家都是从封建大家族走出来的，这样我就把一个人物从完全陌生体验到了感同身受，这就是体验生活，当然这怎么用到戏里面也是个问题。

秦仲义作为新崛起的社会力量，盛气凌人。在第一幕中，我正踌躇满志，兴致勃勃地要发展实业，此时，在乡下快要饿死的母亲带着她的小妞来到茶馆，准备卖掉这个孩子。当她们站在秦仲义面前时被其驱赶，常四爷出于怜悯，施舍给这对母女两碗烂肉面，并吩咐"出去吃去"。常四爷的这一行动，显然触犯了资本家秦仲义的威严，因为他认定常四爷不如自己富有，一个没落的阶层的人物，还在这里忤逆自己，实在是自不量力。在这场戏中，我漫不经心地淡然地端详着茶盅，对这一动作的含义，观众也许并不十分注意，但却帮助我表现出了我家里珍贵古玩应有尽有，而且比常四爷更有远见卓识的神气，因此环顾茶馆后对王掌柜说，我的兴趣在工业上。言外之意，只有工业才能救国，我干得是大事，燕雀安知鸿鹄之志哉！

在演出前，我曾试图探索当时社会里人的感情，自然，一名演员是不能完全与他的角色融为一体的，但我尽量做到这一点。因此人物上场前，必须设想他的经历。例如庞太监和秦仲义之间，存在着尖锐的私人冲突，两人在台上相遇时，观众也会感到这种冲突，为了能带着已有的这种对立情绪上场，我和扮演庞太监的童超设计了一场相遇的小品，这是发生在戏中情节以前的一段事，秦仲义在市场上买到一只绝顶出色的鹌鹑，偏巧被庞太监看中了，由于秦仲义捷足先登，庞太监气急败坏，无可奈何。秦仲义火上浇油，竟吩咐人把鹌鹑送给庞太监，庞太监气恼之下让人拿去，炸了晚上下饭。我们就把这两种性格、两个阶级的代表表现得更具体了。

秦仲义在第三幕，出场时已判若两人，他在第一幕中寡言少语，在第三幕中则由于破产而心绪极坏。此时，我想通过他的言谈话语和激动的神情，表现出他的处境，老态龙钟的秦仲义，有时气愤得浑身颤抖。1958年公演之前，有一次我在马路上突然遇到一个老头，他的头不停地颤抖，这启发了我，我让秦仲义在第三幕中也用这种姿态，甚至，我道白的声音也有几分颤动。

《茶馆》最后一场戏三个老头撒纸钱，怎么演都感觉有些不对。有一天焦先生就来给我们专门排这场戏。来了之后他先不排，把舞美设计、布景工人全找来，把排演场的地脚线重新画，大幕在哪，台口在哪，乐池在哪，前三排的观众席在什么位置，那个尺寸、距离要非常准确。然后，三个演员不要交流，就盯着台底下一个具体的位置说话。我觉得这个办法也是他临时想出来的，但是那天就忽然觉得，有一种我冲着一个人非说不可的激动，我这半生的坎坷、遭遇、劫难，有一种不找一个人倾诉就受不了的感觉。等找到了这种感觉，与老掌柜、常四爷互相之间再交流，瞬间醍醐灌顶、茅塞顿开。秦仲义这个人物，成为我钟爱的一个角色。

《茶馆》是北京人艺的保留剧目，这和老舍先生的优秀剧本有关，也和焦先生的成功导演有关。1980年《茶馆》访欧演出大获成功，西方人认为，这是东方舞台上的奇迹，中国的话剧历史尽管只有几十年，但是中国本土的戏剧传统却很深远，而《茶馆》是现实主义和民族戏剧传统巧妙结合的产物。《茶馆》的成功，很重要的一个因素，是它非常鲜明的民族风格，应该说，好的艺术必须有自己民族的特色。

蓝天野
在《蔡文姬》中饰董祀（右）

五、细究人物使之鲜明化

1959 年北京人艺初排《蔡文姬》之前，让我演左贤王，一个匈奴人，性格极其强悍，从青年演到中年，对于一个演员来讲，这样的角色很有吸引力，但最后一刻改变了决定，宣布的演员名单里，让我饰演董祀。在我所遇到过的本色的角色里，这一个董祀是最突出的。他在全剧中的使命，就是在蔡文姬沉溺于悲伤的时候，两次说了大段的大道理，促使文姬情绪转变，这个人物几乎没有一点点特色，甚至也没有略有色彩的心理情绪。怎样演好他呢？

我开始分析人物和人物关系，寻找角色待人接物的态度，化成一种内在的自我感觉。我逐渐认识到，这个人物的内心还是有些可挖掘的东西，仅以董祀与文姬之间的关系为例，就是复杂而丰富的：

——他们是姨表姐弟，从小一起长大的，失散多年，今又重见了。

——他又是使节，受命于中原朝廷，代表汉丞相曹操的。

——而他要赢回的却又是曹丞相至交之女，他以屯田都尉低微官职，面对曹操"当作自己的女儿一样"的文姬夫人，这在 2000 年前的汉代社会，有很重大的上下之别。

——再之，匈奴朝廷中的矛盾……副使周进又捅了娄子……给董祀必须完成的迎文姬归汉的使命，更增添了麻烦。

以上种种，给人物关系提供了丰富的内容。此外，还要寻求一个性格比较内涵的人物的自我感觉。他有才干，有见地，有感情，但又常含而不露，这种人物的自我感觉，包括人物的形体自我感觉，要掌握准确，是很不容易的。

随着排练过程中对角色不断分析，感到这个人物处在复杂的环境中，处在戏的矛盾之中，问题在于人物的语言看似太平常了，我试着从表演上丰富人物的语言。

由此想开去。戏曲舞台上的人物，除净角的脸谱外，面部化妆几乎没有明显的变化，但大师们演出来的性格各自不同。梅兰芳先生，同演青衣行当的角色，有雍容华贵的杨玉环，有威风凛凛的穆桂英，还有洛神、赵女、萧桂英……周信芳演的宋江、萧何、宋世杰……都那样鲜明动人，再说到语言，周信芳先生演宋世杰，有许多念白简直动人心魄。

《蔡文姬》是焦菊隐先生探索话剧民族化进一步的尝试。话剧民族化，不是单纯戏曲化。从台词着手，我力求多吸收戏曲艺术的精华，但我决心不在抑扬顿挫上使力气，从人物出发，发挥人物在特定情境下语言的作用，董祀对汉室中原变迁有感受，对文姬心境有体谅，对左贤王的矛盾有同情，对曹操所负的使命有理解，他的台词还是有感而发的。

现在具体剖析一下我对第三幕的理解和处理。我认为，董祀所感到的矛盾可以归结为：对蔡文姬不能不顾忌的直言，又不能不坦率的直言无忌。

第三幕，文姬归汉途中，沉溺于无限悲恸中，深夜在父亲墓台上弹唱《胡笳诗》……

这一场戏，我从听开始，第一段"听"非常重要，比之后面的劝说，至少是同等重要，有这时的听，才能有后面的语言。董祀要理解诗，并通过诗来理解蔡文姬，那就不仅是看到她此刻的悲哀，而是体会到她半生颠沛流离，抛儿别女的遭遇。

蔡文姬这时所唱的第十六和第十八拍，是哀怨最深的，可谓惊天地、泣鬼神。"泣血仰头呵诉苍苍，胡为生我呵独罹此殃？""苦我怨气呵浩于长空，六合虽广呵受之应不容！"对这些诗句，董祀都需要具体的理解、体会和反应，从诗中听到了她忧伤之深，感到震惊，也感到同情，并且有感于蔡文姬过人的才华，这些造成董祀此刻很不愿打扰、却又不能不立即劝止她的矛盾心境。

但我希望适度地表现董祀在矛盾中镇定的态度。因为他毕竟是被委为使节的适当人选。董祀在这里的台词是轻轻说出的。

当他得知蔡文姬曾晕倒在墓台上，自然震惊，但依然是轻轻地继续讲下去……这不多的话里有担心、敬佩、同情，而且董祀还要认真思索，怎样才能使文姬从这巨恸中自拔出来。由于董祀反复讲了很多，仍不能使文姬情绪扭转，所以在说道："……我从小时候就敬重着你，你博学多才，就是班昭也不能和你相比"时讲得很慢，在边讲边思考酝酿着。这里，一个较长的停顿以后，说："但我现在更要向你说句老实话，我对你是有点失望了。"这是这场戏里最关键的一句话。他下决心了，宁肯冒犯，也要直言不讳了。这一句，就引出后面的话说得痛快淋漓、一泻千里，要言语由衷，动情、入理，要自然地使蔡文姬若服一剂猛药而清醒豁亮起来。

如此于难题处挖掘，体现出董祀性格的深情的行为逻辑，这一段是董祀起作用的重点戏。

文姬顿然开朗了，向董祀深表歉意，而董祀这时却必须回到平常时对待文姬的谦恭态度，甚至由于刚才的冒犯而感到惶恐，对文姬感谢之举愧不敢当，尽快结束谈话，这样的人物关系处理，正烘托蔡文姬此刻的欢快心情，也表现董祀由衷为之高兴，感到松了一口气！从人物性格来讲，董祀不是那种夸夸其谈、居功自恃的人。

董祀在这样的规定情境中，人物的内心应当是忠直无私，这一点点清楚了，观众看到后面周进进谗言时，就能形象地、直觉地相信董祀不是那样的人，强烈地感到他着实是被冤枉了。

充实了人物语言背后的性格内涵，就有助于改变说教式的表演。这实在是一场抒发心境的戏。同时，尽管这些大段台词表面看来显得平滞拘谨，但这正是人物性格要求的质朴无华。

渐渐，我对郭老这个戏的风格感受具体些了，它浓厚的诗意主要在于展示了人物的心境，诗一样的心境。

20 世纪 80 年代我导演《吴王金戈越王剑》，这是我找白桦给我写的剧本，这肯定是北京人艺的东西，但我不会用焦先生使用过的方法去排戏。这个戏里面有大段诗句，合辙押韵，演员的台词要有诗意。我跟服装设计说，不论是士兵百姓还是帝王将相，他们的服装要生活化，能穿在人身上，而不是舞台化的戏装。其中两场戏，一场是西施出场，西施什么样？怎么

蓝天野
在《家》中饰冯乐山（左二）

演都有观众不买账。我告诉演西施的演员，你就是一个普通的江南渔家女，可以挽起裤腿下河打鱼，捋起袖子浣纱织布。西施和范蠡见面，安排从水中的倒影看到对岸。这些就是我理解的民族的东西。其实话剧从戏曲里借鉴了很多，但不能全照戏曲模式来。我排戏的时候不能全照焦菊隐先生的来，任何一次排戏都是一次新的创作。人艺很多演员演法都有自己的特色，不矫揉造作、不虚假非常重要。

2011年剧院让我回来演戏，既然决定回来，我就全力以赴。我在《家》里扮演了冯乐山。我不敢说我自己演得特别好，但肯定是从来没有人这么演过冯乐山。过去演冯乐山的演员大部分都是性格化的演员，比较负面，表现他的道貌岸然、内心险恶。我觉得这个人首先是个士绅，肯定是当地最有身份的人，应该走到哪里都被奉为上宾，而这个人又是最坏的。冯乐山玩弄女性在那个年代不少见，曹禺当年说过这个角色是一个性虐狂。我无法去描述什么是性虐狂，但就像有的人虐待小猫小狗，这种虐待对他来说有快感。

20多年没演戏之后，这几年我老演戏，我觉得我比以前长进了。不是能力上有什么变化，而是隔了20多年，我的人生经历更加丰富了。《冬之旅》是我找万方为我创作的，我想塑造有深度、有特点、有内涵的角色，我让万方写一出两个老男人的戏。后来我第一次看到这个故事的时候，一口气看完，觉得她写的这个戏我全都有体会。于是我以87岁的高龄主演了这部戏。

六、演员必须加强文化修养

对于演员来说，表演技巧固然很重要，但我认为最重要的是生活积累和文化修养。真正的创作要有扎实的生活积淀。

一个演员心里要拥有一座非常充实的仓库，库存一定要丰富，这样运用起来才得心应手。你的库存有限，甚至贫乏，创作的时候就拿不出东西来。

演员演人物，首先要演得像，而且塑造的人物形象要真实，鲜明，就是我们常说的"装龙像龙，装虎像虎"。至于衡量演得好与不好，这里面有个人的品位因素，就是你创造出来的这个人物形象，是在一个什么样的层次上，从文化内涵上来说，达到了一种什么样的境界。

你可能演一个英雄、学者、诗人，也可能演贫民、莽夫、无赖。不同的人物经过你的创造，先要让观众看到你演的是否真实，是否鲜明。有的演员演知识分子，却让人感觉没有文化内涵；有的表演不自觉地露出庸俗，这就把角色彻底毁了，这实在是演员的悲剧。

《茶馆》中有很多反映旧社会低俗丑恶的生活内容，比如太监娶媳妇，两个逃兵娶一个女人作老婆，观众看到这些感觉压抑，喘不过气来，这就是一种文化的震撼。演员不仅要把角色演得鲜明，生动，入木三分，而且更重要的是，要让观众从中获得一种艺术的享受和文化的熏陶。

提升文化素养，关键的事情是好读书，多读书，读好书。不是要求演员都成为像钱钟书、季羡林、周汝昌那样的大学者，但是要搞懂舞台艺术，没有文化修养和专业知识是不行的。演员应该有目标的读书，首先是要多读剧本，对于一个剧本有完整的理解和准确的把握，这样你才能够铸造好你所扮演的角色，不能认真地理解和分析剧本，演员就成为了台词的背诵者，这样的形象怎么可能感人呢？其次是要充实自己，多长知识。要善于从伟大的作家和他们的作品中吸收艺术经验，逐渐积累塑造人物的手段。

我建议大家要多读一点中国古典文学名著，如《红楼梦》《三国演义》等等。《红楼梦》对人物的刻画犹如工笔细描，海棠诗社，怡红聚餐，贾母设宴，饮酒品茶，赏月葬花，都写的那么生动细腻，具有文化品位。《三国演义》则不同，那是酣畅淋漓的大写意，桃园三结义，温酒斩华雄，寥寥数笔，人物形象已经勾勒的十分传神。多读些好书，可以提高演员的演技，提高自身的审美水准，并且在人物塑造中发生潜移默化的作用。演员的个人经历是有限的，要塑造的角色却是多样的，那我们怎么办呢？除了

蓝天野
在《王昭君》中饰呼韩邪（右）

向生活学习，也可以向书本学习。老院长曹禺同志特别爱读书，在剧院中，他会不经意地考考演员们，比如突然发问，"去年今日此门中"那个作者是谁来着？我们在排练《蔡文姬》的时候，他走过来问大家，"'捉刀代笔'那个典故是怎么回事呀？"其实这个典故和蔡文姬有关系，曹禺先生就是用这样的方式，敦促大家查资料，多读书，开卷有益。

再有，作为演员看好戏也是非常重要的。只有会看戏，方可会演戏。北京人民艺术剧院刚成立的时候，我们开办演员学习班，每个月给学员们买票看戏，观摩学习。当时我们看梅兰芳、尚小云、荀慧生、周信芳、盖叫天、马连良、萧长华等顶尖戏曲名家的戏，从中颇为受益。京剧讲究喊嗓子，练功夫，手、眼、身、法、步，无声不歌，无动不舞。我觉得应该让我们的年轻演员打开眼界，像梅兰芳先生，他之所以成为梅兰芳，有多少人在他身上下功夫啊，他有广泛的社会交流，比方他跟齐白石的关系，这对他的艺术创造是有潜移默化的作用的。我们现在的演员眼界太窄，就是关在剧院里面。话剧没有固定的程式，但演员站在台上吐字归音，一举一动，都要有节奏和韵律，有艺术的美感，有感人的生趣。没有开阔的眼界，没有良好的修养，没有丰富的内存，没有生动的气韵，没有自身的功法，怎么能塑造出成功的艺术形象呢？

每个演员都有自己的个性和经历，在舞台上表达出来的东西是不一样的。没有个性的演员成不了伟大的艺术家。创作者要在舞台上塑造鲜活的人物形象，不能装腔作势，矫揉造作，弄虚作假，千篇一律。不能总是在别人画好的格子里描红模子，要有自己艺术创造的新鲜感、独特性和生命力。

我希望年轻的演员们要给自己树立一个艺术的标杆，要演什么样的戏？要创作出什么品位的戏？要做一个流量明星还是了不起的艺术家？自己心里要有数。搞艺术不能将就，而要讲究。无论角色大小，戏份轻重，只要站在舞台上，演员就有责任和义务把角色塑造成功。我们的社会在发展，表演艺术也在进步，会有一些新的创作方法，新的表现元素融入其中，但万变不离其宗。话剧带给人的美学积累，会让人受用终生。每次听到观众说，因戏感动，因戏共鸣，我都特别地高兴，我会欣慰于我所塑造的形象对社会有影响，有作用。

总之，演员在舞台上还是要演一个活生生的鲜明人物，需要积累生活，体验生活。北京人艺这么多年比较重视：一、探索正确的表演方法。二、用读书提高演员个人的自我修养，养成习惯。知识、生活、文化，缺一不可。所谓文化，就是你看待生活的高度和深度。无知的人流于物欲本身；站的角度高了，看生活和解读生活的水准便不一样了。

以上摘自于蓝天野、罗琦：《烟雨平生蓝天野》，生活·读书·新知三联书店，2014 年；蓝天野：《我心目中的〈北京人〉》，见刘章春主编《〈北京人〉的舞台艺术》，中国戏剧出版社，2012 年；蓝天野：《探索人物的语言背后》，见苏民等编《〈蔡文姬〉的舞台艺术》，上海文艺出版社，1981 年；蓝天野：《现实主义和民族风格》《文艺研究》1981 年第 1 期；蓝天野：《演员的品格》《中国戏剧》2021 年第 8 期。

此文由中国艺术研究院宋宝珍、李一赓编选、整理。

英若诚

"创造舞台形象，

重要的是刻画性格"

英若诚（1929 年 6 月 21 日—2003 年 12 月 27 日），满族，北京人民艺术剧院演员、导演，翻译家。曾任文化部副部长，中国戏剧家协会常务理事，北京市剧协理事，北京人民艺术剧院艺术委员会副主任、剧本室主任。

1945 年考入国立西南联合大学外国语言文学系，1950 年考入北京人艺任演员，先后在话剧《龙须沟》《明朗的天》《耶戈尔·布雷乔夫和其他的人们》《悭吝人》《骆驼祥子》《茶馆》《雷雨》《智者千虑，必有一失》等剧目中扮演重要角色。1979 年，英若诚把老舍名著《茶馆》译成英文在国外出版，为《茶馆》成功访问西欧进行铺垫。1980 年春，随曹禺赴英国进行戏剧交流，随后与英国导演合作，为北京人艺排演莎翁名剧《请君入瓮》。1983 年，他将美国著名作家阿瑟·米勒的代表作《推销员之死》译成中文，并与米勒合作搬上北京人艺舞台，塑造了主角威利·洛曼。1982 年 8 月，被密苏里大学戏剧系聘为客座教授讲授表演课。1984 年 8 月，作为密苏里大学常任教授再度赴美讲学，为学员排演根据中国昆曲《十五贯》改编的话剧。1986 年 9 月与林兆华联合执导话剧《上帝的宠儿》。1988 年翻译美国作家赫尔曼·沃克的名剧《哗变》，并邀请美国表演艺术家、奥斯卡奖获得者查尔顿·赫斯顿来华出任导演。1991 年翻译并导演英国著名作家萧伯纳的名剧《芭巴拉少校》。1995 年把北京人艺的经典剧目《狗儿爷涅槃》翻译成英文，交由美国百老汇夜莺剧团排演，并于 1996 年 1 月在美国首演。

一、"第一个角色"

英若诚在《舞台——演员植根的大地》一文中，谈到他的"第一个角色"："我 21 岁进北京人民艺术剧院，第一个角色是在《龙须沟》中演一个 70 多岁的茶馆掌柜，年龄差距这么大，这在电影银幕上几乎是不可能的。我演的掌柜只在第三幕一场有一点戏，在第一、二、三幕二场中我做效果，那是决不能离开舞台右侧岗位的，虽然不上台，但是我天天听戏，听观众的反应，我认为观众是演员最伟大的老师。……最好的学戏方法是到剧场去看戏，一个好戏看个 50 场也不多。搞电影、电视剧的也应该如此办理，心中同样应该有观众，这便是舞台上能带来活的表演的道理。"

在《水流云在——英若诚自传》中，英若诚另有回忆："我的第一个角色是在老舍的新戏《龙须沟》中扮演刘掌柜，我总是很珍惜那出戏，因为那是由大导演焦菊隐导的。按焦菊隐的想法，观众应该听到北京当时的街声和生存环境。焦菊隐导演要求我们为角色写人物小传，所有演员都要去那个地方体验生活，和当地老百姓交朋友。焦菊隐还要求我们写作笔记，用斯坦尼的方法去创造我们的角色。"

英若诚所谓"第一个角色"，指的是他在北京人民艺术剧院专业学戏过程中演"活"的第一个角色："我扮演的角色老刘是茶馆的掌柜。我当时 20 岁刚出头，却要扮演一位 70 几岁的老人。我把头发剃光，秃头，下巴上粘上白胡子，就成了一个老北京典型的老头儿。这个角色在现实生活中的原型参考了我的四爷爷，那位职业摔跤手。"

事实上，英若诚此前已经非专业地从事过一些戏剧演出，扮演过若干舞台角色："在高中时我并没想过要成为演员，可我成了大学生后就迷上了戏剧。清华大学的一位教授排了莎士比亚的全本《威尼斯商人》，我也被选中扮演其中的一个角色，主要因为我的英语好。……年轻人如果情感丰富、性格外向，参与戏剧是很自然的事，我就是个例子。"

英若诚还通过清华大学的演剧活动，得到了同学吴世良的美好爱情："我上大学四年级时已在学生剧社名声大噪，我脑子里考虑的有三个本子，一个是《推销员之死》；另一个是萧伯纳的《芭巴拉少校》，主要是因为我认为中国需要多几位安德谢夫；第三个剧本是《绿色的玉米》，此剧题材并不激进，不像其他两个剧本旨在改变世界，但还是改变了我个人的世界，因为我的同学吴世良在剧中扮演莫发小姐，与我扮演的年轻矿工摩根·埃文斯演对手戏。"

吴世良和英若诚的第一台同台演出是英文戏《绿色的玉米》："我们扮演的是主角，并用英语演出。其时我已爱上了她，她也爱上了我。"

二、扮演巴甫林

1956 年初夏的一天傍晚，北京人艺排演场灯火通明，全院演员在观摩苏联导演库里涅夫排演高尔基名剧《耶戈尔·布雷乔夫和其他的人们》。关于自己所扮演的东正教神甫巴甫林，英若诚解释说：

"1956 年，库里涅夫为我们导演了高尔基的《耶戈尔·布雷乔夫和其他的人们》。为了了解各位演员的功底，他让我们试的第一场戏是第一幕第一场，人物有布雷乔夫、他的情人、他的生意贩子、经纪人等等。我演的是位神甫。布雷乔夫是位很出色的人，充满了活力，世故，遇事沉着。戏开场是布雷乔夫和我从外面进来，那是俄罗斯的冬天，应该非常寒冷。作为演员我不知道这个场景里我的贯穿行动是什么。我尽量地回忆，因为我一生中也遇到过很多俄罗斯东正教的神甫。舞台的景里有一个很大的壁

英若诚

在《耶戈尔·布雷乔夫和其他的人们》中饰巴甫林

炉，是布雷乔夫这样富有的家庭必备的。库里涅夫喊了开始，我们就从寒冷的外面走进来，完全出于本能，我接下来把后背转向壁炉开始烤我的屁股。所有在场的其他演员哄堂大笑起来。那位俄国老师，自己笑过之后对大家说：'这个形体动作不是高尔基的原创，但是非常好的一手，这就是斯坦尼斯拉夫斯基体系。'库里涅夫并不是百分之百纯斯氏体系，他更注重于外部形体及对角色的塑造，不仅仅是演员内心体验。演出很成功，那是苏联导演第一次在中国导戏。"

鲍里斯·库里涅夫是第一位来到北京的苏联戏剧专家，他 1953 年来到北京，一呆就是三四年，他有一整套根据斯坦尼理论编写的表演教程。英若诚认为，"必须承认北京人艺最优秀的老艺术家都是库里涅夫教出来的"。

三、谈刘四爷的"性格化"

1957 年，北京人艺导演梅阡将老舍的小说《骆驼祥子》改编为话剧搬上舞台，于当年的 9 月 28 日首演，此后五年间演出达 200 余场。1980 年重排后成为北京人艺的保留剧目之一。《骆驼祥子》中的刘四爷，是英若诚在北京人艺成功扮演的又一个标志性角色。在 1980 年的重排版《骆驼祥子》中依然扮演刘四爷的英若诚，在《性格化的基础——生活》一文中总结说：

"二十九年了，台词和地位都差不多忘了，但是往布景里一站，马上就来了'神儿'，或者叫'重新获得了角色的自我感觉'，颇像是'附了体'似的。这种'角色的自我感觉'中很大的一部分，或者说最明显的一部分，是形体上的。以刘四爷为例，他坐有坐相，站有站相，握铁球有一定的姿势，扇扇子有特定的节奏，一举手一投足都带着他自己的派头。特别是他的

英若诚
在《骆驼祥子》中饰刘四爷（中）

步伐，这曾经是当初使我'进入角色'的渠道，也是这次恢复演出时唤起我记忆的触点。"

英若诚所说的"步伐"，指的是在天桥卖艺的摔跤手正式摔跤前在场子里走圈子的特殊走法，行话叫"黄瓜架儿"："其中既有在比赛前活动活动腰腿的作用（也就是现代运动员说的'准备活动'），也有一种向对手和观众展示自己身体如何健壮、功夫如何高强的意思。我试着照那种样子走了几步，忽然我似乎觉得我是刘四爷了。"

英若诚之所以能够找到这样一种"形体自我感觉"，主要得益于童年时代的"情绪记忆"：

"从第一次接触刘四爷这个人物起，我的脑子里就出现了我小时候见到过的一个祖父辈的亲戚。当时，他已经是六十来岁的人了，但身体极健壮，爱说爱笑，孩子们都愿意跟他玩。他在天桥摔过跤，当过混混儿，为他的'上流社会'的亲戚所不齿，但又感到他是个使人头疼的人物。他经常手里没钱花，找他们要钱，而钱一到手马上又花个精光。他不事生产，他没有真才实学，好说大话，也常闹笑话。我作为一个孩子，并不明白这些，但却看到了他身上使孩子们很佩服的一些特点。我们跟他学摔跤，他跟我们讲他年青时候的'光荣业绩'，参加'混混儿'打架之类的事。他对我们很大方，对他的朋友讲义气。他也常有一些'正义的冲动'。当吉鸿昌将军在长城抗日的时候，他曾组织一支义务担架队，自己带头抬担架从北京去支援。他有钱的时候，曾把附近一大帮乞丐请到家中吃炖肉和大白馒头；他没钱的时候，又曾合伙与人造假古玩卖给外国人骗钱。他就是这样一个人。

"当然，他和刘四爷不同，刘四爷连他那点'正义的冲动'都没有。尽管如此，想起这个人却大大有助于我对刘四爷产生'信念与真实感'，而恰好是这些才使刘四爷成为一个有血有肉的人，演员了解社会的出发点、归宿，与社会科学工作者毕竟不同，演员不能满足于把许多'个别'概括为'一般'（哪怕是很正确的概括），重要的是演员必须把这个'一般'再度表现为'个别'，表现为一个独特的、有血有肉的人物。"

作为结论，英若诚表述说："'从生活出发'，这是现实主义话剧艺术的核心问题。……保持对生活的由衷的热情，像儿童那样兴致勃勃地去对待生活不是一件容易的事，也不是马上能收效的方法，很难立竿见影。但是，我觉得这是现实主义的话剧表演中一项重要的基本功，值得为之花力气、下功夫。"

四、"人物形体的自我感觉"

关于舞台表演中的"人物形体的自我感觉"，英若诚在《舞台——演员植根的大地》一文中另有阐述：

"我们在舞台上塑造人物十分重要的手段是获得人物形体的自我感觉，有了它，演员便得到解放，否则，感到自己在舞台上是赤裸裸的。形体体现是演员把握角色的钥匙。50 年代，我在话剧《骆驼祥子》中演虎妞的父亲刘四爷，多少年过去了，台词都忘了，但是把我推上台，我可以从步态马上获得人物形象感觉，神就来了。在《茶馆》中演小刘麻子，对我来说那双皮鞋特别重要，穿了 30 年，一蹬上它，感觉就来了。在电影《白求恩大夫》开拍前，我设计童翻译是抗日战争时期参军的知识分子，留个中分头，戴圆形框眼镜，穿件老长老长的军上衣，搞服装的人说：'那多难看啊！'我说：'就要这个。'这是获取人物形体感觉的需要。1981 年，我几乎同步参加拍摄《知音》《茶馆》和《马可·波罗》，片中我扮演的三个人物相差很远，白天在故宫拍忽必烈下轿，32 人抬的大轿，那叫气派；外景刚完，赶去《茶馆》摄影棚演人贩子。感谢多年的舞台锻炼，不然我完不成任务。"

接着这段话，英若诚特别强调了舞台演出对于影视演员的重要性："电影是导演的艺术，舞台才属于演员。美国影片《莫扎特之死》是一部很不

英若诚

在《智者千虑，必有一失》中饰高罗杜林（左）

错的电影，我曾在北京人民艺术剧院导演过同一个剧本的舞台剧，我将剧名翻译成《上帝的宠儿》，剧中萨列瑞有大段大段的与观众直接交流的独白，使这个戏非常有特色。这些独白在电影里怎么处理呢？最后一段戏，导演只好安排一位神甫来听萨列瑞的大段话，因为没有一个交流的对手，他的话说不出来，而演神甫的演员既要替代观众反应，又不能抢戏，十分难办。我说这许多话，决无贬低电影、电视剧的意思，只是想根据半生从艺的体会，说明舞台应是影视演员的出发点。和舞台结缘吧，它能使我们在镜头前的创作不断得到营养。"

五、《茶馆》中的 "坏人" 刘麻子

关于《茶馆》的演出，英若诚在《水流云在——英若诚自传》中回忆说：

"我作为演员参加过的所有演出中，最重要的就是《茶馆》。1958年首次演出，当时北京观众从没见过这样的戏。通常，一出戏演一个星期就算不错了，而《茶馆》一演就是一百多场。初演和重排《茶馆》以及后来的欧洲巡演中，我在第一幕、第二幕里都是扮老刘麻子，第三幕中演小刘麻子。刘麻子是角色中最坏的一个。这群人中有卖唱的，卖假货的，卖花生仁儿的，就他是卖人的。他是人贩子，拉皮条的，把年轻的姑娘卖给各路坏人。

"老舍对我塑造的人物的评价我记忆犹新。'您演的还不够坏，'他说，'但您千万别去演那个坏。'

"老舍是位极有品味的人，没有什么是他不知道的。我们这些演员都非常喜欢他，因为他宽宏大量，风趣幽默。焦菊隐指导我扮演刘麻子这个角色时，常常把我叫到一边，具体钻研角色的不同侧面。刘麻子有自己的一套人生哲学，觉得自己的行为是理直气壮的。作为一名演员，光演其坏

是远远不够的，这是我扮演这个角色时最大的挑战。"

在写于 1979 年的《重演〈茶馆〉的一些感想》中，英若诚关于《茶馆》的角色创造另有更加深入细致的介绍分析：

"我记得 1958 年排《茶馆》时，老舍先生来看排戏，我征求他的意见，他说：'您演的这个人物伶牙俐齿，这对；可是您演得还不够坏。'接着，他又赶紧补充说：'您可千万别去演那个坏。'他的话使我琢磨了很久。又要'坏'，又不能去演那个'坏'，怎么办呢？

"过去我们谈论表演的时候，常用一句话，叫'从自我出发'。这句话不包含那种意思：演员要演坏人自己就必须是坏人。我看今天还得这么提。要想演好一个角色，就得把角色吃透，真正懂得你所演的人物，包括他的世界观、审美观、价值观，总之，他的一切。老舍先生写的坏人，演员如果不体验就很难演。他写的坏人并不觉得自己是坏人，甚至还替自己辩护。在《茶馆》中，刘麻子毫无疑问是个极坏人了。在第一幕中，他逼农民康六把女儿卖给太监做老婆。常四爷说他：'你真有狠劲儿！'而这时候刘麻子并不理亏词穷。他说：'我要是不给他分心，他也许找不到买主呢！'像这样的话，应该怎么演？咬牙切齿地演'坏'？我觉得不对。就刘麻子来说，他认为他很有理，甚至于很'正义'。第二幕他一上场又说：'有人买，有人卖，我在当中帮点忙，能怨我吗？这是刘麻子的一种宣言，他确实相信这是真理，否则他活不下去。老舍写的人物，不论是正面人物，中间人物，反面人物，都是有血有肉的活人，都觉得自己是合理的，有充分根据的。演员要演好这些人物，就必须把他们当作活人去研究，去体验。"

接下来，英若诚还从"现实主义的力量"的角度，把戏剧人物放在特定的制度环境和时代背景里面加以体会和理解：

"演松二爷的黄宗洛同志说，他演的这个人物是个到死也没有明白的人物。其实《茶馆》里的人物，王掌柜到死明白了吗？没有！只是觉得自己倒了一辈子的霉。常四爷明白了吗？也没有。刘麻子被大令当成逃兵砍了头，他也糊里糊涂根本不明白。我觉得这正是老舍创作中的高明的现实

英若诚
在《茶馆》中饰小刘麻子（中）

主义的地方。这样写的结果不是降低了思想性，恰好是真实地反映了时代。如果观众看了戏，觉得整个戏就是刘麻子太坏，只要把刘麻子砍了，所有的悲剧都解决了，那恐怕戏就失败了。产生悲剧，并不是因为有了一两个坏人，也不是因为某一个英雄还不觉悟。问题在于那个社会制度，那个时代，而这正是《茶馆》的现实主义的力量。作为演员，通过与观众的交流，我们特别感到这个力量是多么巨大。我们有时总是迷信自己，总怕观众没明白，老想向观众说明：这个是坏人，那个是好人，实在多余。

"《茶馆》在 1979 年的演出，从观众到演员，对这个戏的感受比过去更深刻了。比方说第三幕结束时，三个老头撒过纸钱后，两个老头走了，就剩下王掌柜一个人。一个老头，站在台上，没有一句台词，这样处理在话剧中是少见的。我们其他演员都在幕边上等着谢幕，真是大气都不敢出。那么大的剧场，一千多的观众，鸦雀无声，一动也不动，真是了不得的事，这不是常见的现象。这不能不说是现实主义的力量。"

六、饰演威利·洛曼

1982 年 8 月，英若诚应邀赴美国堪萨斯城的密苏里大学戏剧系讲授表演课，他在此期间和美国著名戏剧家阿瑟·米勒商定将《推销员之死》译成中文由北京人艺演出，由阿瑟·米勒亲自担任导演。阿瑟·米勒提出的条件是，由英若诚负责剧本翻译，并且扮演男主角威利·洛曼。关于阿瑟·米勒和自己的这次历史性合作，英若诚在《水流云在》中回忆说：

"1983 年年初阿瑟到北京时，我刚译完本子。

"跟他一起工作十分愉快，原因之一是他具有丰富的幽默感。我们俩在一起，没有什么难题是幽默解决不了的。有一次排戏，我对威利的婚外情、对妻子不忠这一事实有些拘谨。

"阿瑟追问我：'说实话，你自己对这事怎么看？你认为这是犯罪吗？中国从来不出这种事儿吗？'

"'当然中国人也有这种事儿，'我笑着说，'但我们不在舞台上表演。'

"'那是虚伪。'他说。

"一句话，让我从条条框框中解放出来。"

英若诚还专门写过一篇《谈威利·洛曼舞台形象的塑造》，其第一部分的标题是"正确理解剧本是演员创造舞台的前提"：

"在我翻译剧本的过程中，通过反复的咀嚼，我感到这部戏是有着一个强有力的主题的。我在演威利·洛曼，也极力去体现这个主题。当然，如果把这个主题理解得很简单，很浅薄，用公式化、概念化的方法去分析，那自然也会完全地败坏了这出名剧的完整而丰富的内容、鲜明而独特的风格，并且势必直线地去完成'主题'：一个小人物为资本主义社会所压迫，走投无路，最后被迫害致死。但事情绝不是这么简单。

"这就给演员提出了一个巨大的课题：既不能去掩盖威利的缺点，也应该想一想他身上有没有可爱之处。米勒说，威利·洛曼尽管有很多毛病，但如果世界上没有了这样的人，我们大家都会觉得寂寞。我很同意他这句话。他还有一句话对我很有启发。他说，这个戏里的其他所有人物，包括那个开除了他的资本家，有一个共同点，就是他们都爱威利·洛曼，尽管角度不同、原因不同、深浅不同。比如他的邻居查理……他之所以热衷于帮助威利洛曼，心甘情愿每周借给威利 50 元钱而不顾威利也许根本无力偿还，甚至明知他体衰力竭却还主动要给他提供一个职位，完全是由于威利·洛曼的生活热情对他有一种磁石般的吸引力。查理有好几次对威利说：'你什么时候才能长大？'其实，这句看来不甚重要的台词画龙点睛地刻画出了威利·洛曼的赤子之心。"

通过上述分析体验，英若诚成功把握到了《推销员之死》更深层次的人性化主题："它描写了一个品质上颇有可爱之处，但对自己生存的环境却缺乏必要的认识的悲剧人物的命运，在揭露社会对他的不公正的待遇的

英若诚
在《推销员之死》中饰威利·洛曼（左）

同时，表现了他自身对自己的命运所应承担的责任。这出戏的思想深度、启人心智的力量超过一般西方揭露性作品的原因，恰恰是在这里。"

在第二部分的标题"创造舞台形象，重要的是刻画性格，追求神似"之下，英若诚写道：

"什么叫神似？我觉得首要的一条就是对那个人物和那个社会的价值观的理解。作为一个演员，你要做的工作就是去取得你所扮演的那个人物的价值观。这就得研究，有的甚至要靠神经末梢去感觉。他被公司开除，个人的一切都完了，要是换一个人，也许早就颓唐之至，再也打不起精神了。可他不。他依然真诚而热烈地编织着新的幻想。因为他对社会、对生活的见解，对他自己的价值观念，是坚信不疑的。他这种执拗的人生态度，我很理解。十年浩劫中，我也有过形式不同而实质一样的境遇和表现。这就使我在这一点能够和威利·洛曼相通。演员饰演任何角色，总要从自我角色出发，找到那么一点'相通'的东西，把自己的体验倾注到角色中去，使这个角色坚定地相信自身存在的合理性。只有这样，才能在追求神似的道路上迈开步子。"

英若诚认为，在找准"自我角色"之后，"还要涉及一个寻找人物行动的内心根据的问题，也是塑造人物性格的一大要素"。他为此举出的例子是父子吵架那场戏：

"儿子比夫说：'好了，一切都解决了，我要走了。你们以后也不要打听我，这样你们就可以过安生日子了。'这段话就是反话，无异于宣布与家庭决裂。奇怪的是，威利对这些话的反应，却是对他老婆说：'他根本就用不着提那杆钢笔的事嘛！'没头没脑，答非所问。如果把它理解成威利·洛曼对儿子决绝的态度无动于衷，那显然是不对的。此时此刻，威利想说的话是：'你不能走！我不能没有你！'可他又不能说。一种奇怪的自尊妨碍了他，所以他说出那么一句没头没脑的话。但当他骂了比夫之后，还是冒出了一句：'你是要把刀子扎在我心口上！'这，才是他发自心底的呼喊。正是有这样一条内在的情感线，到最后比夫抱着他恸哭，他才会猛

英若诚
在《雷雨》中饰鲁贵（左）

醒，恍然大悟：噢，原来儿子对自己的感情是这样的，他是爱我的！那好，那我去死！高高兴兴地去死！这些心理动作都不是拿过剧本一看就能想透的，而是需要钻研，需要把一切貌似游离的现象熔铸成一个统一的性格。"

　　关于《推销员之死》在自己的演剧生涯中的地位，英若诚在《水流云在》中介绍说："朱琳1983年在《推销员之死》中扮演的是我演的角色威利·洛曼的妻子林达。我们和阿瑟·米勒的合作无疑是我们职业生涯的高峰。对我们每个人来说，这也是我们戏剧生涯中最辉煌的时刻。"

　　以上摘自英若诚：《舞台——演员植报的大地》《性格化的基础——生活》《谈威利·洛曼舞台形象的塑造》，见柯文辉编《英若诚》，北京出版社，1992年；英若诚：《水流云在——英若诚自传》，中信出版社，2009年。

　　此文由中国艺术研究院张耀杰编选、整理。

董行佶

"戏是演给观众看的"

董行佶（1929年4月8日—1983年6月21日），北京人，北京人民艺术剧院演员，朗诵家，中国戏剧家协会会员，曾任北京市戏剧家协会理事，北京人民艺术剧院艺术委员会委员。

　　17岁于天津初次登台，在《清宫外史》中饰演寇连才，脱颖而出。1953年，在老舍的《春华秋实》中，饰演老奸巨猾的资本家钱掌柜。1954年，在北京人艺首排的《雷雨》中饰演周冲，被赞为"郁闷夏日中的一场春梦"。那两年，《春华秋实》和《雷雨》交替上演，董行佶饰演的两个角色，一老一少，互不干扰、各臻其妙，被誉为是"摇身一变变出来的"。1956年，董行佶饰演《日出》中的胡四，由于演得太过逼真，被称为"史上最美胡四"。1957年，饰演《北京人》中的老太爷曾皓，其变着法儿阻拦外甥女愫方的婚姻以满足朝夕侍候自己的私欲，被董行佶演绎得入木三分。1959年，董行佶在《蔡文姬》中饰演曹丕，经他精彩演绎，竟使配角曹丕成为扭转董祀冤案的关键"戏胆"。1959年，在莫里哀名剧《悭吝人》中饰演主角阿巴公，活化了这个悭吝至极的经典人物。1961年，在《胆剑篇》中饰演伯嚭，剧中的他摇唇鼓舌，使勾践频历险境而能不死。1979年，董行佶在《王昭君》中饰演野心弑主的温敦。

　　1983年，董行佶主演电影《廖仲恺》，获得1984年度"中国电影金鸡奖"最佳男主角。

一、不同性格人物的表演探索

我在剧院演大主角的机会可说不多，但经验告诉我，在一个作家着墨不多，甚至不被人重视的"小角色"中，有着演员创造的广阔天地。解放后，我的创作征程正是从这里开始的。

我到北京人艺的第一个戏，是演老舍先生的《春华秋实》。在这个戏中，我扮演钱掌柜，这是一个老资本家，戏不多，共出场两次。我从追求他是个什么"样"入手，研究他的行、动、坐、卧和怎么说话，怎么咳嗽……我还深入到生活中，观察、分析各式各样的资本家。在排练时，我对着镜子把眼皮粘起来，穿上长袍，努力不懈地寻找人物的外在特征。其结果，"样子"还很不错，得到了不少同志的肯定。

通过这个角色的创作，我开了窍，我懂得了独特而鲜明的形象是必要的，但是，正确地理解人物，是创作的核心；只有有了对人物的深刻理解，才有可能创造出鲜明的人物形象；而这种理解，又应摆在特定的历史条件和具体的规定情境下，也就是放在主题的要求下面，进行具体分析。只有这样，才能明确这一人物应该从哪个方面为主题服务。否则，丢掉了本质的东西，必然掉进表演形象的泥淖。

钱掌柜是一很次要的角色，但对我来讲收获是大的。所以，我把这次创造过程，称之为一次"成功"的失败。

温敦的性格是多方面而复杂的。

我还要提那个极为重要的"自我感觉"，它不来"附体"，我在台上简直手足无措，一定要找到它。有这样一场戏，温敦袭击边境的阴谋败露后，呼韩邪提审犯人，有意留温敦在侧，他异常忐忑而紧张，生怕自己这个主犯被暴露，表面却故作镇静，思考着如何扭转这个局面。审理过程他一语不发，当呼韩邪问他父亲，按龙庭大法对犯人应该如何处理，他突然在一旁插话："应该杀头，是吧爹爹？"（要杀掉的正是他的心腹的两个儿子。）他就是用这样险恶的手段把自己的罪行掩盖过去了。

还有一场戏，汉元帝诏王昭君便殿陛见，呼韩邪被她的美丽和聪慧惊呆了，一曲《长相知》，被元帝誉为天上的音乐。一番"长不断"的道理，使呼韩邪忍不住地点头称好。于是"单于和亲，千秋万岁"的喊声不绝，全朝上下顿时欢呼起来。这也是一段不短的戏，温敦则默不作声，但他紧缩着心，看着事态的发展，就在这时，他突然笑问道："启奏陛下，温敦万死。但不知我们的新阏氏是天子的哪家公主？"在温敦的提问下，这个平庸的汉家姑娘王昭君，被汉元帝御封为昭君公主，并配紫绶金印，鸾旗凤辇，仪同汉朝王妃。

上面说的那种紧张而不动声色的突然袭击，以及那紧闭的双唇，俊俏的眉眼，等等，使我渐渐地产生了一个形象，而一想到这个形象就能唤发起人物的心理状态、表情、神情和体态，这个形象就是眼镜蛇！眼镜蛇这种动物，当你不了解它的特性时，"咝、咝……"地高举起脖子，轻轻摇动，给你一种威武又洒脱的美感，两只明亮的大眼睛，清澈澈的似可见底。其实，面对对手，那种貌似温顺的神态下面，隐藏着不可告人的祸心，它正在观察着，判断着，等待着，一旦时机到来，则将以迅雷不及掩耳之势扑将过去，给你致命的一咬，随后，乖巧地溜走了！当你了解它的特性时，这种美丽的体态会使你毛骨悚然。

当我获得了这个形象的感觉后，真可说是如鱼得水一般，戏好像怎么演怎么是。掌握住角色的任务和行动线，准确的人物关系，等等，无疑是很重要的，但没有这个"自我感觉"做支柱，就看不出是什么样的特定人物在行动着。当然，行为的本身说明了人物的性格，但是缺少这个"自我感觉"，形象就没有特色和光泽，或者说黯淡而不闪烁。

　　我有过这样的经验，对演员来说，一时的迷惑不解，会成为一个最迷人的创造过程的开始。一时的迷惑不解，也常常是诱发你探索一个人物形象的最强有力的动力。

　　一天晚上，就寝前，我想再研究一下戏，手头只有原剧本（指《蔡文姬》，编者注），我认真地读着，读着，突然我发现了一个情况：四幕一场里，周近主观片面地推论出董祀不但和左贤王关系不一般外，一路上又和蔡文姬关系暧昧不清。曹操轻信后怒令董祀自裁。在周近退场后，曹丕请示父亲说："文姬夫人何时召见？""文姬夫人何时召见？"这句台词，我发现原剧本是周近说的，而焦先生把它改由曹丕来提问。焦先生为什么要这样改呢？此时我豁然开朗！这一改动使曹丕人物的整个面貌改变了，它不再是我最初看戏的印象——这座宫殿里仅作为陪衬的一件装饰品，而是整个结构中不可缺少的接合榫。没有了它，这座宫殿就有倾斜的危险。难怪焦先生说他是全剧的"戏胆"呢！

　　为什么说一句台词的改动，就改变了这个人物在全剧中的位置呢？因为这句台词改由曹丕说，就赋予了这个人物在这一冲突中的主动性，他不但积极地参与了冲突，而且顺理成章地成为曹操转化的重要因素。曹操作为一个在政治上很有作为的人物，体现在他由于偏听而轻率地做了错误的决定，而后，又由于纳谏达到了兼听，并改正了自己的错误的这种雄才大略。这个转变过程，曹丕是它的催化剂，是剧本体现曹操思想的关键人物。

二、寻求人物的自我感觉

　　演员创造角色，要做许多理性分析工作，但最重要的是通过各种途径，找到可以行动起来，可以感觉到的那种人物的感情活动和精神状态，没有这些感觉我怎么也无法生活在特定的规定情境中，我想着重谈谈这方面的

董行佶

在《蔡文姬》中饰曹丕

体会。

　　我怎样缩短我与周冲之间的距离？我又是如何获得周冲的感觉的呢？回忆起来，经历了十分复杂而又艰苦的劳动过程，还要加上一句，它是迷人的劳动过程。关于周冲，作者写道："……他有许多憧憬，对社会、对家庭，以至于对爱情。……一重一重的幻念蚕似的缚住了他。……有着一切青春发动期的青年对现实那样的隔离。……一种幻灭的悲哀袭击他的心。……他爱的只是'爱'，一个抽象的观念，还是个飘渺的梦。……理想如一串一串的肥皂泡荡漾在他的眼前，一根现实的铁针，便轻轻地逐个点破。……周冲是这烦躁多事的夏天里的一个春梦。"作者对周冲做了非常生动而又深刻的理解。以此为依据，按说周冲在全剧的每一个行为，每场戏的行动，每个冲突的思想过程，都是可以顺理成章地贯穿下来，可以行动起来了。可是我怎么也不行，因为我没有从我身上唤起周冲特有的那种感觉。

　　这时，导演引导我们了解当时的政治、文化思潮，要我们把人物放进具体的时代和社会背景中去理解、去认识。为了获得直接的生活感受，我们走访了当时还保持着封建家庭关系的一户人家，他们人口众多，其人物思想及精神境界与《雷雨》中揭示的虽不尽相同，但对于封建家庭的人物关系以及生活方式，使我获得了一定的感性认识。周冲生活的时代早已成为过去，可是，不设法回到那个时代的生活中去，就无法理解人物，也无法展开想象。为此，我们又读了很多书，这个间接生活来源非常重要，也很丰富。记得我读了"五四"运动史，读了丁玲、胡也频、柔石……许多那个时期的作家的作品，收获很大。在我的手记中，曾记下了许多感受。一次，我在《胡也频选集》中读到大致这样一段话：在当时的社会，不少年轻人是苦闷的，寻找不出自己的出路。他们没有能力选择那些最流行的"主义"或者思想，于是乎，他们就热衷于这种或那种信仰，使得他们见不到现实的真面目。这即是当时青年的共性——当然也是周冲的特点。这对当时年轻人那种现实的隔离感作了最好的注解，我对人物有了进一步的

董行佶

在《雷雨》中饰周冲（右）

理解。我的手记中又写道："周冲不是什么'主义'的信徒，更不会是什么思想的信仰者，可是他在学校的课本里和社会的接触当中，在小说里，和同学们嬉笑的游戏中，他或多或少地，围绕这种或那种思想成长起来。他认为他爹爹对不起蘩漪；他认为自己也是被父亲所压迫的；他敢做敢当；他想和四凤坐着小船，走到一个不可知的世界里；他认为人应当同情人帮助人；他觉得现在的世界是不平等的，他想给人类以幸福；他憎恨强权的人，他要没有争执的生活，没有不平等的生活……这些不完整的、星星点点的，连他自己都不清楚的思想和道理，不正是这种或那种'主义'的雏形吗？当然，这正说明他的天真无邪。但是，现实的'铁针'挑破了他理想的皂泡，幻想破灭，生命自然也就成了空影。他开始迷惑，他甚至觉得和四凤的爱是胡闹，……很多很多，他得不到解释：'不是这样呵，不是我所想的那样呵！……'他陷入深渊，看不到光明，找不到归途。就这样，失望、痛苦、渺茫地追了出去，死去了。"我是多么爱着这个可怜的春梦的主人。此时，我觉得对周冲的理解加深了，我所寻求的那种感觉，似乎也更加清晰了。

这时，导演要求我们讲故事，这一段工作很有收获。我在创作手记上写道："看了很多材料，重新认识剧本，他唤起了我干瘪的而人物又最需要的那种乌托邦的幻想。纯洁的灵魂把我带到一个不可知的像彩虹一样美丽的境界里去。……对于生活的热爱，对一切的无止境的想象……"这些文字，记录了作为演员——创作者的我在当时的感情活动。我继续写道："我看了一本书，是匈牙利作家写的《春天里的秋天》，它带给我了很多烦恼，我流了泪。我并不为生活的悲惨使得这一对天真的孩子的分离而哭泣，我痛心的是那美丽的幻梦，在两颗幼小的心灵里无情地消逝、破灭而悲伤。孩提时，是最无辜、最纯洁的，他们有正在开发的智慧，充满希望的春天，为这而生，为这而活！他们把一切视线所及的生活加以编织，同时用澎湃的热情滋润着心里的花朵，让他们盛开、怒放，长青在没有秋天的春天。他们愉快地、他们难过地、他们微笑地、他们流泪地沐浴在理想的天堂里。不管怎么样，他们心底深处是欢乐，因为他们有一颗敏感的心，一颗富于怜悯的、充满了幻想的心。"这本书给了我很大启发，我好像忽然非常理解了周冲，不是用我的头脑，而是用我的心感觉到他。"他爱生活，感情奔放得像一股怒潮，激动着我的心。这颗心懂得爱人，同情人，帮助人。他把自己这颗心，代替了现实。认为一切都是善良的，美丽而又纯洁的。他爱四凤，并非出于情欲上的要求，更不是情感上的点缀，而是他心里的爱。于是他向她表示了，他和她——周冲和四凤，来共同完成他心里的爱而爱……这些，唤起了青年人所特有的一种感情。这种感情对于我来说似曾有过，即或是微乎其微，但我毕竟也是从青年时代过来的，我是有过的。这种感觉还不能说得很清楚，它很新鲜，它使我眼睛发亮，心脏有一点儿发烫，打心里那么高兴……一切都那么顺畅、发光……不，不不，这些都不能表达出我的全部心情……"我一直在寻求的那种人物的自我感觉，到这时，我才获得了。也只有到这时，我才开始相信我是周冲，而不是别的什么年轻的孩子。

这些，是经过阅读材料、反复排练和我的不断分析、导演的启发以及在规定情境中与对手交流的过程中逐渐形成的。此时，我产生了些很奇怪的，只有演员才有的习惯。比如，每次上场前，我总要在后台跑一跑，穿着那双球鞋……让额头有点湿漉漉的，以便获得一个健壮的生理状态。我还要借助一些外在东西，当时，有位同志，有个夹眼毛的夹子，我借来每天都在化妆镜前夹夹眼毛，这些细小的变化观众根本看不见，但这一夹，周冲那种憧憬的、期待的、探索的、明澈的、呆痴的眼神，好像油然而生。每天开幕后，我还要站在侧光下，把它当作阳光，想想那些周冲美丽的幻想编织的春梦，尽量诱发起"那感情的激荡"。不做这些"发神经"的事，好像无法上场。

啰嗦了半天，想说明"自我感觉，这是心理和形体相一致的统一体"这个道理的重要性。我认为，没有这个"自我感觉"，把人物用逻辑思维分析得再透彻，也不能算是真正地理解了人物，不去追求并获得这个自我感觉，就体现不出人物独特的精神状态。没有这个自我感觉，对我来说，就不能相信我是周冲。

那是不是说，这个自我感觉就是创造人物的全部呢？当然不是，但无论周冲和每一个人物的关系，还是他的每一场行动、思想，等等，都必须在这个"自我感觉"的基础上进行。

在扮演周冲的创作过程中，我尝尽了创作的甘苦，也明白了一些道理，那就是：必须认识人物的本质，还要感觉到人物的呼吸和脉搏，然后，在主题的指导和制约下，进行大胆的创作。这些，正是我多年的创作追求。

三、戏是演给观众看的

作为演员，我有一个最基本、最强烈的信念：演戏是为了给观众看的。这话好像说不说一个样，不会有人反对。但表演的时候，有许多同志偏偏忘记或忽略了这个问题。我认为这不是个可有可无的概念，它涉及对表演实质的认识与一系列表现方法问题。

有许多人常常这样强调：演员在舞台上要真实地生活，达到"忘我"的境界，这时作为矛盾冲突的双方仅仅为对手而存在。那么我不禁要问，对手双方的存在又是为了什么呢？最终还不是为了观众？没有了观众我们在台上的存在又有什么意义？舞台上所反映的一切毕竟不是生活，而是"戏"，是演来给观众看的。不加分析地过分强调"在舞台上真实地生活"，是很容易把人引向极端的，从而忽略了舞台表演的特质，不讲究它所独具的科学性与技术性，不注重外在体现和表演技巧。我认为演员的存在就是为着观众，我们在舞台上一切行为都要彻底展现在观众面前，演员要清醒地意识到是在向观众表演，这是基本前提。

既然戏是演给观众看的，演员就要表演得非常清楚，让观众看明白。老舍先生曾经说过，戏剧语言要像鞭炮那样一点就响。这句话说出了舞台

董行佶

在《王昭君》中饰温敦（右二）

艺术的一个规律：要使观众在感官接触到舞台上一切活动的同时，就能够立刻接受下来，收到明确的艺术效果。在舞台上要把人物内心世界全部让观众看到，包括最细微的感觉。电影可以把人物的每一个眼神变化都表现出来。我认为话剧也能够把一切内心活动都表现出来，就像电影"特写"镜头所表现的人物最细致的感情变化那样。我是很注重这种表现的。如在《王昭君》中有这样一段戏，温敦父亲乌禅幕要他把象征统帅全军的宝刀交还单于。我在扮演温敦时，分析他此时此刻是非常不甘心交权的，温敦单膝跪下，双手举刀，当单于真的把刀拿走的一刹那，我设计了一个右手迅速伸出一下，似乎要把刀再抓回来的动作，用以表现温敦这时的心理状态。在排练中我注意到扮演单于的演员接过刀后转身递给侍卫，而这时观众注意力的焦点仍在我身上，这就有机会让我把温敦内心的这个感觉在不到一秒钟里传递给观众。温敦这一强烈的内心活动所造成的下意识动作，不能让他的父亲和单于感觉到，然而却应该让在场的观众全都能看到。像这样的机会我是绝不放过的。也许开始时动作有些夸张，只要找到正确的感觉，可以慢慢调整动作的幅度。

其次，不仅要把人物内心情感表现出来，而且要表现的是"这一个"特定环境中特定人物的情感。要使它不同一般，要抓住观众，就必须找到最能够体现这个人物的准确动作。只有追求人物动作的准确性，才可能使人物更清楚、更鲜明地展现在观众面前。有这样的情况，一个演员演了半天戏，观众还是茫茫然，不明白这到底是个什么人；有的演员演了几个角色，回过头来一看都似曾相识，人物都是淡淡的、模棱两可的。我在演戏时喜欢说塑造人物要具体、具体、再具体，肯定、肯定、再肯定。从上面那个小例子我想说明几层意思：一、演员体验到的情感必须表现出来；二、要以这一个人物的最准确、鲜明的方式来表现；三、要紧紧抓住最恰当的时机传递给观众。我力求在舞台上不乱动，只要动就给观众一个明确的印象，用一句通俗的话讲就是"我不白演戏"。在舞台上甚至一个眼神我都要斟酌再三，如果这时应该让观众看到一双闪闪发光的眼睛，那我一定要找到一个角度，充分运用灯光使眼睛达到最亮的程度。不可否认，这一切都离不开内心体验，如果没有人物内心活动，是做不出来的。然而，我又是花了那么多心思去考虑这些形态，使之准确表现内心体验的。总之，体验绝不是目的，而是为了把这种情感传达给观众，以求引起共鸣。应该说，演员是为了体现才去体验的。因此，体验越深应该表现得越准确，使观众看得越清楚。

舞台动作准确、鲜明了，还不够，还应该进而追求这些动作的造型美。演戏不能满足于把纯自然动作搬上舞台，应该追求艺术化的动作。五十年代有位突尼斯话剧艺术家来我们剧院表演，他采用各种形态表现的"笑"，感染得在座三百多剧院演、职员和他一起长时间大笑；他还在台上两腿原地不断迈动着，你却可以清楚地感觉到他时而在狂风中走，时而又在暴雨中、大雪中走。生活中每天有千千万万的人从身边走过，能有多少人使你留下印象？而这位艺术家的"走"却深深刻在你心里。这就是因为这位表演艺术家把从生活中观察到的自然形态的东西，运用技巧、经过提炼，变成了富有艺术造型美的形体动作，从而产生了魅力。

在这方面我们还应该好好向戏曲演员学习，许多戏曲艺术家很讲究形式美，裘盛戎在《姚期》中就有一段非常精彩的表演。当有人报告他的儿子用太湖石把国丈压死时，他一霎时全然没有反应。接着他上身轻轻一晃，仿佛要从马上栽倒下来，把马缰绳一勒，才又坐稳，然后慢慢从嘴里沉闷地吐出"回府"二字。妙处就在这一晃、一勒的动作上。以前演姚期的演员，到这里只是按锣鼓点做个把腿一抬的程式就完了，而裘盛戎为了展示姚期震惊的心情，设计了这样一些动作，使你不能不为演员把心理状态与形体感觉结合得如此之好、动作设计得如此之美而叫绝。还有一出京剧《李七长亭》，李七是个江洋大盗，他出场后始终用背部朝向观众，用手在蓬乱的头发里急速地搔虱子，三通锣鼓之后才转身亮给观众一张扭曲着的丑陋面孔，一下子就给人留下了非常强烈的印象。角色的形象和灵魂都是丑陋的，然而这一套舞蹈动作却是非常美的。焦菊隐导演《蔡文姬》时，就很注重演出形式各方面的艺术美，整个演出给人以精神享受。我觉得重视这种美、强调这种美是很重要的。我在扮演一个角色时，研究每个形态，总希望找到最能体现人物感情、又自认为很好看的动作。我经常把自己的戏像放电影一样推到自己眼前来"演"，从观众的角度对自己的表演加以客观冷静的检验：我演清楚了没有？这样改变一下是不是更好？这个幅度、这个角度是不是更美？……我觉得，这也是一个小小的从必然王国到自由王国的过程。

　　我是主张在表演上要把你想告诉观众的一览无余地表现出来的，但这和给观众留有回味余地并不矛盾。含蓄绝不是含混，含蓄是要观众从演员表演中获得进一步感受和想象。如果你连该表现出来的那几分都没演清楚，又让观众从哪里去获得进一步的联想呢？我演《日出》中的胡四时，穿着西装，我设计了一个坐下时顺手在身后向下一抹的动作，这就使观众想象到这个人经常是穿中式长衫的，所以习惯于坐下时照顾后襟一下。如果这一个动作没做清楚，就不可能引出一番联想。《骆驼祥子》中于是之扮演的老马是这样出场的：一阵大风吹开了房门，在屋里人的一片"快关门"的叫喊声中，进来了一个衣衫褴褛的老人，像吹进一堆破布，脸上满是一层灰，像庙里多年失修的泥胎。他用沙哑、苍老的声音问："掌柜的在吗？"老马所展现的音、容、形态引起了观众无数联想。如果不是这样强调了他的一切形之于外的东西，绝不会有这样强的效果。任何一种内容总是以某种形式表现出来的，任何演员体验再深，不表现出来等于零，还是那句话：不要忘记戏是演给观众看的。

四、自我感觉：心理与形体的统一体

　　解放前，我见过一些胡四式的人物，也看过不少人演胡四。1957 年在排演《日出》时，我想，应该用今天的观点重新认识。过去看了些演出，尽管各异，但有一个通病，就是看不出他是个典型环境中的典型"人"、一个叫人可信的人，他仅仅是个舞台上的样子，过分地强调了他女性化的病态，得到一些观众的笑声而已。

从剧本看，作家赋予这个人物的特色已经很丰富了，关键是作为演员怎样进行二度创作，以便给作家笔下人物以血肉，创造出"这一个"来。曹禺同志在《日出》的跋里写道："……这些人物，没有什么宾主关系，只有萍水相逢凑在一起，他们互为宾主，交相陪衬，而共同烘托出一个主要的角色——这'损不足以奉有余'的社会。"这就是作家所写的主题。胡四，正是这样一个大鱼吃小鱼、尔虞我诈的半殖民地社会里的畸形儿，一个怪胎。作者在人物介绍中写道："苍白的脸，整齐的牙齿，嘴边有极细的小胡子，偶然笑起来那么诱惑、妩媚，一对黯然消魂的眼睛，看你又不看你，瞟你一眼又似乎怕人看见……""话不多，但偶然冒出一句，吓得举座失色……在这美丽的面容下，藏着许多丑陋的粗俗的思想和感情，从容不迫的神态，不惊愕，不客气，是那样的神秘。"这已经活画出了胡四。这些很吸引演员，并且可以演起来了。

可在我脑中经常盘旋着这样一些问题：胡四，他为什么是这个样子呢？我要找到他的心理依据，还是那句话，要找到那种自我感觉——心理与形体的统一体，要找到他的这些表现形式的内容。我再次回到了剧本。在剧本中，作者又写了这样一些舞台指示，如"慢腾腾地、不动感情地、满不在乎的表情、不知不觉地、无精打采地、稳稳当当地……"又写他："忽然对小东西说话"、"忽然看见张乔治"、"忽然冒出了一句……"这个"忽然"也很多。可见他前言不搭后语，如："她呢？老妖精呢？你饿吗？"……这种断断续续的言语，其内在联系到底是什么？他为什么要这样？那是一种什么样的心理状态？他是什么动机呢？假如这些东西我不去弄清楚，充其量也只能演一个离开主题、离开规定情境、离开人物关系的一个漂浮不定的形象。经过仔细探索之后，我产生了如下的理解：这些

董行佶

在《日出》中饰胡四（左）

忽然的、不在意的、无精打采的、看来是很消极的东西中，都有着他积极的目的——他是用这种方法来引起在座人的注意，让人感到"嗬，这人特别哎！"当他漫不经心地、慢腾腾地做着这一切的同时，却伸出自己的触觉，去感受周围人们的反应，检验着它的效果……"对，他看了我一眼，对，对……她也瞟了我一眼，我就要你这个……"它不是一种单纯的姿态和卖弄，而是为达到引人注目的目的，借以显示自己的风采，因为他要让人们公认他是天下第一美男子，他要在这个码头上吃得开。

胡四的灵魂是极粗俗而肮脏的，脑子里每时每刻充塞着见不得人的勾当——怎么搞点儿钱哪？怎么讨顾八奶奶喜欢？……粗俗的灵魂，声色之好过多，外加吸毒，体质很不好，这使得他的精力对每个事物的思维不可能维持很长，这是他的一种空虚的感觉，这是胡四独特的精神状态，抓到了这一点，我认为是人物深化了一步，他的"忽然这样""忽然那样"就有了内容了。举个小例子，第四幕胡四见到李石清，兴致极浓而又神秘地："石清你过来，告诉你一件事儿。"李石清走来认真地倾听。胡四低声说："今天我看见你媳妇了，她长得真不错！"随之妖媚地笑个不停，李石清被这突然的戏弄正搞得不知所措时，胡四得意地下场了。在这举步的一霎间，胡四脸上的笑容突然消失，随之而来的疲倦的目光、懒散的体态，嘴里哼着下流的小调下场了。我在创作手记上曾写过这么几个字："顾八奶奶是充实的充实；胡四是充实的空虚。"这纯系演员的语言，只有我懂得它。顾八奶奶，她是"充实的充实"。因为她很有钱，是一个富翁的遗孀，有钱，在当时社会是一个最大的充实。她肥胖的身体跟胡四们玩儿呵、吃呵、穿呵……张牙舞爪，充实极了。而胡四呢？他是一种"充实的空虚"，看来他很愉快，但他没有钱，他必须依附在一个人身上，他不依附在顾八奶奶身上就得依附在赵六奶奶身上。他的灵魂、他的品质决定了他具有一种特殊的精神状态。就这样我逐渐地产生了胡四的自我感觉，我觉得他好似一只开了屏的、懒散的孔雀，它翘着美丽的尾巴，慢慢地、扭捏而又有点妖媚地、轻轻地走过人们的旁边，有些矜持，有一点儿高傲，叫人讨厌的那种臭美……正是这种感觉使我很快地进入人物，帮助我自如地生活在舞台上。

那么，女性化的病态呀、孔雀呀、游离的思想状态呀……是不是胡四的全部呢？不，他还有其他的颜色。在主题的要求下面，他还有比较重要的方面，那就是，他是一个男人。胡四不仅在大旅馆里鬼混，还要在"三等下处"游荡。在那里，他是以一个真正的男人姿态出现的；他不仅是顾八奶奶手里的玩物，他也是一个风月场上的能手，在"三等下处"玩女人，他是一个熟练的嫖客，能与翠喜打情骂俏；他又是地道的流氓，能无耻地欺压小东西，他还可能破口大骂，甚至动手打人。当然，破口大骂也好，打人也罢，都是在他胡四的基调上、在他特有的自我感觉下面产生的，而不会是另一个。黑三打人，可能是突然来个大嘴巴；而胡四则可能忽然掐你一下。胡四的这一方面非常的重要，因为这是对"损不足以奉有余"的主题的揭示有利的。我用了很多细节去刻画他这一面，对每个形体动作、每个小道具的使用都经过细心的设计与选择。比如，小东西把茶水撒在胡四的身上，之后，他勃然大怒。我设计了这样一个动作：把长袍一撩，大腿一翘，脚踩在小煤球炉的边上，等待小东西跪在脚边赔礼，一副流氓的嘴脸表现出来了。

胡四和福升的关系也要刻上一笔，以揭示其丑恶的灵魂。福升在大旅馆里是一个伺候人的"Boy"，而胡四则以高贵的身份出现。但是到了"三等下处"，他跟福升就打情骂俏起来。为恰当地表现这肮脏、丑恶的一面，我选择了这样的表现手段：就是当他说"哎，你们看，小东西……"的时候，拿他的围巾打一下福升的肩；甚至在一刹那间还靠在福升身上，利用这难得的机会与条件，把这丑恶怪胎再狠狠地勾勒一笔。

五、表演要从自己的实际出发

有些主张"体验派"的同志说我的表演是"表现派"，体验派好似正统，表现派则有异端之嫌，这实在有些不公平。我不敢妄称自己是什么派，我只想从自己的实际出发，谈谈想法。我主张研究表演问题，最好从自己的实际出发，而不应该用某种现成的理论的框子，去套自己的实际。只有这样，才能更好地总结自己的经验，学习人家的长处。

注重外部体现是表演方法，也是创作方法。演员要塑造各式各样的人物，应该因人而异开辟多种创作途径。我演《蔡文姬》中的曹丕时，是从分析动作线入手的，紧紧抓住他提醒父亲兼听则明，促使父亲调查研究，改变对董祀的处理这条线，就抓住了曹丕的核心。还有一些戏我是从分析、理解人物的规定情境、时代风貌入手的。如在《三姐妹》中我曾扮演过一个很小的群众角色费拉彭特，一共没有几句话，很容易演得一般化。为了使这个十九世纪的俄国听差形象鲜明，我查阅了大量资料，几乎全部读完了契诃夫短篇小说，看了许多苏联电影和绘画，在众多形象中逐渐勾画出费拉彭特的特殊形象，为这个人物写了自传，使他活起来：拖着双腿，很长的胡子上沾满了面包屑，他寂寞、孤独，就靠着到小酒馆听新闻来安慰自己的心灵……这两种方法都是从内到外的。但并不是所有的角色都必须从这里开始。应该承认从外部入手这样一种途径也是很好的，实用价值很高，在接近人物上很见成效。我拿到剧本后不是光想动作线，而是想这到底是个什么人？把着眼点是放在怎么把戏演出来。在《悭吝人》中我演阿巴公，第一个找到的东西是眼睛，长长眉毛下一双不停闪动的眼睛，总是发出猜疑的光，从这个感觉里我体现出这是个最不相信人的人。我演《工农一家》中的焦二叔，深感光强调这个山区的老贫农对水的渴求这个行动线是演不了戏的。导演在提示中谈道："这个人哪怕说很亲切的话你也感觉是训人"，我就从这里入手，找语言上的特殊性，大嗓门，直着出气。

董行佶

在《悭吝人》中饰阿巴公（左）

首先是这些外部的东西引导我捕捉到了这个人是个硬朗人，行走如风；再穿上大棉窝、勉裆棉裤、老羊皮袄，嘴上含了旱烟袋，我对这个山区老农的感觉非常充分了，戏就怎么演都顺了。再热的天我排戏也要把这一套"行头"穿上，否则心里就好像不充实，手都不知道往哪里放。

我还有这样的体会：如果对于角色的情感体验已经有了几分，而在这时外部技巧能力发挥的本身又刺激了我，几乎在同时我的情感马上更强烈。这就是说外部动作本身可以诱发、丰富内心的感受。所以我认为无论从内到外，还是从外到内，"内"、"外"的关系应该是相辅相成的，而不应当是对立的。

在表演上应该讲真话，我谈的是自己实践中的感受。演员在舞台上感情和理智都应该是最饱满的，感情最真挚，理智最清醒。布莱希特一再强调了这种理性和感情在表演中的辩证统一关系。斯坦尼斯拉夫斯基也在晚年提到演员"既成为别人，又保持自我"。我们对斯氏体系的理解往往并不全面，强调体验、内心为多，好像一谈外部动作就是左道旁门，甚至很多人都回避这个问题，实际上斯坦尼斯拉夫斯基所倡导的新体验派的基本内容就是心理、形体不可分割的有机统一性。我认为斯氏体系中有许多符合艺术规律的好东西，动作学说就是他的重大贡献，这些犹如树木的沃土和根须一样，都是演员绝对离不开的。但树根毕竟不能代替枝叶、繁花，表演原素也不能代替一切技巧、方法，抱住一点而忽略其余往往会把正确变为荒谬，把有用变成有害了。

哪个人、哪个流派都不是神圣不可变的，他们本身都在不断发展。我们每人都可以按照自己的美学观点去吸取感兴趣的东西、对自己有用的东西。我年轻时的表演老师就是京剧、相声、美国电影等，觉得哪里好就去模仿、学习，慢慢化成自己的东西。艺术要采百家之长，各人在表演创作上都有自己的习惯，都必然有某种倾向，可以坚持自己的主张，但不要排斥他人，应该允许和鼓励各种尝试。异途同归，各种创作方法最终目的，都是塑造出活生生的人，在泥土和根须上面长出繁枝茂叶，开出绚丽的花朵。

以上摘自董行佶《戏，是演给观众看的》，《人民戏剧》1980 年第 10 期；董行佶《一只开了屏的孔雀——〈日出〉中的胡四》，见刘章春主编《〈日出〉的舞台艺术》，中国戏剧出版社，2011 年；董行佶《一场春梦——〈雷雨〉中的周冲》，见刘章春主编《〈雷雨〉的舞台艺术》，中国戏剧出版社，2007 年；董行佶《诱人的难题——创造曹丕追忆》，见刘章春主编《〈蔡文姬〉的舞台艺术》，中国戏剧出版社，2007 年；董行佶《不同性格人物的表演探索》，见《攻坚集》，中国戏剧出版社，1982 年。

此文由中国艺术研究院毛夫国、丁明拥选编、整理。

朱　旭

"给自己多准备些'武器'"

朱旭（1930 年 2 月 12 日—2018 年 9 月 15 日），生于辽宁省沈阳市，毕业于华北大学第三部戏剧系。北京人民艺术剧院演员。

　　在几十年的舞台实践中，朱旭塑造了众多不同个性的人物形象，如《非这样生活不可》中的休特尔，《明朗的天》中的孙荣，《武则天》中的唐高宗，《悭吝人》中的雅克，《女店员》中的卫默香，《蔡文姬》中的左贤王，《骆驼祥子》中的二强子，《左邻右舍》中的李振民，《咸亨酒店》中的阿 Q，《屠夫》中的卡尔·伯克勒，《哗变》中的魁格，《芭巴拉少校》中的安得谢夫，《北街南院》中的老杨头，《家》中的高老太爷等。参演电影二十余部，如《变脸》《心香》《洗澡》等；参演过电视剧近二十部，如《大地之子》《末代皇帝》《酒友》等。

　　在朱旭五十多年的演艺生涯中，留下了很多在观众心中有深刻印象的艺术形象，也因此荣获了不少艺术奖项。1984 年，朱旭凭借《红白喜事》获得了中国文化部颁发的配演一等奖；1991 年，获得第二届"中国话剧金狮奖"演员金狮奖；2004 年获得第五届"中国话剧金狮奖"荣誉金狮奖。朱旭在影视剧表演上同样斩获大量奖项，如 1992 年凭借《阙里人家》荣获华表奖最佳男演员奖；1996 年在第九届东京国际电影节凭借《洗澡》获得最佳男演员奖；2011 年获得第二十八届"中国电影金鸡奖"最佳男主角奖等。

一、柳暗花明的演艺之梦

　　1930 年朱旭出生在沈阳的一个旧官吏的家庭里，从小就酷爱京剧的他，热衷于模仿京剧武行中的一招一式，尤其对孙悟空的形象有深刻印象，抡起竹棍当金箍棒使。在上小学一年级时，机缘巧合地排演了一个小歌剧，名叫《麻雀和小孩》，这段儿时的演出是他人生中的第一次登台表演。随着年龄的增长，朱旭对舞台艺术的热爱有增无减，可他遇到了"艺术之路"上的第一个阻力——他的父亲。朱旭的父亲对于儿子热衷于戏剧持坚定的反对态度，在那个年代很多人的传统观念中，戏剧就等同于"不务正业"。年轻的朱旭因此也萌生了离开父亲离开家的念头，去远方实现自己的艺术梦想。

　　不出几年，随着他和哥哥一起在北平上中学，他便实现了自己离开家的愿望。来到北平的他终于找到了属于自己的艺术圣地，北平作为京剧的大本营，再加上其文化中心的地位，戏曲艺术有着极大的发展空间，戏曲自然也就是当时的"流行歌曲"。朱旭虽然只是个初中生，但他对戏曲艺术的痴迷已经让他成为一个彻头彻尾的"老戏迷"了。他住在西城，离京剧戏园子聚集地前门大街有一段路程，为了省钱，他经常饭也不吃，步行走到前门，只为了看一眼名角的演出。当时的朱旭并没有想到将来会做演员，真做了演员之后，他才感觉到这段生活阅历的宝贵之处：民族文化、民族艺术给了他许多的营养，也可以说中国的民族艺术哺育了他，对于他分辨文化艺术的粗细、文野、高低都有着极大的帮助。在表演艺术上，他对北京人艺后来形成的表演学派也易于领悟，并为它的形成贡献了一份微薄的力量。

1949 年初，北平和平解放，由于时局的关系，他就读的教会学校盛新中学陷入了瘫痪状态，暂时停课。18 岁的朱旭又兴奋又困惑，困惑的是今后的生活、前途的发展还是个谜；兴奋的是换了一个新天地，让他产生了许多新的梦想和希望。随着新中国的成立，很多旧的观念开始更新，其中包括原来父母要求他将来谋得一官半职的想法也被他摒弃了，他决定离开盛新中学投身到革命队伍中去，也就加入到了华北大学第三部戏剧系学习。华北大学是培训一批新艺术干部的学校，学习内容非常丰富，思想政治和理论学习并重，除此之外还有艺术理论学习，主要研读《在延安文艺座谈会上的讲话》一书，指明艺术发展方向，端正艺术创作态度，实际是对来自五湖四海的学生进行一次文艺思想的统一。理论学习与实践相结合，朱旭有生以来演的第一个话剧是《生产长一寸》。华北大学的学习经历，从此改变了他的一生。

毕业后他被分配到华北大学第二文工团，他刚调到二团的时候被分配到舞台工作队的灯光组做一名电工。1950 年抗美援朝运动开始，为了配合政治形势的需要，剧团排演《吃惊病》，这是一出独幕小戏。里面有个美国大兵，一时演员队里没有大个子的演员，导演夏淳发现灯光组的朱旭不但个子高，鼻梁也挺高，大眼睛，大嘴巴，化上妆肯定像外国人。果然，染上黄头发，化上蓝眼睛，再加上几个外国人的习惯动作，真的很像。更重要的是，他凭着自己的感性知识，找到人物的自我感觉，掌握了语言中的内在幽默，创造出一个有特点的人物形象。在剧本里这个人物只是有几句台词的群众，没想到一个不重要的角色都让他演得引人注目，引起剧院各位领导的注意。

1952 年两团合并，成立北京人民艺术剧院的时候，艺术干部有过一次大调整，演员是演出中的前哨兵，必须具备演员的基本条件才能做进一步专业培训。经过严格的选择、调整，精简掉一大批人员，调往适合本人条件的工作岗位上去。朱旭就是这个时候从灯光组正式调整到演员队伍里，这是他所热爱的事业。在新中国成立前是他做梦都不敢想的事情，今天却实现了，成了他终身要为之奋斗的事业。他能顺利走进艺术的领域，是祖国的解放给他带来的机遇。

二、在北京人艺磨炼戏剧技巧

朱旭在成为了正式职业演员之后，开始在北京人民艺术剧院学习如何成为一名合格的演员。北京人民艺术剧院对于演员训练有一套自己的方法，第一步便是要求艺术处研究每一位演员在条件上的优缺点，针对缺点对症下药，帮助纠正，根据具体人解决具体问题，这是基本功训练中的重要一环。朱旭虽然对表演有强烈的热情，但他在表演上却有着一个重大的缺陷——口吃。口吃的毛病是一直伴随着朱旭的困扰，不仅在生活中给他造成不便，对于表演来说这也是致命的。如果想要从事话剧表演，朱旭很清楚这是他首先要克服的问题。话剧在台词方面要求很严格，口齿清楚、流利是最基本的要求。除了所创造的人物是口吃者可以结巴地说台词外，舞台上不允许出现结巴，行话叫做"吃栗子"，算是舞台事故，演员是要做自我检讨的。

为了克服这个要命的毛病，朱旭在排演过程中，通过观察别人和自我审视，慢慢悟出这多半是心理上的毛病，越害怕越紧张，越紧张口吃越严重。他说："我在刚开始演戏时很紧张。一紧张，眼睛也看不见什么，耳朵也听不到对方说什么，身体就发硬，话就更说不利落了。"而紧张主要源于对自己生理缺陷的不自信，以及怕暴露自身短处的自尊心所致。于是，朱旭就从打击自己"多余"的自尊心做起，别人一笑话他，他就和他们打哈哈："不就是把重要的或不重要的词儿重复几遍嘛，有什么大不了的？"进而，他又发现自己在唱歌唱戏的时候从来不会结巴，这之中的原因是什么？那是因为歌曲和戏曲把情感融于旋律和唱词中，可以让人在唱歌的时候更加轻松地做到直抒胸臆、脱口而出，自然顺达流畅。他试着把这种"演唱"的感觉带到排演场、带到剧情里去、尽量地和角色融为一体，将台词与人物的心理动作联系起来，变成自己想说的话直接"说"出来而不是"背"出来。原本是缺陷的"结巴"，在朱旭不断克服的途中，反倒帮助朱旭找到了表演上一个重要的关键点：一个优秀的话剧演员在舞台上表演的时候，应该把握住人物的自我感觉，生活于规定情境中，按照人物的逻辑去行动、去"说话"，而不是因要熟练地背诵台词，游离于角色之外。他的妻子就说过："朱旭每接到一个角色，都会尽力去挖掘台词的真正意思。"正因为朱旭能把注意力集中到舞台人物的"动作性、目的性"上，他在每一次演出中，都能将自己化身为角色、为角色代言，这样台词就成为那个规定情境下角色必然说出的话，而说出的话，又强化了"这一个"角色的形象与存在。在这个层面上看，最终克服自己"口吃"毛病的过程，却因祸得福使朱旭逐渐在表演上开了窍，帮助他寻找到正确的艺术创作方法；这不仅使朱旭证明了自己能够成为一名合格的话剧演员，而且使他不期然地"化茧成蝶"，实现着向一名优秀话剧演员，乃至表演艺术家的飞跃。

在话剧舞台上，除了台词之外还有很多需要去下功夫锻炼的东西。比如在生活的体验与积累方面，北京人艺有这样的规定：要求每位艺术人员无论排戏与否，每年都要抽出一定时间深入生活，到各种领域里去体验生活。在这样的训练之下，朱旭感觉到收获颇丰："演员演的什么角色，你心里头得有这类的人物，就是说了解他了。用现在的话说包括他的世界观、价值观，包括他的行动坐卧、举止言谈什么的都心里有谱，再演起来就能够有的放矢。对这类人物完全不熟，那就要了命了，临时现找、现抓那就困难大了。"朱旭在体验人物上也有着不少"经典案例"。上世纪50年代，北京人艺排演老舍先生的《女店员》，因为是一个商业题材，于是"全戏分成若干小组深入到各商店去，有的到前门的商店，有的到山货铺，有的到副食店"。朱旭在其中演一个游手好闲、对妻子从事售货员工作有很大抵触的旧知识分子卫大哥。有一场戏要求他在舞台上包核桃，表现人

朱 旭

在《女店员》中饰卫默香（左二）

物笨手笨脚把核桃撒得满地都是，最终用事实教育了卫大哥，改变了他对妻子工作的歧视。为演好这场戏，朱旭专门到山货铺体验生活，练习包核桃。同时，朱旭又从自己的一位亲戚身上获得了对角色的启发，这位亲戚是个旗人出身，又有过留学国外的经历，因此有着一副土洋结合的外表和做派。由于朱旭对这个生活原型非常熟悉，心里就自然生发出"形象的种子"，所以在舞台上表演也就能得心应手，游刃有余。

朱旭不仅有自己对表演方面的领悟，同时他也深受斯坦尼斯拉夫斯基表演体系的影响。朱旭认为斯坦尼斯拉夫斯基的演剧体系让他受益一生：比如表演中要肌肉松弛、注意力集中，要有信念、真实感，要交流适应……朱旭也阅读了《演员创作角色》一书，对其中"创造人的身体生活以达到人的精神生活"很感兴趣。以往演戏中会过于强调思想性，但直勾勾地奔着思想性去，就会出现不少问题，比如表演的概念化、人物不够具体、鲜活，表演情绪也会有问题。但朱旭在学习了形体动作方法之后，就解决了这个问题——斯坦尼斯拉夫斯基把这个比作一个飞机，这边这个侧翼是"把握住人物的自我感觉"，飞机那个翅膀叫做"在规定情景中"，飞机的机身在跑道上跑，就是"按照人物的逻辑去动作"，行为加目的，按照人物的逻辑，一个动作接着一个动作，一个行为接着一个行为，观众就能看到人物的精神世界了。这个方法朱旭受用了一辈子，直到他的演艺生涯后期，朱旭还会在上台以前检查一下自己的肩膀，注意松弛，回忆起有关斯坦尼斯拉夫斯基演剧体系的内容，受益终身。

三、人物为先的舞台表演风格

北京人民艺术剧院发展至今，形成了一套属于自己的演剧风格，这套表演风格经过几十年的历练，得到了戏剧界和观众们的一致肯定。而这套演剧风格的核心，便是对角色的塑造。在北京人民艺术剧院里，不同的演员有着自己的"绝招"，可以说是"八仙过海，各显神通"。而对于朱旭而言，他对角色塑造也有着自己的理解。朱旭曾经提出以下几点：

1、抓住具体人物的矛盾，可创造出不同个性的人物形象。

事物是千差万别的，生活中的人也没有完全一样的。个性，是指人物性格的特点，也可以说是人物矛盾的特殊性表现。"四人帮"反对人物形象自身有矛盾，他们用以反对的论点是：难道烈士就义的时候一定要动摇吗？难道写无产阶级领袖人物一定要写缺点么？似乎除此之外就没有其他的矛盾了，他们根本不懂得对具体问题做具体分析。怎样表现无产阶级的领袖人物，是有成功经验可以借鉴的。史楚金在《列宁在十月》中扮演的列宁是成功的。他没有那么一套最最伟大的模式，在他的身上表现了一些矛盾着的东西：他是领袖，但是他对瓦西里，对医生都服从；医生批评他不听话，他像孩子似的摸着医生的衣领抹稀泥；他绝顶聪明，但他不会煮牛奶，把牛奶都煮溢了，还和老保姆捉迷藏。他伟大，他又普通，这不都是具体的矛盾么？一个具体的、生动的列宁形象就是这样表现出来的。这要比那些光有演说和他招手、群众鼓掌的领袖形象生动得多。

可见，矛盾是各种各样的，只能对具体人物做具体分析，把握住人物具体的矛盾，就有可能创造出一个具体的形象，也就是我们经常追求的"这一个"，并且使形象更加鲜明，更加富于感染力。

2、抓住人物的矛盾，能使演员沿着特定的轨道探索人物形象，使之具体化。

朱旭在重排《名优之死》中扮演琴师张先生。他对这个角色非常有兴趣，因为这个琴师是一个有矛盾的形象。

凤仙变坏了，毛病越来越多，演戏不认真，练功不刻苦，角色脾气也变大了。张先生看不惯，他惋惜一个有出息的孩子糟蹋了。他也同情刘老

朱　旭

在《名优之死》中饰琴师（左）

板的心境。总之，在张先生心里，好与坏，是与非，善与恶，他是清楚明白的，可他就是没说出来。演一个心里有话没说出来的人物，对演员来说是一件很过瘾的事，这让朱旭非常有创造欲望。在塑造张先生的时候，首先要理解这个人物。张先生是一个看重本事、一板一眼的老琴师，也只有这样的琴师才能和名优搭档多年。想着张先生这个特点，形象特征也就愈发在朱旭的头脑里出现——他想起自己以前所见过的琴师，坐在台口外边，观众看得见，他们总是干干净净的，头发油亮，长衫、白袖口、丝袜子、缎鞋，一举一动都有个"派头"。但这"派头"具体起来是什么？印象模糊了，朱旭便去生活中找。有一次，梅葆玖演《穆桂英挂帅》，姜凤山操琴，朱旭到后台场面那个地方去看，那些老同事都是当年与梅兰芳先生合作过的，他们都有热情、谦恭、礼貌周到的特点。姜凤山托着两把胡琴来了，他用手指轻轻地捏着胡琴，小指翘着，好像那胡琴用力一捏就会碎了似的，然后稳稳当当地靠在挡板前面，对弦的时候，动作也很轻，二胡、月琴和他对弦，他稍微用力拉两下，同时用食指按着码子，不使声音传到观众席去，这一切动作都是那么稳当，有条不紊，很松弛。但到了演出的时候，他对胡琴的态度就完全不同了，简直要把胡琴撕裂了，他的精神全都贯注在戏上了。从他的静和动中，朱旭看到了那个"派头"。在不断地练习之后，朱旭也就慢慢找到了老琴师的派头。再把这些东西运用到排练中去。当过门儿拉到凤仙该张嘴的地方，凤仙没张嘴，他猛一扭头，他心里对凤仙有什么意见，观众是会明白的。他心里那些没说出来的、看不惯、不满意的话，从他的一个愣神儿，一个眼光，一声叹息和默默摇头中观众都看到了。这一切是和观众相信他是个一丝不苟的老琴师的形象分不开的，同时观众也看到了张先生的另一面：这是一位有话不能直说出来的人。因此，抓住人物特定的矛盾会使人物形象具体起来。

3、深化形象的矛盾，会使形象更鲜明。

朱旭在一次重排《蔡文姬》的时候，因童超生病，代替童超演左贤王这个角色。朱旭喜欢左贤王强悍的性格和极细腻的感情。他受不了离别的痛苦，他要把全家统统杀掉，正是因为他爱自己的妻子儿女。郭沫若敢这样写，用恨来表达爱，在他的笔下，左贤王是一位明大义的英雄，在民族和睦的事业中做出了重大的个人牺牲，是一位杰出的人物。但是他先写左贤王的狭隘，受不得一点委屈。这一切都是相反相成的，而且幅度非常大。这对演员来说也是一次极大的创作上的满足。朱旭从中感受到想要深化形象，有时运用相反相成的手法，会增强艺术的感染力。这也是大家常说的"反着演"。

四、动力与创造——朱旭谈《红白喜事》

前不久，有几位观众在报刊上发表文章，讨论北京人艺的风格，说了许多赞扬的话，给了我们很多鼓励。有一位观众说北京人艺的风格就是演老北京。这使我感到悲哀，难道我们的创造道路真的就这么狭窄吗？我想这是因为北京人艺曾幸运地遇到了老舍，他给我们几个写老北京的剧本，加上焦菊隐导演和人艺的许多位艺术家的通力合作，使《龙须沟》《茶馆》《女店员》还有改编的《骆驼祥子》等戏成为北京人艺的精品。站在圈儿外边看，说北京人艺的风格就是演老北京，是有道理的。可是在圈儿里边，此中艰辛就不是一句话所能道破的了。

1961年，北京人艺在艺术总结中曾提出三句话：深厚的生活基础；深刻的内心体验；鲜明的人物形象。后来又在探讨话剧的民族化道路中有所发展。以至后来更加自觉地把加强文学艺术的修养提到很高的位置上，文野之分、高低之分的关键在这里，而这文学艺术的修养又是一辈子也毕业不了的。

可是多年来，我们没有拿出多少有质量的、反映当代生活的戏来，这就难怪观众对我们有这样的看法了。

《红白喜事》的剧作者们为我们提供了这样好的基础，我们就产生了一个奢望：在现代戏上打个翻身仗。哪怕是像剧中金豆儿说的那样："王八过门槛子——就看这一翻了。"这也是我的创造动力之一。

创造有了动力，连理智带心，都调动起来了。

剧作者所以能写出这么多活生生的人物，是因为这些人物都有所本。就是作者魏敏同志的一家子。

我们来到了魏敏同志的家乡——河北省定县北庞村。他的老母亲，弟弟们，侄男侄女们亲切地接待了我们。老魏的四弟是小学教员，剧中三叔的形象就是以他作"模特儿"的。他总是磨着要看剧本，"学习学习"，他确有要写出《静静的顿河》那样不朽之作的抱负，其实，他更关心的是他大哥对他和这一家人是怎么看、怎么写的。这正是老魏有顾虑的地方。他很怕这位四弟把剧本的内容传到老太太耳朵里去，那可不得了。

我很佩服剧作者对生活的观察力和敢于揭示新时期的矛盾的勇气。他们敏锐地从习以为常的家庭琐事中挖掘出我们当今社会中还存在着的封建势力。而在今天，提出肃清封建遗毒的问题，是切中时弊、意义重大的。

中国的封建主义制度存在了几千年，正如剧中三叔说的："自从夏、商、周、春秋战国以来，中国是三千年的封建历史了，谁不受点影响吧？"三叔是小学教员。很遗憾，他是一个不大合格的文化人。在家里人面前，他是文化人；和其他老师在一起，他是老革命。为了炫耀自己有文化，他戴一副全村绝无仅有的变色镜。爱穿那条只有体育教员才有的绒裤。当然上身还是家做的土布背心，两肋透风，脚底下趿拉着布鞋，舒坦。

文化人，不怎么有文化。是三叔这个人物的对立统一。侄子结婚，他只顾表现自己的书法，可是文不对题，写了个"提高警惕"，那下一句"保卫祖国"还写不下了。他动不动就给人"两下子"，这成了"习惯性动作了"。他打了副校长，还振振有词："打了！他有什么本事，他当副校长吧！"打人，和人家有没有本事这两码事，他能联系在一起，这种逻辑也

朱　旭

在《红白喜事》中饰三叔（中）

实在是一种"文化"。这种"文化"在我们的日常生活中并不少见。他天天喊"不干了"，"打了离休报告了"，等到真的批准他退休了，他真悲伤；他脾气不好，可是又有怕老婆的美德。诸如此类的矛盾都是三叔这个人物自身的，特定的矛盾。

我们的表演艺术，在很长一段时间里被形而上学统治着。简单地划分好人，坏人。好则是一切都好，还要"高、大、全"，"三突出"，不一而足。在哲学上，他们否认矛盾存在于一切事物之中，没有矛盾就没有存在，就没有了生命的真理。在艺术上，他们否认人物形象的自身矛盾。不同的人物，各有其特定的矛盾。演员只有把握住角色的特定矛盾，才有可能创造出"这一个"来。多年来，人们都对戏剧的概念化、简单化不满。但是，这类东西仍不断地出现，原因之一，就是对立统一的法则被形而上学取代了。还有把文艺简单地看作是灌输的工具，否认了启发作用，剥夺了观众共同创造的权利，也不去引导观众用鉴赏态度对待文艺。违反了思想应寓于形象之中的艺术规律。

回想北京人艺三十几年来，被观众肯定的、有一定成绩的戏，都是对形而上学的否定。虽然为数不多，但那经验是很可贵的。《红白喜事》这个戏中许多人物都有他们自身的、特定的矛盾，找准形象的特定矛盾，就会引导演员去创造一个真实的、具体的，或可能是生动的人物形象，从而避免那种概念的、单薄的形象。这也是《红白喜事》的艺术特色之一。

创造是要有思想的，这是我们的动力之一，文艺的特殊则是：思想是由活生生的形象揭示给观众的。这形象必须是在特定的环境中，有其特定的矛盾，才有可能是真实的、活生生的。这是我的一点心得。

五、扮演"魁格"散记

我曾经在改编话剧《咸亨酒店》中扮演过阿Q。我首先碰到的问题是鲁迅为什么写阿Q？这关系着我怎样演阿Q。

在《阿Q正传》陆续刊载的过程中，有人问鲁迅：你这是在骂谁和谁呢？鲁迅说：我还不至于那么下劣。在《阿Q正传》的俄文译本的序言中，鲁迅表达了他对阿Q的手足深情。

可是，鲁迅又为什么那样写阿Q呢？只为《开心话》招来一些麻烦的话，不像是正式回答这个问题；遍寻鲁迅的论述，找不到明确的答案。

我只好猜。

阿Q的结局是被枪毙了。大概是中国由砍头等处死刑的办法进步到枪毙——这是实行了民国之后才有的进步，阿Q是第一个收到此种待遇的吧？鲁迅如实地历数了阿Q的劣迹，最后由读者去判定，他应该被枪毙吗？

这次排《哗变》，我扮演的魁格，又碰上了这个相似的问题。

在读小说和看剧本的过程中，魁格的行为常常让我发笑，并且觉得似曾相识，他不就是某人和某人吗？有一次，我们的宿舍被盗，某人就认定了是一位会修锁的同志所为，于是成立了专案组，审查了一通，结果，当然不了了之了。后来这个贼在别的地方案发了，才真相大白。

像"拾了芝麻，丢了西瓜"这种事不是常有吗？像能力和资历不相称，以致工作不好安排的同志不是也很多吗？

这个戏还从心理学的角度精湛地分析了魁格这个人物。他为追求完美无缺而终日焦虑，他很注重仪表，他在脑子里修改了现实，因此他永远是对的，错误永远属于别人。他善于争辩，自尊心强，好激动，为了保全已经取得的地位，他不能允许他的下级犯错误，对下级过分地严格。有这种人格障碍的人，伤害了别人自己并不觉得，在心理学教科书上给这种偏执型人格——剧本翻译成类偏狂型人格，列出了十六条特点，条条都和魁格

朱　旭

在《哗变》中饰魁格（右）

对得上号。

就是一个这样的上级，下级应该怎样对待他呢？夺他的权吗？剧本的结尾回答了这个问题，并且是感人肺腑的。在战争中就是这样的人保卫了妈妈呀！

这个戏好也好在它不强迫人去接受一种看法。就是同一位观众，自己也会一会儿同意了，一会儿又不同意了，这也正是耐人深省的地方。正像阿Q，他既是这样的典型，又是那样的典型，艺术的魅力也在这里边。

这个剧本也给演员出了许多难题。多少年来，话剧演员的一大忌，就是"干说"。舞台上没有行动，不是形象地展现情节，事件都是过去的，全靠说。

原小说是逐渐发展的，通过一个又一个的行为，形象地把人物揭示出来的。还借助对比的手段，让读者对人物认识得更清楚。比如，"凯恩号"原来的那位舰长，是一个不注重小节，可是在实战中拿得起、过得硬的军人，和魁格形成鲜明的对照。而在小说改编成剧本之后，原有的表现手段都被放弃了。场景就是在法庭之上，证人席就是一把椅子，不到一平米，演员寸步难行。法庭当然不会有音乐。都是海军，除了格林渥穿空军服，其他都是一个颜色……

实在找不着什么可借助的手段了，真是一个犯忌的剧本。

靠什么取胜呢？当然只有台词，我们的话剧演员会不会说话？台词的功底如何？确实是一次考验。但是，台词是塑造人物的手段。归根到底还是塑造人物。"会演戏的演人，不会演戏的演戏"是我们多年来的座右铭，那种离开塑造人物、追求台词的华丽的形式主义的表演，不是北京人艺的艺术准则。

六、我演查利——《推销员之死》排演札记

一位专门研究阿瑟·米勒戏剧的学者，对《推销员之死》中查利这个角色曾提出这样的问题：如果没有这个人物，这出戏的思想性是不是会更深刻些呢？也许是出于类似的看法，某一国家上演《推销员之死》的时候，把查利这个人物改为老工人了。在我们首场演出之后，美国哥伦比亚电视台来采访，向我提出这样的问题："你是否认为创作者把查利这样一个资产阶级写得太好了？"他还特意把"资产阶级"这个词加以强调。

我们开始案头工作的时候也遇到类似的问题。查利这个人物确实招人喜欢，他对推销员威利·洛曼的感情是那么真诚，他每个星期借给他五十元，并且一直关心他，要给他找一个适合他年龄的、不必出去跑外的差事。他在威利·洛曼的那些"骗人的梦"面前，像一个"哲人"，讲了些非常痛快的、客观上击中那些社会要害的话，这些行为出在一个商人身上，这些话出自一个资产阶级分子之口，确实像有的同志说的："不好理解"。

因为我扮演查利这个角色，我不能用"不好理解"阻塞我的思路，我要深入到剧本中去找，去理解查利。我们知道阿瑟·米勒是一位现实主义作家，他不赞成借他的角色之口说作家自己的话。

在查利看来，威利·洛曼还富有感情地对待这个世界，不懂得金钱的作用，还相信什么"人缘""义气""交情"之类，都是他"没长大"的表现。查利在剧中有两处说威利"你到哪年才能长大"，后一次还加上个"他妈的"，查利否定威利的，正是那些富于想象力的、带有人性的纯真的东西，但是这些东西又是不切合那个世界的梦。

在排演中，阿瑟·米勒谈到查利父子。他说查利是缺乏想象力的人，他非常实际。如果人们都像他这样，人类社会还怎么前进呢？我告诉他：我们也往往把这种"非常实际"看成为完美无缺的优点，叫做"不好高骛远"。他说：遗憾的是，世界就是由这样的人给维持住了。

生活是复杂的，好的文艺作品应该写出这复杂性。不应该把复杂的

朱　旭
在《推销员之死》中饰查利（右）

生活简单化。查利对威利·洛曼的交情正是出于他自己所否定的那种感情。有趣的是，作者阿瑟·米勒也和演员一起找原因。究竟他为什么对威利·洛曼这样呢？他提醒我从林达那儿去找一找。剧本中有些不太引人注意的台词写到了林达对儿子们说："他（威利）现在每个星期从查利那儿借五十块钱，回来跟我说是他挣来的。"这显然是查利对林达讲的，告诉她威利目前的处境，以便让林达更好地照顾他，还要在他面前装作不知道这件事。

他们都为威利目前的状况担心。他半夜里回家来了，林达的第一句话是：没出什么事吧？查利的第一句话也是：没出什么事吧？

威利向查利借钱，还死要面子，说："本来我可以到银行去取，可是那样一来，林达不就知道了吗？"编造这个小小谎言的基础是：两个人都爱林达。

威利对儿子们说："我要自己开买卖。"哈皮说："像查利大叔那样？"在英文里，叔叔、大爷、舅舅等都是一个字。从这些台词中可以找到他们两家的关系，为什么作者不指明呢？我觉得这是阿瑟·米勒艺术趣味高明的地方。正如推销员威利·洛曼是没有指明推销什么货物的一样，这些地方太实了会削弱它的普遍意义。但是作为演员，我应该找到这个根据。

我们在排莎士比亚的《请君入瓮》时，英国导演托比·罗伯逊就主张不要模仿外国人。除非角色在他的生活中是化妆的，一般都不打底彩，尽量用演员自己的黑色头发，那些外国礼节也主张尽量不用。这次阿瑟·米勒来排他的《推销员之死》也提出了同样的要求，他说得更明确：如果那样，搞得最好也是二流的美国戏，若搞不好，就像有的美国剧团演中国人那样，无论在什么情况下，他都弯着腰、揣着手。因为他看到的中国人只有揣手这一姿势。这在我们中国人看来当然是滑稽可笑的。同样，我们若是单纯模仿一些洋动作，比如端肩膀之类，在外国人看来也会是滑稽可笑的。还是普通些、正常些，看上去就会自然些、舒服些。这样才不会因外表、形式的别扭而影响观众对角色精神世界的体察。

其实，我们演中国人也不能只是模仿人物的一招一式。我很爱看戏曲，也喜欢看科班戏，小学员演戏就是严格地按照老师教的一招一式地做，若是大人还这样表演，我就不满足了。我们戏曲界的很多位表演大师就有这个本事，带着你（观众）进入他（角色）的精神世界里去。

阿瑟·米勒的《推销员之死》在许多国家上演过。他非常相信人们的感情是超越国界的，是息息相通的。他常问演员：中国有这样的事吗？中国有这样的人吗？在《推销员之死》中只有用煤气管道自杀和人寿保险费这样几个技术性的问题需要特别说明一下以外，没有什么地方是中国观众不能理解的，这些人物的性格在中国都能找到。

我们排《屠夫》时，也遵循了这个原则。得到了观众的批准。

但是，问题还有另一面，演外国人也不能太不像外国人。

我们很多演员都主张，创造角色要找到这个人物的形体的自我感觉，如眼神、手势、步态等等。如果有什么"不对劲儿"就很难建立起信念，表演就很难真实。所以我们平常还是应该像研究中国的各种不同人物的生活习惯一样，去研究外国的一些特殊的生活习惯。比如，用手指表示数字，中国和外国就很不一样。在排演中，有的演员在说到七的时候，不自觉地将拇指和食中两指捏在一起了，这样立刻就觉得这个人物的自我感觉不对劲儿了。

这里关系到动作三要素的问题。我们人艺曾经讨论过，我也是属于重视"怎么做"的，不赞成说演员只管"做什么"和"为什么做"就行了。许多思想家、文艺评论家都那样重视"怎么做"，他们甚至说：艺术的真谛全在怎么做。通过我自己的体会，也深感"怎么做"的重要。我演《女店员》中的卫默香，包苹果那场戏是"变戏法"的，一定要包成一抖就散才行，若是只管包（做什么）和要包好（为什么做），那非糟糕不可。我演《名优之死》里的琴师张先生，他的仪表、待人接物的态度，以及他的胡琴怎么带在身上，怎么拿，怎么放，都是经过研究的。可以说演任何一个角色，我都要去关注他怎么做。

《推销员之死》中，查利生气了，因为他要给威利一个差事，而对方死也不肯接受；好吧，既然你不懂我为你长远解决问题的好心，那就这么一次一次地对付吧，这时他数钱，想数出六十，加上桌上的五十，凑够威利要借的一百一十块。这是查利的习惯，借钱总得有个数目。但是在数的时候，骂了对方一句"混蛋！"再数，到几了？忘了，一怒之下："好吧！都拿去，都拿去，交你的人寿保险费去！"这是我在剧本的台词中加进去的小动作。因为我觉得查利应该这样做，他不是那种一贯仗义疏财的人。

但演员也往往犯这样的毛病：他为角色找到了很好的动作，可是他怕观众看不到，于是在"怎么做"上稍微地强调了一下。这一下糟了，他把那时的角色在做什么，为什么做给丢了。观众看到的只是演员在卖弄那一手或者装样子，甚至不明白他（角色）是怎么回事了。

因此，我觉得演员创造角色，必须要知道他（角色）怎么做。比如外国人比划八的时候，不能把拇指和食指一分开就行。行礼的时候是请安还是鞠躬，是握手还是贴脸。这些必须练，练成习惯，成为下意识的东西，等到上舞台表演的时候，则把注意力更多地集中在此时此刻此人在做什么、为什么做上去。

这大概是"不要追求像一个美国人"的真正含意。

以上摘自朱旭《动力与创造》，见郭海云等编《〈红白喜事〉的舞台艺术》，中国戏剧出版社，1987年；朱旭：《形象的矛盾与演员的创作》，见《攻坚集》，中国戏剧出版社，1982年；朱旭：《扮演"魁格"散记》，见《〈哗变〉的舞台艺术》，中国戏剧出版社，2014年；朱旭：《〈推销员之死〉排演札记》，见刘章春主编《〈推销员之死〉的舞台艺术》，中国戏剧出版社，2010年。

此文由中国艺术研究院李一赓编选、整理。

林连昆

"情理交融，是为所求"

林连昆（1931年6月1日—2009年9月7日），祖籍福建省福州市，出生于北京市延庆县（今延庆区）。北京人民艺术剧院演员。曾任中国戏剧家协会会员、北京戏剧家协会主席、北京市文联副主席、北京人民艺术剧院副院长等职务。

　　从中学时开始从事戏剧活动，演出话剧《升官图》《小二黑结婚》。1949年考入中央戏剧学院普通科，1951年毕业后留在中央戏剧学院话剧团。1952年6月随团并入北京人民艺术剧院。1958年在话剧《茶馆》中饰演吴祥子；在焦菊隐、欧阳山尊联合执导的话剧《关汉卿》中饰演王著。先后参演过话剧《带枪的人》《明朗的天》《李国瑞》《蔡文姬》《万水千山》《骆驼祥子》等。1980年在话剧《左邻右舍》中饰演洪人杰。1981年与于是之、朱旭联合出演话剧《请君入瓮》，饰演埃斯卡鲁斯。1982年在由林兆华执导的小剧场话剧《绝对信号》中，饰演老车长。1984年饰演话剧《红白喜事》中的郑二伯。1985年饰演话剧《小井胡同》中的老工人刘家祥。1986年饰演话剧《狗儿爷涅槃》中的农民狗儿爷。1989年参演话剧《天下第一楼》，饰演常贵。1994年饰演话剧《鸟人》中的三爷。影视表演方面，曾参演电影《风月》《鸦片战争》《詹天佑》《女足九号》《上一当》等，参演电视剧《水浒传》《汉光武大帝》《逃之恋》等。

　　1989年获得第一届"振兴话剧奖"优秀演员奖（后更名"中国话剧金狮奖"）。1988年被文化部评为中国尖子演员。2003年获得第五届"中国话剧金狮奖"荣誉奖。凭借电影《鸦片战争》的出色表演，分别获得第十七届"中国电影金鸡奖"最佳男配角奖和第8届"上海影评人奖"最佳男演员奖。

一、表演实践中关于"假定性"和"真实性"的处理

1982 年 11 月 5 日，北京人艺在首都剧场三楼排练场演出了话剧《绝对信号》，被称为是中国小剧场话剧的开端。该剧目的演出不仅打破了传统剧作时间的逻辑连续性，也通过近乎断裂的观演关系，对演员演绎角色的方式提出了新的挑战。林连昆从该剧着重心理描写的特点出发，通过对自己饰演老车长的感悟进行分析梳理，对美、真实和生活三者在艺术中相互依存的关系，以及演员在表演实践中如何处理"假定性"和"生活性"进行了探讨。

"在这样一个更大程度的假定性的戏里，戏的进行又是回忆、想象、内心的话和现实相互交错，这一切如何通过表演唤起观众的真实的感受，或者说是幻觉呢？这里除了一般戏里表演上必须做到的从生活出发，认真体验人物、理解人物，在舞台上认真地在规定情境中行动，以及适应小剧场的演出形式，掌握好信念感、距离感、分寸感等等之外，这个戏还有一个人物哲理化的问题。

"剧本的产生是作者从生活中得到的感受，经过选择加工、提炼升华，再通过特定环境中人物的行为和语言，来塑造人物形象，并随着人物思想情感的变化推动戏剧冲突的发展。那么，作为表演工作者的二度创造，就得把文学剧本还原为生活，这个还原也是个表演创造的起点。什么是还原呢？就是把作者从生活中升华的东西，经过表演再把它还原为生活，这个还原不可能是自然生活的原型，而是包含了作者、导演、演员的共同创造的艺术的生活。而还原的深度和广度，将决定这个戏演出的生活气息的浓淡，也将决定是否可以给人以真实的感受和美的享受。"

文中，林连昆具体分析了老车长这个人物在剧目开头和结尾的两段独白不同的表演方式，详细讲述了舞台表演中如何还原生活的真实这个问题。

"戏的开始，作者通过小号的提问，引发了老车长的一段台词叙述了他二十六年来当车长的感受，谈了他对生活对工作的看法，也表现了青年和老年两辈人对生活的不同思想境界，其中也有像散文诗一样的语句：'我成年地蹲在守车上，冬天看着火炉子，夏天迎着风。有月亮的时候看看月亮，没月亮的时候就看着山的影子和灯光……像根生锈的道钉，也还牢实。'整段戏就坐在车上，台词很长，大约有二三百字，这显然是经过作者加工的人物语言。如何处理这段戏？我觉得必须使它来一个还原，而不露作者加工的痕迹，因此用朗诵式的表演是不合适的。如何还原，才能使之不失去生活的真实呢？我认为有两个方面：第一，要使这段戏，找到生活真实的依据。生活中这种老人是相当普遍的，一提起小青年来，就会招得他有一肚子的不满意，最后把头一摇，一句话'没办法'；一提起'想当年来'，就会大讲他们那时候如何如何，津津乐道、眉飞色舞，甚至于挨过师傅两个嘴巴，都是光荣和幸福的追忆。最后的结论就是世道不同了，嘴里说着自己该进博物馆了，可心里想的是一代不如一代喽！他们说起来絮絮叨叨，又有自得，又有自谦。这种极为普遍的老年人的心理状态，就是这段戏的人物的自我感觉。从生活中找到这一根据是还原的第一步。第二，要寻找表现手段。我在排练这段戏的时候，故意不去死记台词，故意让它磕磕绊绊的，为的是寻求这个人物有感而发的自我感觉，往往一背台词，就会形成一种壳子、一种腔调。我是力求在排练中，通过人物之间的交流产生即兴的感受和反应，这样表演就会显得真实些、生活些，用这样的自我感觉去说作者所规定的台词，就比较容易显得自然。这么说是不是就不用处理了呢？不是的，我们不能盲目地崇拜自然，表演的生活与自然，并不是让表演与台词'水'。在排练过程中以及演出之后，还要不断地调整、处理：什么地方快些，什么地方慢些、强调一下；什么地方要断，什么地方要连以至什么地方分段，利用什么动作来衔接，都要很好地安排。让整段台词，

林连昆
在《绝对信号》中饰老车长（右）

包括一些形体动作，成为生活而自然的整体，同时又都是经过仔细安排和选择的，既不能失之于琐碎，又不能死死板板的一动不动，要像生活中的人一样地行动和说话。这样才完成了还原生活的第二步。当然，这种还原并不是从创作开始就可以做到的，它应该贯串于全部创作过程之中。

　　"这个戏在排到最后的时候，老车长看到黑子挺身而出，挽救了列车之后，他向青年人说了一段话：'孩子，你们都还年轻，还不懂得生活，生活还很艰难啊！我们乘的就是这么趟车，可大家都在这车上，就要懂得共同去维护列车的安全。'在排这段戏的时候，我总觉得这是点题的话，应该把它说成警句式的语言，把哲理的内涵说给观众听，因此在表演上、台词处理上都给以强调，结果，导演向我指出：这样是不生活的。是的，按照生活的面貌，这时老车长应该是百感交集，他看到了年轻人正义的表现，由于避免了一场车毁人亡大祸的发生，他对黑子怀有一种感激的心情，同时对自己也产生自责。列车行进的短短几小时里，年轻人高尚品德的展示，改变着老车长对青年人的看法，他们对生活理想的追求，在关键时刻，在生死搏斗的一瞬间的表现，填平了存在于青年、老年两辈人之间的人为的'代沟'，促使着他把万千思绪凝结为极其朴素的语言。如果用那种自以为十分激昂的舞台式的腔调，是说不好这几句话的。失去了生活，真实也就不存在了，老车长的美好的思想境界，也就淹没在廉价的舞台腔里了。只能按着生活的本来面貌去处理这几句话，否则就会与编导的意图相违反，把主题的倾向性硬塞给观众，这在表演上是不可取的。"

二、演员的创作

　　1984 年 6 月 18 日，话剧《红白喜事》在首都剧场首演。林连昆通过分析自己扮演郑二伯这个人物的创作过程，对演员的创作过程提出了建议，并以郑二伯为例提出了具体的创作模式，对北京人艺"生活、心象、形象"表演方法进行了生动的展示。

"演员的创作是一个十分复杂的艺术实践，而编剧、导演、同台演员和舞台美术等各个方面的创造又和演员的创造融和在一起，最后综合成舞台形象呈现在观众面前。"

首先，演员的创作面临如何理解并解释人物的问题。"我记得焦菊隐先生曾说过：导演和演员如何解释人物，要有一个'立意'，也就是说根据对剧作者的剧本的理解，使人物在完成主题思想的要求下，摆好人物在整个戏中的位置，起到他应有的作用。绝不能随心所欲，更不能为了讨好观众，追求不恰当的剧场效果，而对主题思想和人物的面貌有所损害。

"对人物有了初步理解，这仅仅是创作的开始。因为理解还不能代替体现，光有理解而不能体现出来，那么理解也只能是纸上谈兵。可以说：这种理解就是演员创作之初的一种心象吧！但这个心象也还是模模糊糊的。清朝大书画家郑板桥曾经说过胸中之竹，并不是眼中之竹也。因而磨墨展纸，落笔倏作变相，手中之竹又不是胸中之竹也。总之意在笔先者定则也，趣在法外者化机也'。就是说，意在笔先是为定则。画家如此，演员也是如此。创作之初应该有个定则，否则，就会是脱缰之马，无道的江河。创作没有一个轨道，瞎猫碰死耗子，或者人云亦云没个主见是不行的。

"经过一个多月的体验生活，我更深地体会到只有生活才是我们从事表演艺术的唯一源泉。在体验生活、创造人物过程中我注意抓了以下几个环节：

"（一）一个故事：寻找人物的贯串行动。

"剧组体验生活时当地的村干部谈到了村里的一个孝子，数年如一日照料瘫痪在床的老母亲，林连昆在与对方面对面沟通之后，在感动之余，

林连昆
在《红白喜事》中饰郑二伯（左）

似乎感到演好郑二伯应该抓住这个孝子的内心世界，戏应该围绕着尽孝这个思想来展开：他强迫热闹娶妻、生子，要让郑奶奶早享四世同堂之乐，是为了尽孝；他要灵芝把生寿借给奶奶，为让郑奶奶能活着，'看看真正的社会主义新农村'也是为了尽孝。所以我认为郑二伯全戏的贯串行动是对母亲尽孝。为此我建议在第一幕里加了一段戏——郑热闹被假电报召回后，当着郑奶奶的面，说到电文是'奶奶病故速归'时，郑奶奶大怒，此时郑二伯双膝跪下说：'娘啊！你要是心里不痛快呀！就打我两巴掌，看别累着啊！'这样就强调表现了郑二伯的孝心，也就找到了郑二伯在戏中行动的心理根据。人物性格是人物思想的外化，没有思想根据，性格是无从表现的。

"（二）一个眼神：寻找人物的自我感觉。

"演员接到一个角色，到生活中去光听光看还不行，还要用自己的身心去体验，通过人物的立、行、坐、卧、音容、笑貌去体会人物此刻的心理状态，也就是要寻找人物的自我感觉。这次《红白喜事》用了冀中方言说台词，这对接近人物的思想感情很有利。

"我的体会是：这不光是增加了地方色彩，对演员来说，这样说话有助于寻找当地农民表达思想的方式和内心的自我感觉。

"寻找人物的自我感觉，语言是一个重要的方面，更重要的则是寻找人物的形体和心理的自我感觉。这是演员接近人物，从演员过渡到人物的必不可少的途径。演员创造人物的根本任务是把自我变成人物的自我。谁都知道，演员彻底摆脱自我是不可能的，那么就只有把人物的自我感觉变成演员的自我感觉。

"这种寻找有时是从外部形体入手，甚至是从摹仿开始，寻找人物的形体状态；有时是从内心的体验开始，找到人物的心理自我感觉，最终达到形体和心理的自我感觉的统一。在一个戏里这种内外统一的感觉越多，演员与人物距离越近。这次我演郑二伯，是从一个农民的一个眼神上找到感觉的。

"（三）一件衣服：寻找人物的外部特征。

"当一个演员，对人物有所理解，同时又找到人物的自我感觉时，还必须伴随着寻找人物的外部特征，这几个步骤不可能是截然分开的，也不是按顺序排列的，往往是交错进行的。

"我一到北庞村，就看到年轻人穿的已经是料子套服了，的确良的面料已经不气派而非要毛料的了。可五十岁往上的农民还有穿中式小褂的，很有特点：一是当地自己织的小布（宽只有一尺五），有的地方叫土布，也有的地方叫紫花布；二是自裁自做的褂子穿在光身上。由于面子窄，必须接袖口，而且抬裉做得很瘦，再加上算盘疙瘩似的扣子，很有味道。一看便知这是离城区较远的农村服，而这种服装只有当地的农民才有。我觉得郑二伯定是穿这种小褂，说不定还是自己织的布呢。

"当衣服做好之后，我一穿，感觉非常对味儿。为什么非要如此不可呢？我是这样想的：演员的工作就是创造人物，一切对人物形象有帮助的都应该认真地选择。再如，我让郑二伯穿件旧军裤。这是因为大哥在部队，儿子也参了军，退换下来的郑二伯都不肯丢掉，他不是没钱买衣服，只是觉得能省就省。这也是人物的特殊心理状态，家里能有个部队做事的是一种光荣。所以他总是穿着旧军裤。脚上穿一双家做布鞋。这些就是我为这个人物设计的服装。

"当人物有了初步印象之后，也经过了排演场上排演，这时的创造只能说是完成了一半，另一半还要在演出后和观众一起来完成：哪些是对的？哪些是不对的？哪些是恰当的？哪些是多余的？必须经过观众的检验。这是一次又一次的调整和加工。当人物与观众见面后，千方不要被观众的笑声陶醉，甚至去迎合观众，以致失去人物的自我感觉。"

三、站碎方砖　靠倒明柱

"'站碎方砖，靠倒明柱'，这两句话是老式饭馆子跑堂的劳动写照，就是说作为一跑堂的（现在叫服务员），在营业时间绝不允许坐下，必须站着。时间长了累了怎么办？就在柱子上靠一靠，只要有客人，哪怕只有一位顾客还没吃完饭，跑堂的就不能歇着。其中包含着一种精神，一种敬业的精神；同时，这里也隐喻着对从事任何一种事业所必需的那种锲而不舍、鞠躬尽瘁的态度。"

话剧《天下第一楼》首演于 1988 年 6 月 12 日，林连昆通过对人物常贵塑造过程中一些细微之处动作设定缘由的介绍，突出强调了对待表演艺术精益求精、锲而不舍的艺术精神追求。这种站上舞台力求严谨的态度，正是北京人艺精神传承的瑰宝。

"全戏我认为最重要的一场是第三幕'常贵之死'。常贵为了儿子小五谋职，求告于东家大少爷，当场被'瑞蚨祥'的孟四爷驳回。人情冷暖、世态炎凉使他心理倾斜，加之久病不治的身体，最后终于倒下了。这是常贵的最后结局，是作者完成常贵性格和全剧的重笔。如何把全剧有关小五的戏，看来是分散的、互不相干的片段在思想上、感情上牵在一起，形成常贵的一条生活线，这是非常必要的，这也是探求常贵内心世界所必不可少的。

"常贵爱小五，但小五看不起跑堂的，非要到'瑞蚨祥'去当学徒，父子闹僵，常贵只好忍让妥协，但苦于张不开嘴去求人。二爷从天津回来，要把常贵调走，常贵以此为代价，张嘴向大少爷提出帮忙说合，大少爷满口答应，常贵兴奋万分，满怀希望。谁知孟四爷以常贵是堂子为由拒绝了这一请求，而此时的大少爷根本没有理会常贵即将调走的事实，毫不经心地就此作罢了。此时，常贵心理失衡了，他为'福聚德'犬马一生，伺候了老掌柜又来伺候少爷，兢兢业业、尽忠尽职，万万没有想到，原来自己在人家眼里仍然是一个跑堂的。他悟到了，他也明白了，他一生追求的和企

林连昆
在《天下第一楼》中饰常贵（右二）

盼的一点点希望破灭了，一切都在这一瞬间消失了，他闭上了眼，结束了这经过酸甜苦辣的一生。从生理上我们也看到了，夺走他生命的应该是中风或者是心肌梗死，还在孟四爷到来上楼之后，他在下楼时跟跄而扑伏在椅背上，他挺了过去，这是第一次不久前的预报；当他当场听到小五的事情不行了时转身上楼，一条腿麻木不支，滑摔在楼梯上，这是第二次预报，一次危险的信号；他又勉强地站了起来，下楼时，不行了，无论如何也支持不住的时候终于倒下去了。常贵死了，临终还伸出了五指，使人误以为记惦小五，其实他在说二楼上五号要白酒。我想若是观众听不清，产生一点儿误会也好，反正他是在临死前有气无力时说的。

　　"在这场戏里还得说到那段'喜歌'，这里我用了太平歌词，怯快书还有单弦牌子曲，一定要避开评剧也就是'落子'的腔调，因为店规有约，店员不许听'落子'，当然更不许唱'落子'。曲调有了，关键是怎样唱。常贵此时此刻的心境是用一切手段讨孟四爷的欢心，给大少爷做面子；但他唱这一段喜歌时，实际上心里是悲凉的。全段要欢快，只是到了最后'添丁，添寿又添福……'时，一个拖腔，这是常贵掩饰不住的心绪的流露，使人感到悲怆。有人担心这样喜歌不是变成了悲歌了吗？孟四爷这一伙权贵会不会不高兴呢？我看不必担心，真正听这段歌的是观众，观众是懂得常贵此时的心境的。至于孟四爷们恐怕忙于应酬，在酒宴席间，在杯光盏影中，又有谁听他唱什么呢？

　　"演戏往往是如此，作家有时为了某一情节或意图，给人物设计好了台词，演员就有责任把这些台词变成人物的语言，而且合此情，顺此理，用它为创造人物服务；同时又能强化作者的意图，传递出应有的信息，完成二度创造的任务。

　　"要想演好常贵这个角色是很不容易的一件事，尤其要注意处理好两个真实，即演员体验生活要真实和演员在舞台上表现人物时要有内心的真实感觉。在这两个真实中，前一个真实是后一个真实的基础，二者相辅相成。就前者而言，演员在体验生活时，不要故意分门别类地找典型，而要将生活中的点点滴滴、方方面面都先积累起来，然后从中选择出最合适人物性格特点的一种进行必要的艺术加工，用来创造人物形象。就后者来说，演员在舞台上表现人物时，如果没有真实的内心感觉，则势必形成概念化、模式化的虚假表演，不能表现出人物的独特魅力，更不能打动观众、引起共鸣。

"'站碎方砖，靠倒明柱'这种精神我非常赞赏，我也格外赞赏常贵这个人，在这个人物身上所涵盖的东西我不可能完全理解，即或理解的东西也不可能都表现出来，但在舞台上和在创造人物的劳动中，也需要把方砖站碎、把明柱靠倒的精神和毅力，我也想这样去做。"

四、深厚的文艺修养

林连昆曾说过："凡属于表演艺术家就应当具备三方面的条件——第一是生活经验丰富，第二是表演技巧娴熟，第三是文艺修养深厚。"他是这样说的，也是这样不断努力践行的。通过林连昆对于话剧《北京大爷》中关于人物德仁贵的创造心得，我们可以清晰地感受到这一点。对于人物的理解和认知，绝不应该停留在人物表面，而是要从人物的人生观、价值观等深层次的内心层面和彼时的社会层面深入考量，而这些认知无疑是需要深厚的文艺修养来支撑的。

"我却以为这个戏远远超出了北京人的优劣的地域范围。它反映的是我们全民族的一种意识。德仁贵不光是代表着北京的大爷或大爷（两个"大爷"，读音不同，编者注），他所恪守的观念，是我们民族的传统观念。房子动不动、租不租、卖不卖都紧紧地围绕着这个家的兴衰，房子是

林连昆
在《北京大爷》中饰德仁贵（中）

家族的标志和象征，卖房就是意味着家败，'四世同堂，五世其昌'，同堂也指的是住在一起，意味着家族的兴旺，凡是老人还在，儿女如若分家另过，这都是很不光彩的。四合院虽更具有北京色彩，但是这种家族的观念则更属于民族的。有位学者分析：为什么世界上古国很多，像欧洲的巴比伦、希腊等，到现在已经不如东方的中国、印度那样仍然如此兴旺。为什么？其中一条就是东方文明古国有一种家族意识，它是民族发展的摇篮，孕育着全民族的血肉联系。

"另一方面是精神财富和物质财富之间的关系。对当前充斥着那种拜金主义、金钱万能的现象的不满是极有普遍意义的，甚至可以涉及各个领域，德仁贵对待这些现象的支撑点，是他二十多岁上就悟到的道理：安分守己，知足常乐，非分之想莫有，不义之财不取。这是典型的东方文明。这又是一位学者说的：人家问他东方文明的特点是什么，他回答说：'知足常乐，能忍自安。'德仁贵的精神世界正是属于东方人的。祖宗给我一寸土，我就享受这一寸土的福分，可见他是恪守这一信条的。在物欲横流的今天，这种精神也应该称之为难能可贵的。

"凡戏剧者，必应有情有理，有情而无理则浅薄，有理而无情则干涩，情理交融，是为所求。德仁贵的理，便成为这个人物的支架，成为他动情的依托，成为他性格的心劲儿'。而这些是与欧日华的理格格不入的。思想并不能代替形象，但是，德仁贵若没这种思想作为灵魂，这个形象必将是苍白的。这个戏虽然始终是围绕着房子进行的，但它实质已经远远超脱了房子这一具象的事实，而形成了德仁贵与欧日华两种不同的观念的抗衡。"

文中的最后段落，林连昆从对人物的分析理解展开去，从少数老北京人所带有的"大爷"心态，谈到了对北京人艺剧院未来发展的真挚寄语，值得与所有热爱表演事业的同仁共勉。

"就拿北京人艺来说，我们也要警惕'大爷'意识的滋生，我们地

林连昆
在《狗儿爷涅槃》中饰狗儿爷（后）

处北京，在'天子脚下'有着比地方剧院（团）得天独厚的优越条件。加上老一辈艺术家们的努力和奋斗，创下了基业，取得了举世瞩目的成绩。可是，北京人艺是否得以发展和继续，就全要靠我们下一代人的艰苦努力了。话剧是项事业，是一门艺术，它是要靠几代人的汗水得以生存和发展的。干出成绩不容易，若是垮下去那是很容易的。我们绝不应该像某些北京人那样：迈着四方步，扬着脖子，悠悠然忘乎所以；也不能这也看不上，那也不愿干，眼高手低，不思进取；更不应把这门严肃的艺术、人民的事业，看成是大爷高兴玩一票过把瘾的地方。我们应该安于清贫，兢兢业业，谦虚谨慎，时刻不忘人民，拿出来的东西要对得住先辈，对得住爱我们、养我们的观众，对得住北京人艺这块招牌。"

在回顾自己几十年舞台生涯的感悟时，林连昆曾动情地表示，观众是最令他激动、最拨动他心弦的刻骨记忆。他深有感触地说道："作为一名话剧演员，我们是离不开观众的，没有了观众，就没有戏剧。我感触最深的就是，你在观众面前如果是老老实实的、认认真真的、严严肃肃的，观众就会给你应有的回报；如果你在舞台上不能老老实实、认认真真、严严肃肃，那么观众也就不可能对你的表演给予肯定。有时我在舞台上，就能听到观众的笑声和唏嘘的哭声，这是观众给予一个演员最好的回报。"

林连昆的家人在整理遗物时，找到了林连昆亲手写给观众的一封信，字里行间中除了对观众的感激之情，也表述了林连昆对自己舞台艺术人生表演态度的深刻凝练，在此收录作为本文的结束：

敬爱的观众，我爱你

你是那样的真挚，善良，圣洁，
你天生地热爱，真，善，美，
你也本能地厌弃假恶丑。

只要我把真挚的爱，无私地献给你，

你就会不停地把爱，奉还给我

我如果板起面孔向你说教，

你就用双手掩起自己的耳朵，不听我那一套。

我如果高高在上地要"改造"你，

你就会远离我，匆匆地走去。

我如果用虚假来欺骗你，迎合你，

你就会再也不上我的当。

谁要把你当作"艺盲"或"阿斗"，

你就把谁看作浅薄。

谁要把你视为知己，

你将会承担着与他共同的思考。

你笑时是那么天真，纯洁，

你哭时又是那么由衷，伤情，

你在台下却与台上一起进行创造。

我要老老实实地说，

是你，是你培育了我，

敬爱的观众啊，我爱你。

以上摘自林连昆：《我的一点感受》，见《〈绝对信号〉的艺术探索》，中国戏剧出版社，1985 年 5 月出版；林连昆：《我演郑二伯》，见《〈红白喜事〉的舞台艺术》，中国戏剧出版社，1987 年 4 月出版；林连昆：《站碎方砖掌倒明柱》，见《〈天下第一楼〉的舞台艺术》，文化艺术出版社，2008 年 8 月出版；林连昆：《关于〈北京大爷〉——"咱两下里认的不是一个理"》，见《北京人艺》，1995 年 10 月第一期。

此文由中国艺术研究院潘晓曦选编、整理。

谭宗尧

角色"既要鲜明，又要准确"

谭宗尧（1944 年 9 月—1998 年 11 月），北京人，北京人民艺术剧院演员，曾任北京人民艺术剧院副院长及艺术委员会副主任。

　　1962 年考入解放军艺术学院（现中国人民解放军国防大学军事文化学院）戏剧系，1968 年毕业后前往新疆军区工作。1973 年考入北京人艺演员学员班，先后在《赵家山》《工农一家》《山村新人》等剧中扮演角色。1978 年，在北京人艺复排的《蔡文姬》中饰演周近。1979 年北京人艺复排曹禺名剧《雷雨》，谭宗尧饰演工人代表鲁大海。1980 年，北京人艺复排《骆驼祥子》，谭宗尧饰演祥子。1983 年 11 月出演了被誉为"中国第一个真正意义上的小剧场戏剧"的《绝对信号》，饰演里面的"车匪"一角。之后，谭宗尧在北京人艺的舞台上先后扮演了《家》（1984）中的高克定，《小井胡同》（1985）中的石瑞丰，《狗儿爷涅槃》（1986）里的苏连玉，《天下第一楼》（1988）里的卢孟实，《鸟人》（1993）中的孙经理，《阮玲玉》（1994）中的唐文山，《天之骄子》（1995）中的曹丕，《好人润五》（1996）中的李润五，《古玩》（1997）中的金鹤鑫，《鱼人》（1997）中的老于头，《官兵拿贼》（1998）中的钱本初等主要角色。凭借《天下第一楼》中的"卢孟实"角色，获得第七届"中国戏剧梅花奖"。

一、重视生活感受，给人物以信念和"活气"

演员创造角色，虽说主要是体现角色的人物性格，但是演员在创造角色的进程中，能否建立起角色的自信，或曰实现"我就是"的信念，也是至关重要的。这除了熟知角色的思想，按照剧本所规定的情境，全身心地投入角色的舞台行为之外，还要尽可能多地了解角色应有的生活经验和生活情趣，以此来建立演员对角色的自信。

第二幕第一场（指《天下第一楼》，编者注）中，卢孟实告诫小伙计们烫鸭子的水温要"三把鸭子，两把鸡"，这是表现卢孟实业务精熟的一笔。我不懂此道，这话是什么意思根本不明白。台词说了，戏也得过得去，但心里总犯嘀咕，真是"以其昏昏，使人昭昭"。后来请教了烤鸭的老师傅才知道：过去烫鸭子的水温，是靠手来试的。手反复伸到热水里，伸两次就不敢再伸了为"两把"，伸三次觉得烫手了为"三把"，水温相对低一点。因鸭皮比鸡皮嫩，所以烫鸭子的水温便低一些，这就有了"三把鸭子，两把鸡"的行话。明白了这个道理，说这句台词的"底气"就足了，尽管观众不一定明白这番道理，可我很自信地告诫了小伙计们。

我演卢孟实，把小手指的指甲留长了。我的父辈们多为"勤行"（餐饮业过去统属"勤行"），跑堂的、灶上的不准留指甲，唯独柜上的（也称"学买卖的"）可留指甲。卢孟实是"学买卖的"出身，戏中为"掌柜"留指甲是可能的。我让卢孟实留了小手指的指甲，虽然此举与戏无关，但对我在心中建立起对角色的自信是有益的。戏中还有卢孟实洗脸的表演，我从捋胳膊、卷袖子、窝领子，到搂头盖脸的一通洗，完全是我父辈洗脸的照搬。我觉得卢孟实也应该如此，只有这样才够"味儿"，从而坚定了我对角色的自信。

演员获得了自信，创造角色才会信心百倍，才能发挥创造的潜力，才能随心地驾驭角色在舞台上驰骋。

小井胡同七号是个大杂院，而我正是在北京这样的大杂院里长大的。老街坊们当中，有吃瓦片的房东老太太，有识文断字的教书先生，有早出晚归的汽车司机，有抱"铁饭碗"的邮差，有走街串巷卖清真小吃的小贩，有专做"季鸟（知了）猴"的民间艺人……十几户人家住在一个院里，各家都有自己难唱的曲儿，每户都有自己难念的经。这些熟悉的生活，极大地诱发了我的创作欲望，我极力从生活中去寻找，体验石瑞丰的性格特征，以及他对周围的人和事所应取的态度。

为了演好这个角色，我还访问了几个旧时的小业主、资本家，从他们不同的身世中，丰富、拓展角色的内心世界。为此，石瑞丰这个形象在我心中渐渐清晰起来，使我投入了《小井胡同》的排练……

在《绝对信号》中，我扮演了车匪。这个人物是作者一种新的表达观念的尝试。作者没有着意人物个性的塑造，而是用夸张到变形的艺术手法，提供了一个匪气十足、满口污言秽语，并佯装瘸腿跛足的舞台形象。对于这么一个角色，我怎么把握他，完成对他的创造呢？

在当今的戏剧表演艺术中，人们通常的审美观念是要求演员去演人、演那一个活生生的人。那么，我创造车匪这个颇有点怪异味道的人物，如果直接演他那"匪""坏""怪"的特征，就会失去人物的真实，呈现在舞台上的将是一个虚假的概念，最多不过是一个滑稽可笑的小丑。因此，要把车匪演成活生生的人，就必须赋予他以"活气"。

《绝对信号》这个戏，发生在一列货车的守车上……可是，我对守车并不熟悉，对剧本中规定的戏剧情境也很少了解。但是，要创造一个人物，首先要对他的生活和生活环境做到真知，熟知，在脑子里产生这个人物的具体视像，否则就无法在假定的舞台环境中生活，就不能在假定的戏剧情境中把握人物的动作，这个人物也就"活"不起来。

为了熟悉环境，了解车匪的生活，寻求人物的视像，我同剧组的同志们一起深入了生活。

在守车上，我们跟班作业，不仅"结识"了守车，而且亲身体验了夜间行车的感觉。在与运转车长的交谈中，对戏剧中发生的时间找到了生活的依据。

我走访了铁路公安部门，在押"吃大轮的"（即车匪），多属屡教不改的惯犯。他们心狠手黑，作恶多端，盗窃和破坏了国家大量物资，是一些以自身性命进行赌博的亡命之徒。

在拘留所里，我见到了几个盗车的犯罪分子，其中一个给我留下很深的印象。这是个二十多岁的青年，长得眉目清秀，白皙的脸上透着一股机灵劲，要不是被关押在这里，很难想到是一个盗窃团伙的要犯。见到他时，他翻着眼睛盯着我，我一打量他，他便低下了头，少顷，他又稍抬起头，这时尽管看不到他的眼睛，但我感觉到他在窥视着我。这一盯、一躲、一窥的眼神，把他那心虚而又狡狯的心理状态揭示得淋漓尽致。这使我想到，剧中的车匪在露了马脚后，他对待车长的态度不就是这样的嘛！

我用生活中得来的感受，结合剧本，对车匪这个人物展开了想象。车匪的视像在我脑子里逐渐清晰起来。我以朴素无华的衣着和一副眼镜，中和着他的"匪"气；我用谦和规矩的举止，抵融着他的"流"气。我对车匪外部的修饰，是为了力图使之含蓄，给"活"气的萌发创造条件。

凭借着生活中的感受，对假定的舞台环境，再不感到生疏了，无论是在"货场"上，还是在"守车"里，都能唤起我的真实感与信念。

要使车匪"活"起来，关键是在自己身上找到人物的自我感觉。

人物自我感觉，不是抽象的概念，而是很具体的东西，那就是人物在一定的规定情境中，对周围的人或事所持的态度和感觉。这种态度和感觉，既不是凭空而来的，也不是一成不变的。它是根据人物的舞台动作产生的，并伴随着人物舞台动作的发展而不断变化的。因此，我必须从车匪的舞台动作出发，通过积极的舞台动作，在自己身上寻求车匪的自我感觉，建立起人物的信念。

从剧本上看，除几段回忆和想象外，车匪一直在舞台上，可是他的台词却很少。有的段落二三句话，有的段落根本无话，只是一个呵欠或一串呼噜。这就要求我在无言的状态中，去开拓车匪的舞台动作。

剧中，列车开动了，车匪为自己扒车向车长辩解，又以捎带山货海味讨好车长，遭到申斥后，直到进入黑子和蜜蜂的河边回忆，这段戏长达二十分钟，车匪只说了三句话。

第一句，临时停车时，黑子见蜜蜂要搭车，有些心神不定，车匪斥责他："你怎么了，没见过女人是怎么的？坐下！"

第二句，车匪明白了要搭车的是蜜蜂，询问黑子："你弄钱就为这个丫头片子？"

第三句，黑子不让过问，车匪警告他："看你丧魂落魄的，什么也别对她说，别叫她坏了事！"

如果我仅完成这三句台词的舞台动作，显然是不成的，只有找到他无言时的心理动作，我才能积极行动起来。在排练时，我置身在规定情境中，借助与对手的交流，按照车匪的生活逻辑展开了想象，内心活动充实了，动作的欲望也就产生了。

临时停车时，蜜蜂上了车，使我略平静的心又悬了起来。我虽警告了黑子："什么也别对她说！别叫她坏了事！"但这简单的叮嘱，并没有打消我心中的疑虑。要密切注视黑子的举动，提防他中途"翻车"，成了我舞台动作的中心。与此同时，我判断蜜蜂和小号的关系；观察、揣测着蜜蜂对黑子的态度；附和着车长的心绪，赖以保持趋向和谐的关系。

在这段戏里，由于我根据车匪的目的和人物，挖掘了他无言时的心理

谭宗尧
在《绝对信号》中饰车匪（左）

动作，并在与对手的交流和适应中，发展了它，使车匪的舞台动作具体了、贯穿了、积极了，这就促使我对车上的人和所发生的事不断变化着自己的态度和感觉。车匪的形象变得具体了，有了点"活"气了。

对于车匪那瘸腿跛足的怪异形象和近于滑稽的舞台行为，我也从人物的舞台动作出发，去追求人物的真实、可信。

瘸腿跛足并不是车匪固有的形体特征，而是他伪装的伎俩。这戏剧情境的本身，就内含着夸张。如果我概念地表现车匪伪装的意念，定会失去人物的真实。于是，我以假化真，较真实地找到跛足的形体感觉，在几处表现一下，一般时候不强调，使它有助于人物的舞台动作，而不让它成为干扰。

车匪夸张的舞台行为，是人物可信的严重障碍。为了克服它，我认真与对手交流，一举一动都以内心感受为依据，避免那种把人物的意念强加于观众的过火表演。像给黑子报信的咳嗽和安定黑子的呼噜，我都贯串在车匪的动作线中，提前"起法儿"，使这些行为产生得有机，又不失生活的真实。

读台词上，为增强人物的真实感，我尽量接近口语。对于车匪那些夸张和污秽的语言，我以完成语言动作为目的，不有意表现他用语之污浊。

二、找准人物性格，学会"待人接物"

我在《小井胡同》里演小粮店的掌柜石瑞丰。这个角色很难演，那么，我是怎么创造他的呢？

……

石瑞丰这个旧时小粮店的掌柜，他精明能干，却又胆小怕事；他待人

谭宗尧

在《小井胡同》中饰石瑞丰（左）

处事透着一股热心肠，而在其中却又揣着替自己打算的"小九九"。这就是我对石瑞丰人物性格特征的基本认识。

第一幕，北平解放前夕，石瑞丰害怕被"共产"，而败了他的家业，心绪烦乱地等待着。他得知国军又在"换防"，便推断"解放"还需时日，立时产生了囤积居奇的念头。当听说八路军马上要进城的消息，又如当头挨了一棒，顿时没了主张。伙计小力笨劝慰他，并愿替他照应粮店，他将信将疑地让小力笨去了。这段戏，是石瑞丰第一次上场，为了更清楚地介绍人物，我在完成上述舞台行动中，还对石掌柜与伙计小力笨的人物关系做了这样的处理：当他决定囤积粮食待价而沽的时候，看到小力笨还呆在家里，便有点气急败坏地申斥小力笨："你怎么还在家里磨蹭啊！"而当小力笨要去照应粮店时，他把小力笨叫住，硬塞给他一把钱，还深深地给小力笨鞠了一躬："这柜上的事，就全都托付给您啦！"以图小力笨尽心竭力，与自己患难与共。先是申斥，后是讨好；先是称呼"你"，后是称呼"您"。这一先一后的变化，既表现了他们之间的师徒关系，又揭示了石瑞丰的心理变化，同时把石瑞丰那待人处事精明而颇具心计的性格特征表现出来。

综观全剧，石瑞丰经历了五个不同的历史时期，而不同的历史时期不断地改变着他的命运，伴随着命运的改变，造就了他那复杂、多变的人物性格。这就是我创造石瑞丰的体会。

在表演艺术中，我们谈创造角色或塑造人物形象，主要是讲演员对角色的人物性格的把握，或曰对角色人物性格的体现、展示。何谓"性格"呢？从《汉语词典》《辞海》等汉语工具书中得知："性格"即是对待周围人或事的态度，所以，我在创造角色的过程中，十分重视自己扮演的角色在舞台上对周围人或事的态度，更直接点说，就是要重视角色的待人接物。这在把握人物和塑造人物性格上至关重要，有时甚至是演员创造角色的重要手段或途径。我谈卢孟实的待人接物，就是想结合实践中的一点儿体会，说说这个道理。

现实生活中，人们的身世不同、境遇不同、素养不同、理念不同，就会形成各异的性格。因此，对待同一个人或同一件事，人们的态度也就会千差万别，尽管有时差别是很细微的，但决不会是相同的。为了体现"这一个"角色的性格特征，就必须对所扮演的角色有个明确的认识。所谓"明确"，包含两重意思，既要鲜明，又要准确。

卢孟实是个出身卑微的小人物。父辈屈死的身世，激发了他对世俗偏见的不满，产生了要与之抗争的抱负。他精明、能干、有胆有略，不甘于现状的性格特征，促使他要成就一番事业，摆脱那种让人瞧不起的境遇。他来到"福聚德"后，以他的聪明才智改变了经营方式：靠借债翻盖了店堂；聘请了热炒厨师，打破了"鸭四吃"——老一套的陈旧经营品种：订立店规，招贤育人……把一个濒临破产的买卖，拾掇得名噪京师。正值春风得意的卢孟实，由于东家的掣肘，不时给买卖带来危机，最终酿成了卢孟实人生命运的悲剧，被迫离开了"福聚德"回了老家，临走发出了"好一座危楼，谁是主人谁是客；只三间老屋，时宜明月时宜风"的感叹。

那么如何在剧本所规定的情境中，去展示、表现卢孟实的性格特征呢？卢孟实的待人接物为我找到了"接近"他的途径。

在第一幕中，卢孟实第一次上场"亮相"，先后遇到了四个人，分别是师哥王子西、堂头常贵、老掌柜唐德源和大少爷唐茂昌。生活中，我们对周围的人的态度并不一样，那么在舞台上创造的角色也应如此。我从卢孟实这个角色出发，他与师哥王子西一起学徒，情同手足，彼此熟知，无所顾忌，既可打哈哈凑趣，又可把心中所想和盘托出，态度是坦诚的。对堂头常贵由于久闻其名，此时初见，实有相见恨晚之感，出于赏识之心，反而多了几分客气，既赞不绝口，热情相待，又频频施礼，以示尊重。老掌柜唐德源是一店之主，在同行业中颇具名声，虽是长辈，却对卢孟实这个晚辈倾心相待，卢孟实对老掌柜的谦恭，便理应如此了。而大少爷唐茂

谭宗尧
在《天下第一楼》中饰卢孟实（右）

昌在卢孟实的面前表现得傲慢无礼，卢孟实大为不快，以投其所好的机智，戏弄了他。通过对这几个人不同态度的表现，卢孟实那精明能干的性格特征，就会给观众留下深刻的印象。

在第二幕第二场中，正当卢孟实改变"鸭四吃"的老套子而增添热炒的主张获得成功之际，发生了"红小豆泥事件"，灶头罗大头为达到挤走新聘厨师李小辫的目的，竟然指使徒弟偷偷倒掉了李师傅业已备好的红小豆泥，迫使李师傅当众出丑。卢孟实从对此事一无所知到弄清事情原委的过程中，对人对事的态度发生了不同变化：当卢孟实诚心诚意感谢李师傅之时，李师傅却要辞职不干了，引起卢的满腹狐疑；对李称"福聚德"是"窝子买卖"之说，卢虽心中不悦，还是强忍着，为"福聚德"辩白，并软中带硬地质问李为何如此说；当卢孟实明白了事情的真相，对罗大头的行为十分厌恶，同时以内疚的心情，双手捧起李的围裙，送到李面前去宽慰他，直到李予以谅解，然后以十分严厉的态度斥责了罗的卑劣行为。卢孟实处理这个事件过程中的变化，不仅表现了他敬业治店的严肃态度，而且也表现了他为人处世爱憎分明的品德，这对展示他的性格特征是很有益的。

从以上事例中也说明了：角色待人接物的态度不是一成不变的，要随着剧中事件的发展，剧中人物关系的不断变化，来不断改变角色的态度。做到这一点，就需要演员对剧本有深刻的理解，对角色的生活有深刻的认识，在导演的总体把握和指导下去完成。卢孟实在第二幕第一场"巧设黄土计"和"严明店规"等戏中都是如此。简而言之，演员创造角色就是去准确地完成"这一个"角色是怎样待人接物的，因此"待人接物"的问题会贯穿创造角色的始终。

角色在戏中对每一个人或每一个行为都包含着"待人接物"的态度问题。这些态度越准确、越细致，角色就会越生动、越鲜明，戏就会越好看。这不仅贯穿在排练过程中，而且在演出中还需要不断丰富、调整。这个过程不会终结，这也就预示着创造没有终结，演员要随着对角色不断深入理解，对生活不断加深认识，而不断完善角色的创造。

谭宗尧

在《阮玲玉》中饰唐文山（左）

三、如何看待并塑造群众角色

"群众角色也是角色"这种说法，并非新论，今天再谈它，有人会说，"这是老生常谈。"或许还有人会说："这是多余的话，群众角色本来就是角色嘛！"但是，在艺术创造的实践中，经常出现这种情况：演员往往不愿意扮演群众角色。所以出现这种情况的原因是多方面的，我不想一一剖析，有一点我要说及的是：有的演员还没有悟到"群众角色也是角色"的真谛。

其实，扮演有名有姓的角色也好，扮演群众角色也罢，他们的创作规律大体是一样的，"麻雀虽小，五脏俱全"。都要对剧本全面理解，对自己扮演的角色进行分析，明确其在剧中的地位，把握他与周围诸人或事的联系；根据角色生活的规定情境，去积极完成角色的舞台行动，从而塑造出鲜明的舞台形象来。所不同的是，有名有姓的角色，更要受到作家剧本或导演总体构思的制约，而作家或导演对群众角色的年龄、性格特征及舞台行为等等，一般都不做明确的规定，往往仅是画一个轮廓而已。这样，扮演群众角色的演员，在创造角色时，就会有较为广阔的天地。只要在导演的总体构思中，便可按照自己的愿望和选择，去决定自己所扮演的角色了。因此，只要下功夫，认真地对待群众角色的创造，对掌握和提高表演技巧（训练演员的想象力，增强演员形体的可塑性，寻找角色的自我感觉，以至塑造鲜明的人物形象等等）是十分有益的。

在戏中扮演群众角色，常被人称之为："跑龙套"。这种称呼，有意无意地贬低了群众角色在戏中的作用。好像群众角色只要在舞台上漫不经心地走几个舞台调度，跟着"摇旗呐喊"一番，便可了事。其实不然。话剧舞台上的群众角色，绝非所谓的毫无用处的"龙套"。他们是要生活在具体的规定情境中，去完成剧本或导演赋予他们的舞台行为。他们的一举一动、一言一语，都与舞台上发生的一切息息相关。在艺术实践中，群众角色的创造，往往会直接影响整个戏的演出。这正体现了群众角色对舞台

谭宗尧
在《古玩》中饰金鹤鑫（中）

演出的艺术完整性所起的重要作用。

我体会到，扮演一个群众角色，要在导演的总体构思下，在舞台上充分体现其作用，并不是一件轻而易举的事，那是要花费一定气力的。

例如在话剧《红白喜事》中，我就扮演了一个群众角色。这个角色在剧本里，只是第二幕一群人中的一个，没有任何提示和说明。我如果以十分草率的态度来对待这个群众角色的创造，那么一般的完成任务总是可以的。但是，我没有这么做。我觉得不管角色大小，作为一个演员，都应当在剧本所描写的生活基础上，对自己扮演的角色，加以补充，使他在戏中的作用得到体现。

由于这个群众角色在剧本里是没有台词的，所以他的身份，他在舞台上的行为，就难以确定。后来，导演把一个"本家人"的头衔给了我。这样一来，我不仅领会了自己所扮演的人物，而且以这个"本家人"的概念为基点，把剧本描写的生活情境和现实生活中的实际结合起来，去摸索他的舞台行为，寻找他与同台角色的人物关系及特点，开始创造这个"本家人"的舞台生活。

在我国农村的现实生活中，在本门本户的亲戚里（除去发生家庭隔阂者外），不管谁家有事，作为"本家人"都有一种"主人感"，都理所当然地要跑前跑后地，从中帮忙，而且凡事都有自己的态度。因此，我扮演的这个"本家人"，当然也不能例外。

那么，如何去体现和强化我这个"本家人"在戏中的作用呢？

首先，我把他在舞台上的三段戏，都作为主要场面来对待。无论是待宾、迎礼，还是罢宴、退礼等舞台上发生的一切，我都以主人的姿态积极参与到事件中去，并拿出自己鲜明的态度来，使这个"本家人"的舞台动作积极起来，而且具体化。

在摸索角色舞台动作的过程中，为建立与同台角色的人物关系，我对这个"本家人"的身份进行了选择。我设想他是郑奶奶的本家侄子，也就

谭宗尧

在《红白喜事》中饰群众角色（左二）

是郑热闹的本家叔叔。这样一来，上可以敬老，下可以训小，并且与二叔、五叔和窦老闷等角色的人物关系也容易建立起来了。这个选择，使我在舞台上的联系广泛了，"本家人"的信念加强了，反过来又促使我的舞台动作更加积极了。

为了使人物舞台行为贯穿，形象鲜明，在排练中，我为他安排了一条"生活线"。开幕时，他在舞台上待宾、应酬、张罗了一气，那么下场后，又干什么去了呢？于是，我在"迎礼"的那段戏上场时，腰上系了个白围裙，手里拿着一把笊篱，在鞭炮声中匆忙而上。人们一看便知，这是为酒宴帮厨。当齐家人"罢宴"，吵闹着要走，我进行劝阻时（即第三次出场），腰上的围裙仍系着。我以此想表现"本家人"的那种忙里忙外、跑前跑后的"主人感"。当然这只是外部形式的刻画，但是有了这些，却大大增加了我这个"本家人"的舞台自我感觉。

我谈这个"本家人"的创造，不是要说我演得如何，取得了怎样的成功，我只是想以此为例，说明扮演群众角色同样是创造角色的一次很好的艺术实践机会，同样要花费一定的气力，同样是为演出的艺术完整性做出了贡献。

为了提高我们的表演技术，为了演出艺术完整性，我们理应重视并尊重群众角色的创造。

群众角色也是角色。

以上摘自谭宗尧：《石瑞丰的创造是这样开始的》，见《〈小井胡同〉的舞台艺术》，刘章春主编，中国戏剧出版社，2015年1月出版；谭宗尧：《给车匪以"活气"》，见《〈绝对信号〉的艺术探索》，北京人民艺术剧院《绝对信号》剧组编，中国戏剧出版社，1985年5月出版；谭宗尧：《我演石瑞丰》，见《秋实春华集》，周瑞祥、王宏韬、任宝贤、孙安堂编，北京出版社，1989年4月出版；《七拼八凑话孟实》，见《〈天下第一楼〉的舞台艺术》，顾威主编，陈秋淮、宋宝珍副主编，文化艺术出版社，2008年8月出版；谭宗尧：《从"群众角色也是角色"谈起——兼谈一个"本家人"的创造》，见《〈红白喜事〉的舞台艺术》，郭海云、杜澄夫、林兆华编，中国戏剧出版社，1987年4月出版。

此文由中国艺术研究院高尚编选、整理。

濮存昕

艺林幽径，寻道推门

濮存昕，1953 年 7 月生于北京。北京人民艺术剧院演员、导演。历任北京人民艺术剧院副院长、艺术委员会副主任，中国文联副主席，中国戏剧家协会主席，第十二届全国政协委员。

16 岁下乡前参加过学生宣传队。1969 年作为知识青年下乡到黑龙江生产建设兵团，下乡不久便被抽调到北大荒生产建设兵团业余宣传队担任文艺骨干。1977 年考入空军政治部话剧团。1987 年调入北京人民艺术剧院。1989 年在话剧《雷雨》中饰演周萍，1991 年在话剧《李白》中饰演李白，1993 年在话剧《鸟人》中饰演丁保罗，1994 年在话剧《阮玲玉》中饰演穆大师，1999 年在话剧《茶馆》中饰演常四爷，2001 年在话剧《蔡文姬》中饰演董祀，2006 年在话剧《白鹿原》中饰演白嘉轩，2009 年在话剧《窝头会馆》中饰演古月宗。2021 年导演上海戏剧学院表演系 2017 级西藏本科班毕业大戏《哈姆雷特》；同年导演话剧《雷雨》。

1991 年获第二届"中国话剧金狮奖"演员奖；因出演《李白》获"文华表演奖"、"上海市白玉兰奖"；1992 年获第九届"中国戏剧梅花奖"；1997 年因出演话剧《天之骄子》获第七届"文华表演奖"、北京市年度优秀表演奖；2000 年因出演电影《洗澡》获第七届北京大学生电影节最受欢迎男演员奖；获中国电视艺术家"双十佳"候选人提名；2001 年因出演电视剧《光荣之旅》获第十九届中国电视金鹰奖观众喜爱的男演员奖；2002 年获第十九届"中国戏剧梅花奖"；2005 年因出演电影《一轮明月》获第二十五届"中国电影金鸡奖"最佳男主角奖提名、第十一届"中国电影华表奖"优秀男演员奖；2012 年因出演电影《最爱》获第十二届"华语电影传媒大奖"最佳男配角奖；2021 年 6 月，获全国优秀共产党员称号。

表演艺术是一门实打实的专业，我这一辈子就干了这一件事情，我是否干对了？60 岁以后，我老在想这个问题。每次演出完，我都会不由自主地想：哪些地方还不够专业，还要解决什么问题，还有哪道门没推，还有哪条路没有寻到？发现问题了，如何去解决……可能这是我们这一代人的典型特征，喜欢"灵魂深处闹革命"。但我确实觉得这才是一个演员应该有的生活状态：不断地思考、自省，退后一步，看海天是否宽。因此，便有了一些我自己的大道理小经验。

当下，对于舞台艺术来说，我由衷地觉得我们遇到了好时代。我深深记得我尊敬的老院长于是之先生，在 1991 年请来了莫斯科艺术剧院艺术总监叶甫列莫夫为人艺导演《海鸥》，观众寥寥，记者媒体漠视，导演不理解，因为在他们那儿，剧场每天是坐得满满的。是之老师歉意地对叶甫列莫夫的神态我记忆犹新，他在自己的日记中深表当院长的两个忧虑：一个是剧院过于机关化不好；第二个是什么戏，怎么才能"上座"。

而今非昔比，经过 40 年的发展，人们对精神生活的追求与日俱增，新一代观众成长起来。在一个祥和的城市夜晚，观众们想要走进剧场，通过看戏思考这个世界，获得一份高雅的艺术享受，这已成为很多人的生活方式。所谓"戏比天大"，戏剧不单是消遣娱乐、可有可无的一件事情，它在生活中是至关重要的，不可或缺。我坚信时代再怎样飞速发展，即使数字化、虚拟世界如何占据人们的生活空间，戏剧、舞台的魅力越发会弥足珍贵。人的品质生活离不开面对面地与人同处，眼眸和心灵直接的交往。

作为演员，为观众昭示真善美是我们的责任，我们应该如何去看待这份职业，让自己踏实地走好这条路，我想把自己思考后的这些感悟分享给年轻的同行们。

一要求真

艺术和科学一样要求真，科学讲求客观世界的真，艺术要讲求精神世界的真，只有真才能谈对错和审美。在今天，当越来越多的行业可以用数字和电子化来取代时，剧场演出更显其珍贵和无可替代。机器人的仿真度再高，它的眼眸也是无灵动的，它的声音也是机械的被设定好的，不会与人产生情感链接。而在一个台上台下精神层面同呼吸的剧场里，虽然舞台情境是假的，但我们可以投入真情，让我们的眼神、气息、声音、行动抵达观众的内心，让观众相信这一切都是真的。

因此，真实与否，在我们这行是生死大事。观众付出宝贵的时间和买票钱，带着热切的愿望走进剧场，期待观赏一台精彩的演出，享受一个美好的夜晚。作为演员，我们必须全身心投入，虔诚地交付真心，以高质量的表演回馈观众——我们的衣食父母。我们若演得不真，应该感到愧疚；我们若演得不真，就没有座儿。

还记得北京人艺65年院庆时，中央电视台为我们做了一期《艺术人生》的特别节目，主持人让我们每个人写一个关键词，我写的是"这有座儿"，何冰写的是"真相"——他说戏剧就是要把生活的真相揭示出来！艺术工作者这份求真的态度是多么重要！如同生活中我们与人交往，彼此感受到远近亲疏，取决于付出了多少真诚。舞台上的真实感需要我们的真诚，真诚地与观众交流是平等的，没有炫耀、凌驾和轻慢。在剧场里，戏剧成为一种媒介，我们通过演出和观众平等地探讨。当你演得不好时，观众会觉得跟你是有距离的。所以你要调动所有思想感情和生命能力，引导观众跟随你，与你保持一种同享艺术真实的状态。有一句话："救场如救火。"弥补救场的就是一个"艺术的真"。

二要择善，有恰当的名利观

"善"在通译中也包含"对错"的意思，艺术创作的路我们要走向正确的方向。艺术源于生活，是为大众、为走进剧场的观众服务的。北京人艺建院伊始的第一个戏《龙须沟》就是让演员们深入生活，到工厂、农村去，了解这块土地上的人们是怎样生活的。作为演员，我们应始终带着一颗质朴和善良的初心，实实在在地生活于戏剧情境，真切地感受和捕捉角色的艺术之美，方能在创作中厚积薄发，塑造出真实感人的人物形象。

但职业的特殊性常常会赋予我们一层光环，随着光环增大，掌声追捧，我们很容易飘飘然，被各种名利诱惑。客观来说，整个艺术行业必然是处在名利场中，从业者有名利观是自然的。从整个行业到我们的剧院，你演配角还是主角，得奖或不得奖，你用心塑造一个角色是否得到了应有的关注，这些患得患失的事不解决的话，是会影响我们专注于创作的。因此我们要学会把欲念摆平，理性看待职业带给我们的荣耀和评价，善用它，把它转化成实现更高成就的驱动力和激发高质量的创造力。没得到荣誉坦然面对，再努力，做到得到了不迷失，百尺竿头再进一步。

戏剧是团队精诚合作的产物，孤掌难鸣。从艺做人，我们必须秉持正向的世界观、人生观和价值观，只有认识到自己是渺小的，有自知之明，把个人的追求和整个集体、社会、民族、人类文明的发展放在一起，个人的价值才会无限大地获得进步空间。

三要崇尚美感

演员是个神圣的职业，它赋予你机会去塑造一个艺术形象，用自己的能力和认知在台上演绎真善美，揭示假恶丑，但你塑造出来的样子是不是美的？要靠文化和修养的积淀。就像是之老师说的：同样的剧本、同样的角色，两个演员具备同样多的生活素材，创造出来的角色也有文野之分。你演一个坏人，第一要演得这人真坏，第二还得演得叫人爱看才行。还得有一种美感才行，艺术的美在真假之间，真是逼化出来的美感。

因此，我时常想起前辈们那种生龙活虎的表演，是那么精彩。他们下台以后也都食人间烟火，过喜怒哀乐的世俗生活，而一旦进入舞台的戏剧情境，他们立刻展现出不同凡响的理解力、想象力，他们有高超的表现力，始终带着一种饥渴感去创作，真的是把排练演出当天大的事。

十多年来，我有意地去参与剧院保留剧目的复排演出，通过剧中角色去追寻和学习前辈们的表演方法。是之老师的魏勒，林连昆老师的刘家祥，郑榕老师的常四爷，吕齐老师的越王勾践，蓝天野老师的董祀，刁光覃老师的曹操。可以说，除了朱旭和英若诚老师，其他人的戏我差不多都摸过了。每演一次，也是对前辈表演风范的回味与致敬，然后我再辅以自己的理解和表现能力。

梅葆玖先生的那句话也常在我脑海盘旋，有人问他京剧是什么？他说京剧就是给国人做个样儿。想来京剧之所以成为国粹，就是因为在老年间，国人用戏曲来表达美的样子。无论青衣、花旦，还是铜锤、小生，他们贴鬓着袍，一招一式，手眼身法步，那精气神，就为拿捏出一个韵味无穷的美态，这是中国人特有的审美表达。

四要有超越年龄的生死观

玩、学、做、悟、舍、了，我曾经用这几个字概括我对人生的理解，它们可以是人生各个阶段的要义，也可以是我们在每个阶段都须保有的态度。对于演员来说，创作实际是开发修行自身的事，参透人生，无论对于

濮存昕

在《洋麻将》中饰马丁·魏勒（右）

我们过好自己的生活还是塑造各种角色都大有裨益，当然这并不容易。

年轻人大多处在"玩、学、做"的状态，演员的职业要求我们要具备洞悉人生的智慧。我们不可能拥有所有人的经历，大多时候只能靠间接经验去"悟"，这也是这个职业的趣味所在，当你塑造过很多角色，体验过很多人生后，自然也加持了自己的智慧。当你悟性通达、晓天下、明事理了，面对其后而来的更多机遇、名利，便能从容地选择和取舍。

"舍"是一种精神力量，特别是演员，放下固持，放下负担、杂念，无忧无虑地寻进自由创作的境界是多么美妙。而"了"恰是我们体味最为深刻的，日常生活中的日出日落，生活中精神灵动的稍纵即逝，每一次演出前后的人聚人散，我们每天都处在这样的生灭循环中，人生就是由无数的"开始——结束"构成。如果我们有这样的心理准备，便能始终从容，面对再大的落差都能坦然应对。

在这些抽象的道理之外，其实我更多思索的是一些技术问题。2021年年末的演员总结会上，我和龚丽君发言，我特别强调的是演员要回炉基本功技术，而龚丽君说技术不重要，重要的是你要真心。我想这全都没错，因为我们是在一个假定的戏剧环境里创作，"真"往往是稍纵即逝，生灭循环的，它不是老有的。怎么能让它"常在"，一定要有技术的训练去焕发它，真心和技术是相辅相成的，不能非黑即白，偏及一个方面，要和谐共生。以下便是我想到的一些话剧演员基本功的小经验。

台词基本功

我自己的台词基本功原来非常不好，在空政话剧团时，台词老师鲁继先和房春生说我台词有声音，但没有字，太表演情绪。到了人艺后，仍旧存在这个问题。我在人艺第一个戏是天野老师导演的《秦皇父子》，排练时他扳我的毛病，在某处让我重复了很多遍，最后说休息，先不排了。郑榕老师把我拉到门口说："说台词要达意，不是光背词和演自己的激情澎湃……"那是我被借调到人艺参加的第一个戏。后来，曹禺先生来看连排，

濮存昕
在《秦皇父子》中饰扶苏（右）

看完没有表扬，他第一句就说："台词听不清，我怀疑是不是我的耳朵问题，但是我想不是。"现在我悟出来，年轻的时候往往容易重演轻说，那时的我就在这。

北京人艺前辈们所创造的表演方法，特别值得继承的一方面就是台词的讲究，最突出的是董行佶老师，我父亲也讲究台词。朱旭老师在《哗变》中魁格舰长那段精彩独白，是他的台词基本功集大成的表现。于是之、朱旭、郑榕老师都有自己的排练小本本，专门用来记录如何把文学台词变成口语化台词，他们的表演看似不经意不着力，说得随心、上口、达意，但有一种独特的韵味，往往最后那几个字听起来好像有无限延长和余韵，一直往你的心里递。

剧院曾经有人跟我提过，舞台科技已经很发达，是不是可以用无线麦克。我以为还是要坚持话剧原本的满宫满调的表演方法，使得演员全部的生命能量影响到整个剧场和上千的观众，戏剧演员的空间感和表演时释放的生命能量与影视化的表演是不同的。如果你的声音小了，生命能量的传达必然小了，那种传不出台口的表演方式会使舞台表演的传统丧失，守固就不成立了。完美的声音应该是层次饱满和分明的，有最强的部分，也有最轻的部分，两者之间的幅度也许可以比作在三个八度音阶，才能到达非常专业的演员水平。如果只有一个八度，台词表现的空间就小了。但现实确实无奈，现在戏曲演员都戴麦克，因为剧场空间和乐队的庞大，使得他们不得不戴麦克。但是戴了以后，那种"脑后摘筋"，最饱满、最激情的表演真的缺少了，生命能量无法彻底释放，舞台可以给人震撼的表演能力就弱了。

我父亲苏民对于表演教学积累了一大堆他的教学笔记。我根据他教台词的笔记，归纳了四个标准，我想这可以作为台词基本功训练的方向，应该在我们剧院年轻演员里提倡这个概念。

第一就是要大声。大声地、字正腔圆地直抒其怀。台词，特别是独白，就是"大声地思想"。在电影往往不重视台词，只能说生活化的语言；在戏剧界称之为"台词"，顾名思义它是"舞台的词"。在舞台上要求的不是自然的发声方式，你的声音小，嘴松，内心便显得不够强大。发声时组气位置的准确有力和运动口腔的大小，可以用以区分生活语言和艺术语言，而大运动口腔部位的组气、立音是需要基本功训练的。近些年来，由于影视作品的快速发展使得表演教学上往往偏重于影视教学，缺乏对舞台台词特性的要求，很多戏剧学院毕业的学生欠缺这方面的训练。

第二，呼吸的通畅，自由地运用呼吸。呼吸运用好了，就像通条捅了捅炭火一样，它就有了气，火苗就上来了。呼吸紧张，声音不到位，表演就浮于表面，不沉着、不从容，缺少一种通达的稳。呼吸训练要与大声地、字正腔圆相结合。

现实生活中，每个人的呼吸都是随着所身处情境的情绪变化的，因此舞台上的喜怒哀乐、紧张恐惧、无力、衰老病吟都可以用呼吸来呈现。呼吸与专注力能够操控一个人的生理状态，使我们快速进入表演状态。如果你对假定情境充满专注的相信，你就会产生真实的信念感。而呼吸是可以控制的，胸腔和腹腔的肌肉可以调动呼吸。表演正确的时候都是呼吸对了，有问题的时候往往是可以通过呼吸来矫正的。

第三，四声要到位。播音员在练四声时是非常严格的，当然他们是播音发声，我们是舞台发声，更夸张。打比喻，一声是平行向前的音势，一声——平地往前送；二声像耐克的对钩，咦——先下后上，有个委婉的顿一下的转弯；三声像是一个对等的"V"字形。2014年，朱旭老师的夫人宋雪茹老师为纪念骆玉笙（小彩舞）诞辰百年写了《沧桑岁月稠》那本书，在发布会上，朱旭老师发言说起骆先生时眼睛湿润了，他讲骆先生当年在录音棚唱《重整河山待后生》的第一句"千里刀光影"的"影"时，唱的是"迎"，没唱到位，她愧悔自己当时没有听回放可以重新补录。这个事儿成为我经常记得的一个典故，这些曲艺前辈艺术家对吐字发声的讲究，给我深深的提示。最后是四声——它是先上后下。这是中国语言韵律学中强调的把字念得圆润，往往是先抑后扬，好听，有骨，不是干扁的，是圆

濮存昕
在《蔡文姬》中饰曹操（右）

的，意图明确的。

第四，是达意。通俗来讲利用好一句台词里的重音字和重点词组，去强调要表达的意思。但它一定是在分析台词中先找到空间感，特别要在通篇中，先规划出表达意图的段落，找到台词意思的重点和达意的边缘，把意思弄清楚。《蔡文姬》这样的戏特别检验一个演员仅是在有腔有调地背词；还是从动作出发，有韵味地道出台词。达意在基本功中，比如我们说"红军不怕远征难"，这七个字重音放在每一个字上，表达的意思都有不一样的劲儿。用这样的方式启发学员们习惯这种说话方式，表现出正确的创作节奏的变化，把语言送到别人心坎儿里去，形成为有影响力的语言。

要提高表演素质，每个演员都要重视训练台词，因为我们这行可以说是语言工作者。对比其他艺术行当，舞蹈演员要每天上把杆热身，半蹲、旋转、压腿；演奏家每天要练琴，否则手指会僵；歌唱演员要练声；戏曲演员要练功，一天不练自己知道，两天不练师傅知道，三天不练观众知道。今天的年轻演员应该重新树立观念，养成自我训练习惯。各种人物的独白，还有各种技巧的自我学习，会唱歌、曲艺、京剧念白等等，艺多不压身，当一名多才多艺的演员。

形体训练

舞蹈演员的把杆是通过分解动作来进行的标准化训练，动作的强弱快慢、虚实的把控都在其中；分解动作都对了，再进行组合训练，才能最终成为独立完成表演和创作的作品。话剧缺少形体训练的标准方法和要求，演员们容易忽视形体训练的意义。但是如果你有良好的身体素质，有出色的爆发力、控制力、协调性，会舞蹈、会戏曲架子功、会摔会滚，能在舞台上灵活自如地运用形体，你的表演空间就会扩大很多。

现实中有太多的演员不会利用身体，比如有些演员因为背词和蹚着步走位置时，固定下来的节奏、脚步往往跟不上心，但脚步恰恰可以在表演时用来扩大舞台范围，身体重心的调整，前后的移步都与表演息息相关。

比如同样是表演倾听，戏曲演员可以不动，而话剧演员要根据剧情来做辅助性的表演，选择好自己的站位，调整呼吸节奏、身体重心变化，甚至眼睛的眨动，这些能使你融在环境中间，不无生动的陪衬，又没搅主戏。像舒绣文老师在《带枪的人》中饰演打字员，列宁的角色在演讲，她在一个角落里打字，没有一句台词。她打字的声音速度与列宁讲话默契配合，辅以关切的眼神、适度的停顿，让这个角色真实自如地生活在舞台环境中，使舞台上她的那个角落都充满了生动感，这便是人艺"一棵菜"的精神。

广泛的学习和阅读

演员要涉猎广泛，扩大自己的生活和朋友圈，多培养兴趣，眼不闲、脑不懒、多思、解惑，尽可能地增加自己的丰富性，这也是我从自身经历中得来的感悟。在成为专业演员之前，我有 8 年多业余文艺宣传队的经历，那时白天干完活很累了，宣传队的晚上也要在很简陋的连队食堂练练功。后来进入空政话剧团，开始了话剧专业，日常有形体训练，演出时也参与灯光、道具等舞台工作。后来到剧协任职，我又能和戏曲演员有很多交往，他们的基本功特别扎实，给我很深的触动和启发。

我爱画画，常去欣赏美术作品，从中世纪的宗教绘画到 19 世纪各国名家的作品，以及中外绘画艺术的比较，让我领略到不同时代的审美形态。

这两年我利用疫情在家休息时间多，报了班学习书法，每天临帖要写几百个字。习书中有很多惊奇的发现和细微的体会，写篆书时，我发现很多字的笔画都拧在一起，像枯树或者骷髅，这仿佛是我们祖先在自然中汲取灵感，然后随着书写实用的需要，它逐渐简化，变成偏旁，再对仗取意，变成同音字或同义字。不同时期的书体风格各异，或饱满或精巧或清雅，行笔上就有许多细节的讲究，有的地方要用小劲儿，有的则要干脆果断。艺术皆相通，书写时的节奏、呼吸犹如舞蹈、戏剧表演中对节奏、呼吸的讲究，写多了以后它就成为下意识的表达，看一眼就可以默写，逐渐就有了自己书写的气韵。

我一直喜欢运动，从小就打篮球，参加各种体育项目。在知青生活中，分配给我的第一个活儿就是养马，从此与马结缘，直至现在成为马术运动爱好者。马术对基本功的要求非常严格，驾驭者绝不能生拉硬拽，要通过训练学习把正确的意图传递给马。每天训练那些精准的基本功动作，时间长了就会和马产生默契。马的舞步表演可不是听懂音乐，是我的骑驭基本功传递正确，它才跳舞的。

要多看戏，这些年首都剧场的精品剧目邀请展给我很多启发，以色列卡梅尔话剧团的《安魂曲》，盖谢尔剧院的《乡村》都是我爱看的剧目，他们的演员表演能力极强，令人赞叹。我在台下和他们交流，也看到他们生活里的状态，他们都是非常诚实的人。

每个人的生活都是有局限性的，不可能经历所有人的人生，阅读是我们走进他人世界最直接的途径，它决定着一个演员的大的思维空间和眼界的开阔，对历史、世界、人生的认知水平，对各种人物思想的解读、概括和演绎能力。

话剧是文学的形象艺术，文学是话剧的 DNA。在那些经典文学作品中我们能汲取到各种养分。

当下推崇过于自然化的表演，因为影视业的迅猛发展，艺术院校也偏重于影视化的表演教学。演员们习惯于追求自然舒服的表演，但这种表演在舞台上缺乏饱满的艺术感和创作表现力，缺少审美价值，观众买票走进剧场，是要看有艺术价值的演出的。是之老师说：好的表演要入诗入画。演员塑造的形象是有意图的，他调动自己所有的感受、能力和认知，使用自己的身体、语言和思想去创作，通过造型、节奏和自己所能掌控的基本功技术使得他的表演近诗似画。

我在导演西藏班的《哈姆雷特》时，每天排练前跟那些孩子一起跳锅庄舞，这日后也许还会在其它表演中用上它。要去吸收各种素材来训练，你在生活中所有爱好和学习全都能用到舞台上来。多方面地涉猎，就像养一口气在自己身上，总有一天都会化入自己的创作。

濮存昕

在《李白》中饰李白

我还是想引用盖叫天那句话："三形六劲儿，心意八，无意者十"，来讲表演艺术的大道理、小经验。你的身材扮相不错，有模有样，可以入行了，这是三分；词儿准了，腔圆了，有了那个精气神的劲儿了，这是六分；你能走心动情，把自己的感受和角色融在一起了，已经可以感动观众了，才到八分；最后，你进入了自由王国，怎么演都对，在舞台上确认自己会在真实的情景中生活起来，达到没有表演的表演状态，有心无意，任意创作了，则十，满分。你的生命其实在规定的情境中每天在表达着，每天似乎是一样的，但又不是一样的，所以生活的质感都不一样，这跟完成任务的表演是不同的，艺术创作绝不能变成机械化的重复。

还有一个非技术的问题，因为它太重要，我把它放到最后来讲，那就是：作为一名戏剧工作者，我们要懂观众，心系观众。

对表演者来说，从排练场到舞台实际上有三个过程。第一个过程是关注自己，我会先关注自己扮的这个角色在干什么？通常我们拿到剧本，都习惯于只把自己的台词标记下来，要清楚自己在干什么，为什么去干，怎么去干。慢慢地进入排练，交流起来，开始对词，这时就要分出注意力到对手身上，知道别人在干什么，想什么，怎么影响自己的，交流出现了。到了连排、彩排阶段，对整个戏慢慢熟悉了，就开始思考我怎么演，观众怎么想、怎么看。

其实从我们开始设想表演时，就是从观众出发的，自己先是角色的观众。但排练一段时间后，有可能忘掉了初衷，一定要经常提示自己不忘初心，不要在台上过多地自我陶醉，自说自话。表演信息要传递出台口，说出来的字不掉在脚前，要送到最后一排，送满这个空间，直至二楼。所以我在《雷雨》排练一开始就要求所有人都满宫满调，开始时大家不太适应，但习惯了以后，到演出时就会很有舞台感。

我在演契诃夫的《天鹅之歌》时，有意做了尝试。演戏和不演戏的时候状态是一样的，插科打诨，跟观众能开着玩笑开始戏的表演，聊着天就开始了。

这种尝试也源自一次看谢晋导演的儿子——谢衍拍戏时的启发。当年他是合拍片的副导演，有一场戏是在国子监的胡同里拍摄，那天晚上我特意跑到片场去看。谢衍把我安排在一个镜头不穿帮的地方，给了我一瓶可乐，我在那儿站了三个多小时，看国外演员怎么拍戏。夜里一两点钟，全准备好了，导演在无线话机中说："预备，开始！"现场鸦雀无声，演员走位的时候和表演的时候是完全一样的，让人感觉生活状态和艺术状态是那样的无界限、无差别，转换自如地无缝连接在一起。

京剧前辈李少春曾经说过一段话，大意是：一定要问我经验，我有两条。第一，我每一张口必须是真的。我与琴师调嗓子时就是真唱，我不走戏，我不趟戏，演起来就是真格的；第二，每到一个新的场子，我一定站在台口，一边调嗓子，一边看座位，观众席的扇面有多大，有没有二楼，我想要所有的观众都能看到我的出场……他心里装着观众，要照顾到整个剧场，这是非常重要的舞台观念。

进一步讲，对导演来说，如果我们的戏太闷、拖、慢，完全无视观众的感受，肯定是有问题的。所有艺术的风格、派别，理论观念最终都要回归到剧场性，剧场性是什么？是观众的感受，无戏则快，无戏则短，有戏便拿住。

我在《雷雨》《哈姆雷特》两个戏的导演创作中，特别在乎这个事情。比如文本的删节，当观众的脑子已经被拖慢时，必须要加快节奏。我们以前曾经笑谈一些电影导演在片场掐着秒表拍摄，只管时间，那确实有些教条，但也不无道理，戏剧和电影都是时空艺术的综合表现，时间概念太重要了。

孙过庭在《书谱》中曾这样形容行草书写中的笔法：观夫悬针垂露之异，奔雷坠石之奇，鸿飞兽骇之姿，鸾舞蛇惊之态，绝岸颓峰之势，临危据槁之形；或重若崩云，或轻如蝉翼；导之则泉注，顿之则山安……光看文字，就充满生命力绽放的恣肆和惊心动魄之感。我们在舞台上也同此理，无论是表演还是导演，有时须轻言细语，有时要敢于停顿，有时则要行云

濮存昕导演

《雷雨》剧照（2021 年）

濮存昕

在《白鹿原》中饰白嘉轩

流水；层次丰富，节奏鲜明，出乎意外，合乎情理，将各种表现手法和对时空的把控和谐地运用到创作中。

所有这些，大概都能以前辈总结的北京人艺追求的艺术风格来点题：深厚丰富的生活体验，深刻有趣的思想内涵，鲜明生动的艺术表现，我想再加一句：完美整体的舞台演出质量。这不仅指导、表演，还包括舞台美术的灯服道效化，甚至剧场中的领位员，让观众走进剧场，感受到一种整体的和谐。

我常常想起我敬重的艺术前辈们在舞台上精彩的瞬间，我虽看过他们的书，但往往不记得他们都说了什么，最清晰的还是他们的样子，在舞台上的，在生活中的，深刻绵长地影响着自己当下的思考和创作践行。

"后之视今，亦犹今之视昔。"走到此时，我感到很多时候有了自由感，但随之又提醒自己不要怠慢，面对每一次创作，我们都要如履薄冰，一日三省，去尽力靠近艺术中的真实感，表演行业也要讲老实诚实的品格。我们总是感慨：时间都去哪儿了？它就在我们的手中，生命的意义在于可以掌控的时间，惟愿年轻的同仁们珍惜时间，如曹禺院长为北京人艺题的词："龙马风神，骆驼坦步"，努力地去丰富自己。北京人艺 70 周年之际，择善固守，以待来者。

此文由北京人民艺术剧院刘琳整理

杨立新

"让小角色小而不小"

杨立新，1957年生于北京，祖籍天津武清。北京人民艺术剧院演员、导演，中国民主促进会会员。1975年进入北京人艺演员训练班，班主任林连昆。

曾成功塑造的舞台形象有：《小井胡同》（1985年）中饰演小力笨，《天下第一楼》（1988年）中饰演大少爷唐茂昌，《阮玲玉》（1994年）中饰演张四达，《北京大爷》（1995年）中饰演欧日华，《茶馆》（1999年重排）中饰演秦二爷，《蔡文姬》（2001年重排）中饰演周近，《天下第一楼》（2001年重排）中饰演卢孟实，《雷雨》（2004年重排）中饰演周朴园，《龙须沟》（2009年新排）中饰演程疯子，《窝头会馆》（2009年）中饰演肖启山，《戏台》（2015年）中饰演大嗓等。曾任《小井胡同》重排导演、话剧《牌坊》《我的西南联大》《她们的秘密》导演。

塑造的影视剧人物形象有：电视剧《半边楼》（1991年）中的呼延东、《我爱我家》（1993年）中的贾志国、《海瑞》（1999年）中的海瑞、《东周列国》（1995年）中的齐桓公、《楚汉传奇》（2012年）中的萧何、《我家的春秋冬夏》（2013年）中的秦有天、《大江大河》（2018年）中的水书记等。

1999年获第二十一届"小百花奖"特别表演奖，2003年获文化部第二十届"中国戏剧梅花奖"，2002年获得北京市中青年第一届"德艺双馨艺术家"称号。

我是 1975 年进入北京人艺的，如果把建院前后的老一辈表演艺术家称为第一代，五六十年代进入剧院的老同志算作第二代，那我们应该算作第三代吧。我们进剧院七年后，正值建院 30 周年院庆；时光飞逝，一转眼就到了七十周年的院庆时刻。日子真是不禁过啊，工作还没怎么干呢就要归老干部处管理了。还有许多角色没有演过，想在舞台上尝试呢，就已经快到退休时刻了，人生苦短啊。

建院七十周年的活动正在紧张地筹备中，其中有一项是要出版一本关于谈表演艺术的书，剧院一直强调出人、出戏、出理论，这应该是理论建设的工作了。我也忝列其中受到约请，让我谈表演的经验。虽然平常也受邀给年轻人做个讲座什么的，但这一上升到理论吧，我还真有点儿不自信了。讲点儿什么好呢？

北京人艺里，我们这代演员，都是剧院学员班自己培养起来的。从年轻的时候，就在这儿跟着老一辈艺术家学着、练着、摔打着。现如今虽然也一把年纪了，但心里总还记着头几十年在舞台上摸爬滚打的日子。那时候年轻，好多角色其实都是 B 角或临时顶替上去的，有点儿像是麻将牌里的 "混儿"，没有它不觉得怎样，一旦用上还真顶用、好使，有时候还给戏加分。于是，就积累了一些怎么演不那么重要的 "小角色" 的心得。"麻雀虽小，五脏俱全"，再小的角色也是角色，万不可因为 "小" 而省了力气，差了功夫。不是有那么句话吗："只有小演员，没有小角色"。

大家都知道，表演艺术有一个铁律——"先入为主"。演别人的 B 角儿和重排经典老剧目都是不讨好的活计，可我就经常遇上这样的 "接盘侠" 的活计。接到这种角色，怎么能自己 "抠扯儿" 出点儿 "精彩" 来，演出时让观众眼前一亮，就得下点儿心思了。

1988 年，我饰演了《天下第一楼》中的大少爷唐茂昌，虽然是 B 角，但也演得风生水起，好评如潮。

唐茂昌是个票友，是个一门心思唱戏，对自己家祖传的买卖根本不上心的败家大少爷。而我正好有点 "先天" 的优势，我跟京剧界的人很熟，有很多朋友，还能有板有眼地唱上那么几段，正可以在台上行、动、坐、卧，身上带着那么股子票友的味儿，以突出人物的特点。

记得每当演到第二幕大少爷"拜师学艺"一节。胡琴一响，满宫满调的小嗓儿反串《苏三起解》唱段，观众先是一愣，瞬间安静了下来，估计是在辨别到底是放的录音还是演员自己唱的，紧接着就是一阵热烈的掌声。因为观众实在不会想到一个话剧演员，不但能够跟着胡琴有板有眼地唱，而且还能用小嗓儿唱。话说三十多年前我的小嗓着实不错呢，能跟着录音伴奏唱《红灯记》李铁梅的"做人要做这样的人"。那时候没有"降调"的设备，咱唱的可是刘长瑜的原调儿啊。这是题外话了。

《天下第一楼》开场第一幕的时间是五月初五，按照老年间的规矩，这天是买卖家儿算大账给伙计们分钱的日子。而票戏的大少爷和练武的二少爷从一早上就没有露面。眼瞅着晚饭的"饭点儿"都过了，没有什么顾客了。可不省心的两位少爷的爸爸——老掌柜，还是坚持再"楞楞儿"，看广和戏院散戏后有没有来宵夜的观众。宵夜的戏迷没等来几个，看戏听戏之前从不吃饭的大少爷，却带着"跟包"福子乘兴归来了。这是大少爷的第一次出场，未见其人，先闻其声，人还没露面呢，先就顺着门口撞进来了几句"坐宫"："杨延辉坐宫院自思自叹，想起了当年事好不惨然。""五单五"给伙计们关饷分钱是个挺大的事，而人家这位少掌柜却带着唱戏的大角儿才会有的"跟包"，悠哉游哉地听戏去了。第一幕上场是去听戏，第二幕上场是跑马赛车去了，反正不着调的事一直在干，着调的事一件都没干过。

演好这个人物，真正能唱得像模像样是很重要的。剧本里那个年代，能让梨园名角傍着唱几场的票友，首先得要有钱，更重要的还确实得有点儿台上的本事，否则都没有人陪着你玩，更甭说大角儿了。票友是玩儿，角儿们还得指着台下的座儿们吃饭呢！你真唱得太差，砸了傍你唱的专业演员的牌子，人家可得干啊？所以，唐茂昌这个人物，他是票友，也是个少爷，然后才是个掌柜的。对他这几个身份各有几分认同，直接决定了对这个人物的解读。

杨立新
在《天下第一楼》中饰唐茂昌（中）

杨立新（中）与《哗变》导演查尔顿·赫斯顿
（左）、编剧赫尔曼·沃克（右）合影

《天下第一楼》演出了几十场以后，剧院接到了一个艺术水准要求很高的"政治任务"——排演《哗变》。话剧《哗变》是美国作家赫尔曼·沃克根据他自己的小说《凯恩号哗变记》改编的舞台剧。为纪念中美建交十周年，由美国驻华大使夫人包柏漪亲自操作，英若诚翻译并邀请美国著名的电影演员、奥斯卡评选委员会主席、话剧导演查尔顿·赫斯顿来华导演。我当时是有电视剧邀约的，但剧院通知我，《哗变》中伯德大夫这个角色原本演员的家人病了，需要我顶替一下。顶替就顶替，只要有角色就行。我赶紧推掉电视剧档期跑了回来。

初读剧本直接的印象就是：这是一段喜剧，是一段认认真真表演的喜剧。这段戏很重要，伯德大夫是上半场的最后一位证人，下半场就是原告、被告两位当事人直接接受质询了。这段戏的喜剧性来自于具有强烈性格人物的行为。他是旧金山海军医院精神病科的医生，是负责检查魁格少校精神健康情况小组的成员，到法庭上来是为一个已经在旧金山海军医院进行了精神状态鉴定的海军舰长作证的。他要证明魁格舰长目前和过去精神健全，没有所谓"类偏狂型人格"，精神状况足以胜任指挥职务。但经过辩护律师格林渥诡辩般的聪明质询，伯德大夫不但没有完成证明魁格舰长精神健全的任务，甚至侧面认同了这个"类偏狂型人格"的说法，完全把证给作反了！这不是一个喜剧段落，不是一个喜剧人物，又会是什么呢？

在演出结束以后，由北京人艺和中国艺术研究院话剧研究所合作出版的《哗变》评论集里，赫斯顿导演关于伯德大夫有一段描述，其中有这样一些话："伯德年轻，聪明，虚荣心很重，是个志大才疏、极易上当的人……他对自己的知识很得意，所以格林渥就是利用了他的虚荣心，让他侮辱了海军。"是的，在精神病学科和精神健康状况鉴定的专业方面，面对一个律师他又有什么不自信的呢？这应该是一次很简单的法庭作证过程。可是，他大意了。

怎样才能把戏演好？北京人艺有句老话：不会演戏的演戏，会演戏的演人。大夫咱谁都不陌生，可精神病科大夫在排练《哗变》之前还真没有接触过。社会上有流传，说心理医生精神方面大部分也都不太正常。这是不负责任的玩笑且是后话，也不知道这跟我扮演了伯德大夫是不是有关系，但当时还是要了解一下的。舞台灯光组的汪长生师傅有一个表妹在安定医院当医生。汪师傅打了个电话我就骑上自行车奔了北二环，找表妹了解"类偏狂"去了。

"类偏狂"应该叫"偏执型人格障碍"，所谓"人格障碍"是比较学术的咬词嚼字，往轻里说即是性格问题。说白了就是这人比较"拧"，特别固执，一根筋。现在网上能够查到的解释是：发展到极端状态，会影响到他正常的工作和家庭生活。而我们戏里所争执的是"类偏狂型人格"，所谓"类"就是类似，或者说还不到偏执型人格。关于病因医生的说法是可能跟个体的特殊经历有关，如遭受过不幸的经历或有过精神创伤等等，尤其是童年、少年时期的经历。而不幸的经历和精神创伤，或多或少人人都会有一点，心理学有一句话叫作，绝对正常的人是没有的。所以辩护律师格林渥就是抓住了这句——绝对正常的人是不存在的——这句从伯德大夫自己嘴里说出的话，打开了伯德大夫的专业突破口。

格林渥上来先问了一个简单的问题，把学术拉下了"神坛"："大夫，你受过弗洛伊德学派的特殊训练吗？在弗洛伊德学派的理论里承认精神病态这个概念吗？'受到障碍''得到适应'两个术语是不是外行人说的'病态的'和'健全的'？"面对辩护律师这样外行的提问，伯德大夫只能妥协，粗线条地说："是的。"也就是咱们大白话说的：大概是可以这样认为的。

格林渥开始诱敌深入了："大夫，你是不是认为魁格舰长有自卑感呢？"在得到了肯定回答以后，他继续寻找突破口："（他的自卑感）'得到补偿'和'得到适应'完全相同吗？能给我们讲解一下吗。"在伯德大夫说清楚了"得到补偿"和"得到适应"的完全不同，魁格舰长是在"海军里的事业"上得到补偿的。这时候格林渥剑走偏锋斜刺里突然问了一句："你是说他参加海军是由于心理上受到障碍？"伯德大夫毫无防备，顺着话口不经意地说道："大多数想在军队里创造一番事业的人都是这样的。"

演员看剧本应该有演员的特殊角度和方法。在剧本的文字上，这里没有什么格外的标注或提示，只是句尾的一个句号而已。但读至此可以想见，在海军的军事法庭上，前前后后或坐或站的都是海军军人的场合里，这话很显然是相当不合时宜的。再往回看，为了这句很"伤人"的话格林渥也是绕了几个圈子费了一番心思的。在我初读剧本的时候就明确地看到，格林渥给伯德大夫设了两个圈套或说挖了两个坑，这里就是第一个陷阱。果不其然，演出的时候，观众看到这里爆笑，笑格林渥的聪明机智，笑伯德大夫的大意和尴尬。那笑声使表演不得不有所停顿，同时也对话题和台词节奏明显进行了分割。

接下来格林渥开始为伯德大夫设第二个陷阱，说起魁格舰长在手里不停地耍弄两个钢球。伯德大夫说："这个揉钢球的动作是因为他的手颤抖，手颤抖是由于内心紧张。"格林渥问："根据弗洛伊德的理论，这种耍弄钢球的习惯有什么内在意义吗？"伯德大夫说："当然，很明显地有性的象征意味。至于说具体的意义，我……"这一段顺畅流利的专业探讨，被检察官查理打断了，他申请法庭制止这种"与案情毫无关系的技术性的探讨"，而法庭没有支持他的提议。格林渥继续引诱伯德大夫的"专业"进攻，他把魁格舰长的"受到障碍"和病态混为一谈，提出"假如指挥官的职位比你想象的要困难复杂得多，那么即使是他这样轻度的病态会不会使魁格舰长不能胜任指挥职务呢？"戏到这里我们又一次看到了伯德大夫众目睽睽下犯的错误，但这一次错误是谨慎经过思考的，或者说是没有办法避免的了。

格林渥追问他："在海上服过役吗？出过海吗？参加海军多久了？在本案之前你和海上的舰长打过交道吗？你是凭什么来估计海上舰长所要承受的精神压力呢？"伯德大夫只能老老实实一一回答，甚至于在问到参加海军多久了的时候，作者细致地写到："五个月……不，六个月，好像是……"其实五个月和六个月又有什么区别呢？人家是说你凭什么估计一个舰长在海上所承受的压力？你认为舰长的职务需不需要很高的天赋和特殊的才能？这些天赋和才能跟一个熟练的精神病学家比起来够用吗？是不是作为一个精神病学家比做一个海上舰艇的舰长需要更高的能力？

此时的伯德大夫已经被格林渥用话题逼到死角里了。他发现了自己尴尬的境地：说舰长需要很高的能力显然不行，刚才已经承认了魁格舰长的病态；说魁格舰长没有精神障碍也不行，因为绝对正常的人是没有的，更何况"类偏狂型人格"呢？英若诚先生在翻译《哗变》的时候得到了学心理学的儿子英达的许多帮助。据英达讲"类偏狂型人格"在英文原剧本里应该是"偏执"型人格，偏执型的"人格"再加上个"类"，在中文里听起来好像就是个性格问题，实在是不像个病。是在英达的建议下译成了"类偏狂"，听起来还邪乎点。——这时的伯德大夫只能从细节的纠缠里挣脱出来挑明了说：是你在这儿作这种令人反感的比较；是你故意塞进来病态这个字眼；我对指挥官应该具备的条件是清楚的，不然我也没有资格参加这个（对魁格精神进行检验的）小组。格林渥出言不逊地直接侮辱了伯德大夫：可能你根本就没有资格。对方律师刚刚提出抗议，格林渥便潇洒地宣布：我收回最后一句话。没有问题了。便结束了他的质询。

格林渥貌似谦虚地请教、和颜悦色地诱导、逻辑缜密地推断、不动声色地铺垫、不容人思考地追问和别有用心地比较，轻松地推翻了伯德大夫的供证，并侮辱了他的专业水平。两次落入圈套的伯德被彻底地激怒了，走进法庭的初衷已经完全被他置诸一旁，怎样能够证明自己是科学的正确的，已经百口莫辩了。以至于冲上来为他打圆场解围的查理检察官也被他粗暴地顶了回去：我没觉得说了我不想说的话。冲动是魔鬼，失去理智的伯德大夫已经不管什么作证、什么魁格了，他要讲清楚专业道理，证明自己没有说错：我这个人说话从来是谨慎的。"病态"这个词不是我提出来的。我认为这个词含义不够确切。然而，如果你们一定要用这个模棱两可的说法，那么，魁格舰长就像绝大多数表面上看很健康的人一样，是病态的。要说清楚的是他绝不因此不能胜任他的职务，这是本案要审理的唯一的问题……现代文明就是病态的。真正健康的人是例外，而魁格少校从这个意义上说绝不是个例外。此时，律师格林渥已经回到他的座位前面静静地等待法庭的结果了。伯德大夫彻底地违背了自己出庭作证的原意，把魁格舰长的"精神病态"不能"胜任职务"砸了个瓷实。每当演出至此，观众都会为格林渥机智灵巧的质询、为伯德大夫的狼狈状态而愉悦地开怀大笑。

斯坦尼斯拉夫斯基曾经说过："扮演坏人，要找他好的地方。扮演老人，要找他年轻的地方。"这可能就是前辈们说的："戏要反着演"吧。戏要反着演是要你在创作人物的时候把人物想得复杂一些，防止"你一直用一种颜色来描绘人物，要知道，只有你用一点白色来对照的时候，黑色才真正显出是黑色。那样就会有对照、有变化、有真实了"（斯坦尼斯拉夫斯基）。格林渥的能言善辩、聪明机敏，表现他是一个有才华的律师，用了很多手段。其中，伯德大夫被他整得恼羞成怒、狼狈不堪，也是反衬律师格林渥的一个方面。要演好伯德的失败，就要在他的"年轻、聪明、自以为是、虚荣心重"上多用一点力量。于是，我在伯德大夫上场的一段戏当中，一出场的"亮相"就有意地塑造了他年轻、漂亮、聪明、虚荣心强这些特质。在检察官查理的第一段质询当中，让他表现得坚定从容，很有知识分子的气质，甚至于有些骄傲，这样就更使得他后来的表现与第一印象形成强烈反差，从而更有效果。

处理好细节，在表演当中也是很重要的。格林渥为伯德大夫设了两个圈套，一个是：你是说他参加海军是由于心理上受到障碍？另一个是：你是说，作为一个精神病学家比做一个海上舰艇的艇长需要更高的能力？第一个圈套伯德大夫顺利地钻了进去，他随口说道：大多数想在军队里创造一番事业的人都是这样。这句话之后格林渥改变了话题，问起了魁格舰长的习惯动作，如果这样平铺直叙一句挨一句地连下去，戏就一点趣味都没有了。要突出伯德的这个错误，要让观众看出这一句"说走嘴"的错误是致命的，就要让伯德描写这个走嘴之后的后悔。而他的后悔来自于说出这句话之后的担心，他马上观察在场的军官们对这句话的反应，继而是装作若无其事地掩饰，然后狠狠地盯了格林渥一眼。可是脸对脸地一问一答地说台词，愣是说出了一句"错话"，这在表演上是很假、很难看的。这时候我们就要插进一点其他的因素，来分散他的注意力，让他的错误犯得不经意而顺理成章。伯德大夫身上实在没有什么可利用的东西了，环境规定他又不能离开座椅在地上溜达溜达，所以我只能在他问这句话的时候，摘下眼镜用手绢擦拭，戴上眼镜的一刹那正是他意识到说错话的瞬间。扮演格林渥的任宝贤也有意地在我们俩对视之后，回身撤步去看法官勃雷克里，正好让出了伯德大夫和勃雷克里之间的视线通道。场面极其尴尬。

关于这个眼镜还有个趣事。舞台上的道具眼镜是没有镜片的。有一天，老演员李大千老师到后台的浴室洗澡，浴后坐在我化妆桌旁的沙发上聊天，后来戴上眼镜、戴上帽子就回家了。一会儿到我上场了，我在桌上抽屉里、桌子下面死活也找不到眼镜了。只得从化妆工作室里临时拿了一个差不多的眼镜就上台了，那天的擦眼镜这一段的节奏大受影响。从舞台上下来就继续挪开桌子找，扮演老将军萨德的米铁增突然说道：会不会让李大千老师戴走了？刚才坐在这里我只是瞬间想了一下，这老同志的眼镜擦得真亮，跟没有镜片似的。一会儿，大千老师来电话了，他戴着没有镜片的眼镜骑车回家了。

第二个圈套是另外一种形式，格林渥在否定了伯德大夫的海军经验以后，用海上舰长所需要的能力，做了一个很恶毒的比较：就这样的条件对于一个精神病学家够用吗？伯德大夫又被绕进去了：那，恐怕不够。格林渥进一步扩大战果：那也就是说，作为一个精神病专家比做一个海上的舰长需要更高的能力？这一次伯德大夫的"说走嘴"是在前面，并且当时他没有注意到。而当格林渥继续追问的时候，伯德大夫嘴里说着什么，但脑子明显地已经走在了嘴的前面。他意识到自己犯了一个重大的错误，这次索性都不掩饰了，直接对法官说话了：是这样，需要的是两种不同的能力。然后转过身来直接扑向格林渥的阴谋：是你在这儿做这种令人反感的比较，不是我。戏到这里，伯德大夫的作证彻底垮塌了，无可挽回已成定局了。

话剧表演，语言是重要的表现手段，人的行为、思想、动作、性格等等都是通过语言来表现的。然而有时候我们把语言和思想分开来演也是很

杨立新
在《哗变》中饰伯德大夫（右）

好看的表演，这种表演用好了产生的效果是独特且奇妙的，比如表演说假话，比如我们平常说的嘴不对着心。读剧本的时候能够看出其中的两个圈套很重要，要演好这两个圈套，让这两个圈套有趣、好看、有意思，更要下一番功夫。所以我说，演员要善于经营自己的每一段戏，这种经营在我平常的话语里叫"抠扯儿"。

伯德大夫这段戏在最初排练时，大约演了十三四分钟。导演赫斯顿让场记尹文珍拿来一块秒表，每一个证人出场都计时长。伯德大夫这段戏排练一遍以后导演要求下一遍十分钟结束；下一遍十一分钟结束的，他继续压缩时间要你八分钟结束，最后从我出场到退庭卡定在了七分五十秒。到了台上大大超时，每次演出都会被观众的掌声和笑声打断，甚至于十场有八场都是观众的掌声在我出了法庭门了还没有结束呢。我们经常在后台开玩笑说：戏中的几次掌声是给编剧、导演、演员的，最后下场的掌声是专门给演员的吧！我们习惯了细致的慢节奏表演，配戏的演员有时候要先把态度演一遍再说话。而《哗变》的台词密度大、台词多，对方演员的台词刚刚落音你的词就已经出口了，这样表演的结果是很真实。想想生活不就是这样子的吗？对方在说话的时候你就已经在思考、有态度了，他的语言一停，你的话的内容就是你的态度了。

《哗变》是从文本细节抠人物的典型作品。但塑造人物的方法有很多，用外在找内在，也是一个思路。这个法子用好了有时候很管用。1989年排演的东北风情剧《田野……田野……》，排到一半停了下来，继续排的时候，任宝贤去新加坡讲学了。我被替补上演全剧年岁最大的，八十四岁的七老爷子，韩善续老师演七十三岁的八老爷子。这种年龄感和人物身份怎么找？彩排的时候我让服装给我找来了一条老棉裤，我裤脚上扎上腿带子，腰上系上腰带，往下一蹲膝盖头上的鼓包就出来了。当时刚刚入秋，地下室正在修冬天的供暖锅炉，满地的炉灰尘土，我蜷着身子在那上面打个滚儿，服装上老年人胳膊腿儿的形态立现。如此几次，上得台去都不用想形体感觉，整个一个七老八十的体态。

杨立新
在《田野……田野……》中饰七老爷子（右）

　　我们平时总说继承人艺精神，人艺精神到底是什么？我理解人艺精神是很多逻辑和意识的集合，是很多"弄"戏的方法。这里所谈的"只有小演员，没有小角色"，是一种精神，是一种态度，同时也是一种表演技巧和思维方式。经常有年轻人跟我讨教是怎么让小角色不"小"的，我就是想说，"麻雀虽小，五脏俱全"，再小的角色也是人物，要想演好，你绝对不能省了功夫。从头到尾，条分缕析，对你所饰演的人物，得有搞对象过日子的心，你不但得知道对方职业、身份、家庭背景、收入情况，还得知道对方的来龙去脉、性情爱好甚至祖宗八代，林林总总都得考察清楚了，这日子，才能过得明白；这角色，也才能演得明白。

杨立新
在《雷雨》中饰周朴园（中）

冯远征

"表演要经历大俗、
大雅再到大俗的阶段"

冯远征，1962年生于北京，祖籍陕西韩城。北京人民艺术剧院演员、导演，北京人民艺术剧院副院长、艺术委员会副主任。第十三届全国政协委员。

　　1985年考入北京人民艺术剧院演员训练班，1989年应邀赴联邦德国西柏林高等艺术学院戏剧系进修戏剧表演（主攻格洛托夫斯基表演学派），1991年回国。1997年饰演话剧《古玩》中的秀王爷，1999年饰演话剧《茶馆》中的松二爷，2005年饰演话剧《全家福》中的王满堂，2009年饰演话剧《知己》中的顾贞观，2015年饰演话剧《司马迁》中的司马迁。参演电视剧有《不要和陌生人说话》《老农民》等，电影《非诚勿扰》等。2021年执导青年版话剧《日出》。

　　2004年，因出演电影《紫蝴蝶》中"谢明"一角获第四届"华语电影传媒大奖"最佳男配角奖提名；凭借电影《美丽上海》"三弟阿荣"一角获得第二十四届"中国电影金鸡奖"最佳男配角奖。2005年，因出演话剧《全家福》（饰王满堂）获第二十二届"中国戏剧梅花奖"。2007年，因出演话剧《全家福》（饰王满堂）获文化部第十二届"文华表演奖"。2010年，凭借电影《非诚勿扰》"国庆（艾茉莉）"一角提名第三十届"大众电影百花奖"最佳男配角；因出演话剧《知己》获"中国话剧金狮奖"。2012年获华鼎奖亚洲戏剧最具人气奖。2013年，获中国电影表演学会"金凤凰奖"；因主演电视剧《老农民》"马仁礼"获得第二十一届上海电视节"白玉兰奖"最佳男配角奖。同年被授予"全国中青年德艺双馨文艺工作者"荣誉称号。

一、体验独特的人艺教学方式

在考进北京人艺之前，我已对这所剧院心怀向往。在从事业余学习 4 年后，我考进了北京人艺最后一期学员班。当时的班主任是林连昆和童弟两位老师，另有负责生活事务的尚梦初老师，授课教师有苏民、郑榕、张瞳、谢延宁、修宗迪等艺术家。在学员班两年学习加一年实习的期间里，教学形式不是简单地由班主任单一授课，而是分阶段地让不同的专业演员讲表演，分析剧本，分析人物，而且学员进剧院一个多月就开始参与舞台演出，白天上课，晚上穿上戏服跑龙套。

在这个过程当中，我感受到北京人艺独特的教学方式。第一，让你尽快能够融入剧院。第二，让你通过上课学习，加深对表演艺术家的了解，发现他们身上最优秀的东西，同时感受到不同的演员对艺术不同的见解以及不同的表演风格。学员们会从他们每一个人身上学到精华的、优秀的东西。而跑龙套接触的面就更广了，能看到那些没教过我们的老师在舞台上的表演。那时每有演出，所有学员班的人都会挤在侧幕条看自己喜欢的老艺术家近在咫尺地在台上演出，心里也会有一种向往：是不是有一天能够站到那个位置去演？是不是有一天也能演好这个角色？这种榜样的力量其实作用是很大的，对我们有无形的激励。

当时学员班的教学内容还是蛮丰富的，形体课、声乐课、台词课的要求也非常严格，很多基本功都是在比较集中的一个阶段在高压状态下完成的。比如在形体教学方面，除了常规的舞蹈训练之外，各种少数民族的舞蹈，像新疆、西藏、云南、内蒙古的舞蹈，基本上都要接触，还包括西方的芭蕾舞、宫廷舞蹈以及击剑等要学习。形体课考试也是家常便饭，经常是一个上午考形体，因为考核的量比较大，要到 12：30—13：00 的样子才能结束。我们那批学员的年龄已经在 20 岁上下，这些课程全部训练下来，还是要吃些苦头的。学员们每天早晨起来就到四楼排练厅练功，一个小时的形体，一个小时的发声，是两年内每天必须做的。这样的学习训练包括实践方式，也让我在那个时间段的学习像海绵吸水一样，特别开心，特别过瘾，同时也受益终身。

那个时候总觉得自己会演戏了，爱耍点小聪明。记得有一次要交观察生活的小品练习，我一时犯懒，没有去认真观察。到了交作业的前一天晚上，我和同组同学突然想起来得交作业，明天怎么办？我们俩琢磨编了个小品，第二天就上去演，演得还不错，老师和同学们都笑了。做总结的时候，老师把我们俩放到最后，问同学们："刚才看他们的小品笑了没有？笑了，我也笑了，挺好笑的，挺有意思的。"我们俩就觉得受到了表扬，心里还小得意一下。紧接着老师就说编得不错，但咱们这个作业不是构思，而是观察生活，所以你们完成的不是观察生活练习。明天上课之前，你们先交两个观察生活练习，通过了再正式上课。下了课我俩就飞奔到北京火车站去观察。第二天上课按老师说的把双倍观察生活练习补上，才归队上表演课。

从那以后我知道：第一，做任何事情不能够掺假；第二，不能偷懒，耍小聪明。只要偷懒，将来会在这个方面吃亏。这件事我一直忘不了，感触特别深，让我们这些学生在入行之初学会走一条正确的路。

二、关于守正与创新

还有一个印象最深的是有关格洛托夫斯基方法的引进。应该是在 1985 年，林兆华老师去欧洲访学，看到了格洛托夫斯基的表演方法，深受启发，回来以后就跟院里建议能不能把格洛托夫斯基的方法引进学员班。当时主持剧院工作的于是之老师就把露特·梅尔辛教授给请来了。在1986年的春节期间，我们上了一个月的格洛托夫斯基训练法的课。

北京人艺是一个有传统的剧院，但其实在尊重传统的同时，也非常具有开拓精神。比如学界所说的"北京人艺演剧学派"独树一帜，就是因为我们有伟大的实践领导者焦菊隐先生。建院时曾说"要打造中国的莫斯科艺术剧院"，但事实上人艺没有照搬那个模式，而是另辟蹊径，尤其在《虎符》《蔡文姬》等演出中，使用了大量中国传统戏曲的元素，这是对中国话剧表演的一个突破。

作为舶来品的中国话剧源自西方，从这个角度讲，当下绝大部分艺术有"话剧腔"。而这种表演方式，特别是在演出外国戏剧时，北京人艺跟其他剧院是不一样的。原因在于北京人艺从来不戴黄头发，不描蓝眼睛，也不把自己化得像一个外国人。比如《哗变》，演员们穿的是美军服装，但清一色没有染头发，也没有去学外国人说"嗯哼"或耸肩膀。我们不是在演外国人，而是在演"这个人"，这正是北京人艺与其他剧院在表演本质认知上的区别。那样的表演可能从外在更靠近西方一点，事实上中国的很多观众也已经被培养出这样的一种观剧习惯，会评价某位演员"演得不像外国人"，其实这是一种误导。为什么看人艺的外国戏没有这种感觉？除了表演认知上的差异外，还在于北京人艺有一个伟大的翻译家英若诚老师。在他的翻译下，北京人艺演出的外国剧观众是听得懂的，没有倒装句，甚至含有中国俚语，尽显汉语精妙之处。当年去美国演出《茶馆》，80%的观众是美国人，但是观众看翻译字幕会笑。我好奇为什么观众会笑？外国人能听懂中国的笑话？翻译说英若诚在英文版台词中用了很多英语中的俚语笑话，美国观众理解起来没有障碍。英先生使用了中国人和外国人都能理解的词汇让剧本在不同语言之间转换，很好地突破了文化障碍。为什么有时候看一些剧团演的外国剧，会有听不懂演员说话的感觉？原因在于翻译戏剧作品的人没有调整汉语与其他语言之间的表达习惯差异，保

冯远征
在《哗变》中饰魁格

留很多倒装句,再加上外国人式的表演,无形中跟中国观众拉开了欣赏距离。从这个角度说,北京人艺是非常具有开拓精神的剧院,它独创了自己的表演体系,自己的表演方式,包括在表演教学方面,也有一套独特的体系。

守正和创新,永远是相伴相生的。以格洛托夫斯基为例,他是斯坦尼斯拉夫斯基的最后一拨学生,斯坦尼斯拉夫斯基在他的后期著作中也阐述了很多身体训练的内容,其理念也是在不断发展甚至变化的,其中也存在对自己早期理论的怀疑和否定。过去的演员在实践中也有类似的例子,比如按"斯氏方法"去"体会",演员就拼命在台上体会,鼻涕流得很长也不能擦,别人要给他擦,他还把人家的手打掉,说这是我的"体会"。这不是笑话,这样的情况可以理解为探索实践过程中的某个阶段必然会出现的情况。但现在看,这样的"体会"是正确的吗?北京人艺的很多老艺术家很早就意识到什么是正确的表演,才会出现像吕齐老师那样,跟传统的北京人艺不大一样的表演风格。濮存昕在北京人艺建院 68 周年线上演出时,专门表演了《上帝的宠儿》里一段萨列瑞的独白,就是要致敬吕齐老师。还有苏民老师在给我们上课的时候,就提出了演员在表演中是跳进跳出的观点。这些都是守正与创新在实践中相融合的好例子。

那么,格洛托夫斯基为什么能形成自己的理论?

第一,他拓展探索了斯坦尼斯拉夫斯基后期的观念,提出"身体是有极限的",并寻找了 32 个动作表现这种身体的极限。这些动作不是人体正常情况下可以做到的,但是人体可以通过学习去做到的。通过控制自己的身体去学猫、学蛇、学鸟、学跑跳,他觉得一个演员在舞台上想演好戏,先要学会控制身体。

第二,他的理念认为人体是有极限的,而极限是可以超越的。格洛托夫斯基去做极致探索的原因,在于他觉得如果演员连自己的身体都掌握不了,何谈在舞台上塑造人物?而塑造人物有一部分靠的正是身体。演员在塑造人物的时候,在表演的时候,唯一的工具就是自己的身体,而身体是有原始性的。生活中发生的一切都可以体现人的原始性,包括食欲、性欲,以及物欲。人类由于受到道德和文化等各方面的裹挟，慢慢去有意识地规避原始性，更不会将原始性释放出来，而这正是表演上的一个最大问题。《哈姆雷特》《李尔王》《奥赛罗》《雷雨》这些经典作品，当回归到人的原始性去解读时，很容易明白人与人的争斗是什么，人与人的情感是什么。但当将其上升到理论高度和文化高度时，往往会忽略其原始性的需求和情感。我们常常觉得外国演员在舞台上很放松，很能够去表达、表现自己，他们原始的冲动让观众感受到一种荷尔蒙的爆发，让人们觉得有力量，而这些往往是国内的演员容易忽略掉的。

有个大家比较熟知的比喻，斯坦尼斯拉夫斯基早期在表演训练上，就像人有了羞耻心一样，他不断地在穿衣服。开始的放松练习是一件 T 恤衫，然后无数动作练习是秋衣，注意力集中练习是毛衣，然后又是其他的各种基础练习，可能就穿到了厚厚的羽绒服。当你穿上四五件衣服的时候，我们再行动起来就很不方便。但是格洛托夫斯基是让你脱衣服，脱得一丝不挂了以后，人还有什么顾忌，什么顾忌都没有。当你放下羞耻心，人和人之间坦诚相见时，不再有任何可以顾忌的东西。这时候看的是什么？看见了人的本性。

人有两个极限，生理极限和心理极限。当时我们在排练厅做训练，总是先从学做各种动作来达到极限。经过困难期、对抗期达到极限并超越极限以后，人其实更像一台永动机，可能身体还是困，还会累，但你的精神把疲劳给忘掉了，身体会用另一种方式去继续完成你在从事的事情。曾经我在德国做最长的一次训练是 5 个半小时大量的热身，等教授说停下来时，所有的学生都精神饱满地跟老师拥抱，完全没有疲倦感。这就是人的心理和生理极限同时超越以后，就会完全变了一个模样。

格洛托夫斯基为什么要这样做？因为他认为人是有潜能的，训练要做的是如何把潜能发挥出来。通过这样一个体系化的形体训练让演员们实现这种超越，而这时的被训练者可以是无所顾忌的，因为他的潜能已经被激发出来了。

我先后接触过斯坦尼的表演训练，北京人艺独特的训练方式，以及格洛托夫斯基的身体训练法，我认为这些观念和方式是可以实现融合的。东方文化中的很多内容让西方人感觉新奇神秘，比如瑜伽、气功，包括格洛托夫斯基训练方法中的很多动作都含有东方文化的理念，这也印证了一个事实：当我们还在仰望西方的时候，其实西方人已经在默默地挖掘东方文化深厚根基中的营养。我在德国学习期间悟到了这个道理，开始时会奇怪作为一个中国人我为什么能够这么快地接受西方艺术观念下的表演训练，而且能完成得这么好？后来明白缘于这些方法本质上是东方的，甚至说本质上是属于人类所共有的。

条条大路通罗马。无论是斯坦尼斯拉夫斯基、格洛托夫斯基，还是人艺独创的表演教学模式，最终目的都是为了塑造人物，只是方式不同而已。因此在后来的表演教学中，我会把各种有价值的训练方式，包括在人艺学到的，包括斯氏表演体系和格洛托夫斯基训练法，以及我30多年的表演经验加以整合，形成了自己的一套表演教学方法，针对不同的学员内容会有相应的变化和调整，但其本质都是为了让学生从不会到会，从不理解到理解，从做不到到做得到，完成从自我认知到有能力塑造角色的跨越。通过我在北京电影学院的实践，这个初级阶段的训练过程基本可以在一个月之内完成。

三、角色塑造的极致追求

苏民老师当年对格洛托夫斯基表演训练法有一句评价，他说这种教学方法，能让演员在表演上从零到一百的能力提升在瞬间完成。很多人说冯远征在表演上和别人不一样，原因是什么？我想可能与此有一定的关系。

比如早期排演曾文清时我仅24岁，而曾文清是40多岁且有孩子都快当爷爷了的角色，因此我一直找不到这个人物的定位。其中有一个特别经典的例子：一场戏中有曾文清掀开门帘上场的动作，我反反复复做了一上午，导演都没说过关。中午休息时，导演夏淳提醒我：你去王府井买双布鞋行吗？别穿皮鞋。另外你能不能把头发梳成背头？曾文清是公子少爷，不能留刘海儿。你到服装组借一身大褂拿回家穿，干什么都穿着。什么时候大褂长在你身上了，你就动作自如了。

我虽然不太明白其中奥妙，但也马上照做。赶紧跑王府井买了双布鞋，头油和发蜡一样买一个，又借了一个大褂回家穿上。去找街坊四邻问鸽子怎么养，买了一本《芥子园画谱》，开始学着画兰草、梅花。拿香油往指甲抹，学着留长指甲。慢慢地就发现我的行为就变了，感觉也不一样了。大褂也开始穿着自如了，下意识我就会撩，而且撩得非常自然。那时每天梳一大背头在街上走，别人老看，因为那是 1980 年代，跟现在不一样，就觉得这年轻人留一大背头啥意思？自己也觉得不好看，但是为了体会角色还得留。有了这些基础，掀门帘的关算是过了。

但是接着还有一关。外形有了，人物内心我还是找不到。于是我给梅尔辛教授写了一封信，说我在表演上遇到困难了，并把我饰演的曾文清以及《北京人》的剧情和其他人物都做了介绍。一个多月后，教授给我寄来了一盘磁带，还写了一封请人翻译成汉语的信。她让我先听音乐，是电影《火的战车》的音乐。夜里我听着音乐闭着眼睛冥想，感觉置身海边，音乐特别舒缓、充满希望，有一种日出晨曦的感觉。她说听了你的描述后，建议你这样做，感觉你所有的表演像是在水里头。我明白了，在水里头走是有阻力的，因此动作都是缓慢的。她建议我在每一场都带着这种感觉，仿佛墙上所有的眼睛都在看着你，文清处在这个环境中随时有一种被监视被压抑的感觉。随着表演由第一幕向第二幕第三幕的推进，文清会感觉家的空间被挤压，家在缩小。教授的这些指点是让我找心理感觉，第二天在排练时，导演夏淳老师就很惊奇，说你今天所有的感觉都是对的，跟昨天完全不一样了。

冯远征

在《北京人》中饰曾文清（左）

冯远征

在《司马迁》中饰司马迁（左）

　　顾贞观、司马迁和杜甫，在我的表演生涯当中把它们称作"文人三部曲"。但是顾贞观和司马迁不一样，司马迁和杜甫又不一样。我在顾贞观的人物塑造上更趋于美学化，这个戏无论是在导演处理，还是在表演上，都赋予了一种外在的美感。以至于《知己》到俄罗斯演出的时候，负责国际戏剧演出的一个俄罗斯文化官员特别激动，反复强调这是他看到的世界上最美的话剧。在细节处理上，我会用一些戏曲的方式去转身，包括一些礼仪动作，都是稍微有一点点往戏曲上靠。司马迁这个人物我则完全是用原始的人性本能去阐释的。因为《司马迁》的戏剧冲突太强烈了，包括形体的设计以及他的讲话方式。尽管他是个史官，却深知自己的位置，所以一上场他会带有试探性地说"我司马迁有话要说"，但在皇上对他处以腰斩的时候，我觉得他变得有点癫狂了。从文人士大夫的气节角度考量，他一定是选择死，但是从司马家四代写史的责任落在头上时，他不可能接受腰斩，所以决定接受宫刑。思考之后我们建议加了一场戏，司马迁在梦中跟他父亲对话。他意识到自己不能选择死，要把《史记》写下去，并说出了"人固有一死，或重于泰山，或轻于鸿毛"一句。表面上看司马迁的《报任安书》是写给朋友的，实际上也是写给自己的，是说服自己的。事实证明，这场戏成了一个亮点。在台上用4遍不同的节奏喊出这句话，有一天的演出中我在台上说完第一遍开始用跑的方式给司马迁鼓劲的时候，突然间眼泪就下来了，泪流满面。

　　在塑造司马迁这个人物时，大起大落的戏剧情节需要瞬间把情绪冲上去，我就用格洛托夫斯基的方法来处理表演。比如受宫刑之后，在形体上是用了一个岔开步，身体还在伤口愈合期，走路有一些困难，我故意去设置这样一个形体的步伐，让角色甚至是有一点苍老，让身体变得垮下来，但是他的精神还在。在戏的后半程撰写《史记》的过程中，我是用了一种浪漫的、孩童般的状态去表现，特别是他跟屈原的那场戏都是非常富有美感的。在塑造司马迁的过程中，包括我在每一部戏的人物塑造上，可能都融入了斯氏体系、北京人艺以及格洛托夫斯基的表演方法，还有我自己的

冯远征

在《杜甫》中饰杜甫

方式和方法，最终的人物一定是多种艺术理念融合后的呈现。

在塑造杜甫的时候，我注意区别李、杜在个人气质上的差异。他们的相同之处在于都有抱负有才华，同样忧国忧民，郁郁不得志。杜甫更是将李白引为知己，写过很多"赠李白""怀李白"的诗，既有"怜君如弟兄"的惺惺相惜，也有"文章憎命达"的悲愤填膺。他们都有诗人气质，但李白是洒脱，有仙气；杜甫是"人生实苦"，接地气。人艺剧院有一个做宣传的女孩看完排练，说远征老师的"杜甫"和我想象的不一样，演了一个可爱的小老头。这个评价刚好契合了我对杜甫的一个定位——苦中作乐。但我没有把杜甫完全按照一个苦皱着眉头，整天心里很烦的诗人去演，而是削弱他的诗人气质，更让他接地气。从史料中可以看到，杜甫带着儿子去要饭，会像个村夫莽汉一样跟人家讨价还价；在肚子最饥饿的时候，还会跟猴子抢野果子吃。这样的杜甫一定是太饿了，一定是没办法了。这时候的杜甫吃相会好看吗？肯定不好看。对杜甫的形体、语言、气质我是往这个方向努力的，而时间证明了杜甫的诗被称作"诗史"是那样的伟大，这种强烈的反差特别富有戏剧张力，特别能突出人物的存在感。戏的最后一幕，原本写的是杜甫在极度饥饿后饱食而逝，我感觉这样的结尾缺少了杜甫的"节制自省"，把想法跟郭启宏老师交换后，他写出了现在的结尾，用一个灵魂的口吻，对自己的一生有了评价，我认为这样的"杜甫"和《杜甫》是完整的。

四、表演细节上的创造与完善

我在高中时是个内向的人，不太爱说话，更像个行动派，性格真正变得开朗是在1978年。当时一切都是百废待兴的状态，很多行业都需要人才。国家体育总局在全国范围内的中学寻找一批体育人才，我被选中去练习跳伞，因此人生经历中我有 4 年跳伞运动员生涯。这是个自己跟自己斗争的运动，就像打高尔夫似的，你跳不好就是你自己的问题，比如没掌握好风向风力，没操纵好降落伞等，除了你自己，谁也怨不着。现在回忆起来，4 年的远动员生涯对于后来学习表演有很大的帮助，我性格的开悟正是在那个阶段。

表演上的开悟，应该是在北京人艺学员班的学习期间。按照当时的审美标准，我的外形不占优势。但是每一次交作业，老师对我作业的构思都特别肯定。这可能跟我早期的内向性格有关系，喜欢琢磨，爱东想西想。尤其在北京人艺学员班不断地体验生活，让我慢慢理解和明白了表演是什么。在德国求学时期，我在技术上是班里最好的，但想象力练习却是班上最差的。当时课堂上是一群热爱艺术的学生，他们强大的想象力让我惊诧。现在回忆这段时光，是打开我想象力的特别重要的一个阶段。在德国突击性地看了大量的先锋派戏剧和现实主义戏剧，开始怀疑国内的现实主义是真的现实主义吗？德国人在舞台上的一切都是真的，包括吃东西、喝酒，甚至布景道具都是真的。我看过的德语版《樱桃园》将近 5 个小时，第二幕中的山坡小溪是真的有流水，山坡用木头搭起来，上头有厚厚的一层土，通过反复泼水让它结痂硬起来。坡上一个大的草垛是真的堆着稻草的草垛，演员在草垛上面表演。第三幕在家里开 party，俄罗斯建筑的墙有多厚，舞台上的墙就用木头做成多厚的，但是那个墙在舞台上安装比较费时，所以每场换景要在 15 分钟以上。

通过大量德国现实主义作品的补课，我大开眼界，对现实主义有了更深刻的理解和认知。回国后认识到自己在表演上有一定的成熟，但是真正让我意识到已成为技术型演员的，是在上海连拍三个戏的时候。但这不是我想要的，于是重回人艺舞台。话剧舞台上的表演像酿酒，首先要有原料——也就是剧本。它需要时间，需要火的温度，蒸馏出粮食的精华，成为高度的白酒——也就是一部话剧。好的高度白酒是需要时间积淀的，好的表演也是。从那一瞬间我又悟到了一个演员需要再学习，都说学无止境、艺无止境，但是当表演成为惯性，当熟悉了某种"舒适圈"，让你放弃这种习以为常的状态，是需要勇气和牺牲精神的。好在我的性格是属于说扔就扔的那种，跳出"舒适圈"是我的主动选择。2017 年拍完《老中医》后，我没有再拍过一部电视剧，一个原因是剧院的工作拴住了，另一个原因是没有遇到让我动心的剧本。走到今天的我，早已经认识到演员要靠作品说话，应该塑造让人记住的角色，而不是记住自身的名字。"安嘉和"大家叫了 20 多年，到现在有人见到我，还是《不要和陌生人说话》的感觉，握着我的手叫"安嘉和"，这才是一个演员最高的荣誉。

在人生的每个阶段，在表演上都会有不同的感悟。我的 50 岁生日是在《1942》剧组度过的，当时几位主创一起吃饭，到了饭桌上有人说，今天是远征的 50 岁生日。我当时心里"咯噔"一下，都 50 岁了！然后苦恼难受了好几天，很难接受已经 50 岁这个现实。但是经过这个阶段之后，会发现自己的心态又有改变。我会坦然接受 60 岁。因为不管在艺术的道路上还是具体到表演，我是那种放弃型演员，塑造完成一个角色，就不会再重复自己。顾贞观演完了，演司马迁时，绝不重复顾贞观那样的表演。司马迁演完了再演杜甫，也一定不会去重复司马迁的表演，更不会重复顾贞观的表演。这对一个成熟的演员来说会很难，也很痛苦，需要不断地打碎自己，不断地归零。但是如果惯性地用技术按路数去完成表演，只能是在不断地重复自己。我之前在北京人艺之外的舞台上曾执导过两版《日出》，北京人艺的这一版《日出》该如何呈现？我不能重复，必须另辟蹊径去超越自己，打破自己，跳出思维上的"舒适圈"。但是经过痛苦的超越之后，你会发现幸福感更强，有时结果当然不是很完美，但我认为话剧最大的魅力也就在这里，可以不断调整和完善。

《茶馆》在我们这代已经演了 20 多年，前辈表演上的精妙已经化成了自己的东西。这就是变化，但这种变化是潜移默化，而不是基因突变。李白什么样？现在谁演李白都说不像，为什么？因为濮存昕的"李白"是标杆，大家公认濮存昕是"活李白"，30 年了，他张嘴就是李白，这个

冯远征
在《茶馆》中饰松二爷（右）

人物已经化到他身上了。这就是一个演员把角色表演到出神入化程度时的不朽魅力。

如何把角色饰演到这个程度？除了技术上的能力和对剧本人物的理解外，演员的生活经验和个人阅历也是不可或缺的。人艺排《全家福》"文革"时期红卫兵跳"忠"字舞的戏，老演员们一上台全是红卫兵，因为那就是他们经历过的，是刻在骨子里的青春记忆。而80后、90后的孩子一上台，不管怎么营造"打鸡血"的状态，精气神全不对。老演员给他们分享当年跳"忠"字舞时的情绪状态，帮助青年演员建立感性认识，然后再一个个讲动作，每个规定动作在情绪支配下必须有力量。因此在饰演缺乏与人物共情体验的角色时，更需要演员随着反复的练习琢磨，通过不断的演出磨合，不断地在表演细节上去创造和完善。

以我饰演"松二爷"的体会为例，从开始时学黄宗洛老师的行动和台词到慢慢化用成自己的表演，这中间经历了相当长的过程。我扮演的"松二爷"和濮存昕扮演的"常四爷"，从上台之前就开始了"对话"，然后撩帘上台，彼此寒暄客气着在茶桌旁坐下，我们所有的动作，包括敬茶、逗鸟都是有设计的。不管有没有台词，我们始终都在进行人物间的"对话"。观众看不看不重要，重要的是对场上的每个人、每句话、每个状况都有反应。能做到如此，前提就是前面强调的读懂剧本琢磨角色。这是演员应该做的基本功课，从剧本的字里行间去寻找贯穿的人物线和行动依据。比如，松二爷上场的时候带的是什么？一个鸟笼子，还自带了一包点心。他泡茶馆，要么自己带茶叶，要么自己带点心，为什么？一方面，他要维持体面，泡茶馆讲究的就是连吃带喝，但是茶馆的点心贵，在点心铺卖2毛钱在这儿得卖5毛钱。所以他点心自带，只付茶水钱。掌柜王利发和伙计对松二爷的这种行为虽不情愿，也早就习以为常。后面掏钱付账时，动作都比人慢一步，最后不用付钱了，嘴上说着不好意思，其实心里是高兴的，因为省钱了。

五、导演视角的体悟与思考

排演《杜甫》时，我试图让演员理解：古人的诗词就是那个时代的语言，千万不要把它仅仅当作诗句去念，而是要理解诗人的情绪。在正式排练开始前，我组织剧组用了 12 天时间围读剧本。一天读 2 遍，读了 24 遍剧本。到了第 8 天还是有很多人没读懂这个剧本，读到第 10 天大家基本上读懂郭先生的剧本，我要求再用 2 天时间读 4 遍。大家经历了从磕磕绊绊到朗读顺畅，基本上已经明白剧本的内容了。剧本中有一个词叫"仕途蹭蹬"，开始读剧本时很多演员问这什么意思？有人解释就是坎坷的意思，大家就说改成"仕途坎坷"吧。12 天之后，大家读懂了剧本，我说你们觉得"蹭蹬"不行，就改"坎坷"。所有的人都不同意改了，觉得"蹭蹬"比"坎坷"更准确，说出来时的感觉特别有动作性。我跟大家说，古汉语也是有动作性的，需要我们把语言的动作性找准，一旦找准了，怎么说都是对的。找准的前提是真正理解其中的意蕴，没有吃透光靠外在的语调是不行的。在整个《杜甫》排练的过程中，我一直在跟演员沟通一个问题，就是要读懂。我对演员的要求是不许看资料，只许看剧本。他们问为什么？我说因为郭老师读了 187 本书才写成的剧本，假设你读 18 本关于杜甫的书，你觉得有可能完全读懂剧本吗？所以扎扎实实读剧本，不懂就问，直到真正地吃透弄懂。很多时候，我们的演员尤其是一些年轻演员，需要学会去理解创作是什么。排演青年版《日出》时，我强调不要去看别人的表演体会，先把剧本的每句话读懂。我在排练厅问得最多的就是"这话什么意思"，哪怕就是一句"你吃了吗？"什么意思？为什么他要这么问？他的态度是什么？我觉得演员必须要琢磨这些，对剧本的每句话、每个词追本溯源，有这些做基础，然后才是体会人物和塑造人物。对于经典作品的前人演绎，比如我在演《茶馆》松二爷之初会不自觉地模仿经典，导演也会要求青年演员向经典学习、磨合化用之后再变成自己的。

新版《日出》的很多年轻演员，最大的问题是需要从表演的基础开始训练。这个戏用了三个月的排练时间，应该说是近几年排练时间比较长的一部剧。每天中午开始进行热身训练，进行台词的基本功训练，声音热身、声音发声、台词、吐字归音和声腔训练等。在人物塑造上也是这样，我在排练场问得最多的就是"为什么"，目的就是让他们知道必须学会思考。

现在国内表演教学中存在的最大问题，就是没有教会学生思考，多数采取让学生"依葫芦画瓢"的教学方式。老师怎么说学生怎么学，不分析剧本，不分析人物，学生只知其然，不知其所以然。结果就是全国的表演课交作业，都是一样的陈白露，哪个节点是什么表情，哪个节点是什么反应都是一个模子出来的，这很可怕。曾经有一个学员在台词课上读《阮玲玉》，我很质疑，细问之后才知道教她的老师也没看过《阮玲玉》……不管是教还是学都处在一个不求甚解的状态之下，这就是当下表演教学的最大问题。北京人艺的演员必须要有深厚的生活基础和丰富的生活体验去塑造鲜明的人物形象，这个标准必须贯彻，这也是我重视年轻演员加强这方面素养的原因。

《日出》排演伊始，我要求演员们不要看人家的表演体会，要先把曹禺先生的剧本读懂，着重去看曹禺先生的原剧本。舞台上的最终呈现某些情节可能会有删减或调整，但演员在做前期准备时必须要知道全部的情节，它们对演员积累人物情绪、理解人物内心的揭示是有帮助的，因此必须了解。通过读懂剧本，明白了曹禺先生为什么要写这些人，怎么样去写这些人，然后在排练过程不断地用各种方式去调整，比如用格洛托夫斯基的方法，用了吼叫式的方法，在这样的碰撞中会有很多奇迹出现。在这个过程当中，我希望年轻演员的内心是充实的，可以原本的积累不多，但你正在做的这部分必须分析透彻。与成熟的演员可以在表演上给予导演很多的创造力和灵感不同，新手演员需要导演不断地帮他充实，而这个充实不是指导者强加于演员的，是在引领演员透彻分析剧本、分析人物的基础上，使其经过内心的消化吸收后再反馈出来。

为什么要不断提问，不断让演员们回答问题？因为分析剧本、分析人物的过程，就在于演员要不断地给自己提问题，导演也要不断地给自己提问题，同时还要给演员提问题。尤其是年轻演员，只有通过思考把问题回答清楚了，内心完全接受了，才能真正把它装在心里，再外化为表演。否则你告诉一个演员"走三步，回身"，他可以通过模仿完成得很好，但他做到的只是一个外壳，内心对为什么要走三步而不是走四步、五步再回身没有理解，人物塑造自然就流于表面，无法打动人。

何时提出问题也有技巧。要在演员有了一定的积累之后再提问，他才有可能解答，给予的引导他也才能够真正理解，而这些都是在排练中去碰撞出来的。新版《日出》在6月下旬内部演出了5场，经过两个多月的沉淀，9月2号再演的时候，整体上都有提升了。年轻演员自己也有感觉，说台词更有劲了，更能够从内在去迸发出一些激情的东西。这也是年轻演员的优势，学会追问，学会思考，都能说出个所以然来。但必须思考如何让他们不是被动地去接受，而是学会自己思考。其实培养年轻人最重要的方法就是让他们学会自己思考，有些专业院校的学生都不会自己思考，这是最大的问题。

北京人艺有大量的经典剧目和保留剧目，也有新的原创剧目，必须用这些剧目的演出训练和储备人才。2016年我担任演员队队长时，就提出在招生时应该考虑行当的齐全，同时兼顾外形上有特色的演员。北京人艺如何把这些行当配齐，是未来几年需要重视的。北京人艺现有5个剧场，除了菊隐剧场做公益性活动外，把满足这4个剧场同时演出的演员队伍配备齐整，是剧院未来工作的重中之重。人艺现在有106个演员，按照这个要求应该有160人的演员队伍才可以满足演出需求。如何尽快补齐？一是要继续办好学员班，挑选好苗子，建立演员梯队；二是优化4个剧场的演出分配，把演员分成一队二队，尽可能减少剧目的重叠演出和演员的重叠使用。

冯远征

在《玩家》中饰靳伯安

六、表演的三重境界

表演是什么？表演是技术，所以才会有"演技"这个词。表演之所以是技术，是因为经过训练达到你从事职业需要的各种能力，比如学会调动你的身体、你的情绪，同时表演还需要情感。我个人理解，表演要经历大俗、大雅再到大俗的阶段。

第一个"俗"是什么？是自然、本我。1984 年，还在备考电影学院时，我拍了第一部电影《青春祭》，现在回看当时的表演太质朴了，自己本色的东西更多一些。1993 年左右，当时在上海连着跟三个剧组，时间持续七八个月，那段时间我特别压抑，决定要回剧院演话剧。那时在表演上我已经成了技术演员，调动情绪完成表演自如，但已经开始不动心了，这是非常可怕的事。毫不讳言地说，中国大陆目前 80% 以上的演员都是这样的，这样的可怕后果就是整体表演水平的慢慢降级。我觉得各行各业都可以提"匠气"，但表演艺术不能提"匠气"，"匠人精神"可以提，但表演者是创造者，这个行业是具有创造性价值的，所以才能不断地塑造一个又一个新的角色，而不是在重复一个又一个角色。话剧演出，一个戏演 100 场，每一场都应该是不一样的，每一场都是在创造，而不是在简单重复。所以从那以后我开始明白，表演到了"雅"的阶段仍不是最高境界。

第二个"俗"是什么？在我看来，就是技术加真情实感和生活阅历。很多演员在第一个"俗"的时候，是什么情况？哭不出来。这时导演会启发你，问：你跟谁最亲？答：跟我姥姥最亲。导演再问：那你姥姥？答：我姥姥去世了。导演：好，就想你姥姥，哭。这时候的演员，他虽然也是在哭着说词，但哭的不是角色，哭的是他姥姥，甚至演完了以后半天情绪仍出不来。达到了"雅"的技术型演员是什么情况？一哭，也说词，但是你会发现他的眼泪和词是不搭的，只是完成了一个"哭"的动作和说词的任务。而真正到了第二个"俗"的时候，即第三阶段的时候，哭的这个眼泪是演员的，是演员为人物而哭的。到了这个阶段，演员能够精准地设计自己的台词，精准地控制自己的眼泪，同时能将自己生活阅历中和人物吻合的那部分情感调动出来，最后呈现出来的，也是最能够打动人的。

我一直认为演员能够达到第三个阶段其实特别难。如何把你的阅历融入到角色中，如何在一段戏中找到人物核心的东西，哭泣也好欢笑也好，体现出来的不是演员个人的，而是你所饰演的人物的，这个很重要。因此这就要求在表演教学的过程中，不能用一种方式对待所有的学生，要针对不同人因材施教。比如这个学生偏感性泪点低，要让他学会控制；那个学生哭不出来，要让他学会如何调动感情释放出来；这个学生偏理性，要让他变得感性起来。

理想主义者都会有一个自我编织的梦幻世界，因此他永远有自己追求的方向和目标，可能永远也达不到，但也不会放弃。作为一个理想主义者，我之所以选择这个行业，到今天还在不断努力，还在不惜一切代价去做，正是因为演戏是我特别热爱的，这也是我一直前行的动力。

上课时我跟学生讲，人有三想：幻想、梦想和理想。幻想其实是属于最初阶段的想入非非，一个人的幻想永远是达不到的，它远不是理想。我当年的幻想是要做中国第一位获得奥斯卡奖的演员，这个想法早已破灭，因为奥斯卡奖不是中国的奖项。年少时最初的幻想，能够支撑一个人不断地去学习、去提高。我的梦想是做一名演员，已经实现了，且至今还在"梦"中，仍在做着各种各样美妙的"梦"，每接一个角色都是重新开始一个"梦"，我特别享受"做梦"的过程。我的理想就是做一名艺术家，现在仍为这一目标不停地努力。

我是一个幸福的人，因为我永远活在"梦"里头，在艺术之梦中一直不醒。尽管大家提起"安嘉和"都很愤怒，但是这个角色已经被人提了20年，至今还没有忘，还有很多人还在回味。前段时间有人在网上留言说："最近又看了这个电视剧，小时候看的时候害怕你、恨你，现在理解了，一个演员能演成这样不容易。"一个角色能够突破时间的局限，让观众记住并不断提起，对演员来说，就是最大的幸福，我会一直为之努力。

此文由中国艺术研究院陈曦整理。

吴 刚

找到

"角色创造所需要的

灵感和能量"

吴刚，北京人。北京人民艺术剧院演员。北京人民艺术剧院艺术委员会委员，北京电视艺术家协会副主席、演员工作委员会会长。1985年考入北京人民艺术剧院演员训练班，后进入北京人民艺术剧院工作。

　　从艺三十余年，他在舞台和荧幕中精心塑造了警察、军人、画家、特务、杀手、商人、乡绅等各类角色。1988年在话剧《天下第一楼》中饰演孟四爷，1990年在话剧《北京人》中饰演曾文清，1994年在话剧《阮玲玉》中饰演黄一坤，1999年在话剧《茶馆》中饰演唐铁嘴，2000年在话剧《日出》中饰演李石清，2006年在话剧《哗变》中饰演格林渥。参演电视剧《人民的名义》《海外行动》《潜伏》《庆余年》等，电影《建国大业》《铁人》《战狼2》《白鹿原》等。

　　2007年，他凭借话剧《哗变》摘得"中国话剧金狮奖"，同年获得第五届中日戏剧友谊奖。2009年，他在电影《铁人》中饰演铁人王进喜，获得第二十七届"中国电影金鸡奖"最佳男演员奖。2017年他凭借反腐剧《人民的名义》，荣获第二十三届上海电视节"白玉兰奖"最佳男配角奖。同年，他主演动作片《战狼2》，在塞班举行的首届塞班国际电影节获最佳艺术贡献奖。此外，他还获得中国电影表演艺术学会"金凤凰奖"、"上海影评人奖"最佳男演员、首届电视剧导演协会最佳男配角等多项奖项。

一、先生们的引领和鼓励，让我进步成长

我得感谢北京人艺，是北京人艺让我在表演方面开了窍。当时我们剧院的一个老演员叫李大千，他的表演非常厉害，解放前，就已经是少校级别了。大千先生演过一个电视剧，上下集那种，叫《寻访画儿韩》，让我真正感受到表演的魅力。大千老师那种行云流水的表演，舒服至极，非常棒。就是这个《寻访画儿韩》，让我开了窍。后来，我还在演出的时候问过先生，请他跟我讲一讲。他说那时候就不值得讲，先生们非常谦虚。

我们班毕业之后的第一个大戏是《天下第一楼》，夏淳老师导演，我的老师林连昆先生饰演常贵，比起之前的跑龙套，这次分配到我的角色是孟四爷，我一听"瑞蚨祥的掌柜"，那得多大的范儿啊，心里非常忐忑。有一次审查给我留下的印象特别深，因为于是之先生突然表扬了我："这孩子叫吴刚，刚毕业，演得比较松弛。"就这么一句话，给了当时的我极大的信心，我就觉得能够让于先生表扬我，这可是不得了的大事儿，非常兴奋，但心中也难免忐忑，因为不清楚我究竟哪里演得好，先生为什么表扬我。反正先生说了"比较松弛"，松弛，跟松懈是不一样的。现在想想，松弛不就是作为表演者最基本的素质要求，只有松弛了，演员的表演才能放得开，然后对形象内涵自然感受，不仅在形体上放松，心理上也要放松，这才能够达到真实表演，是最基本的心理、行为要素，是自我控制的前提所在。

还有一次，是在参加完了《天下第一楼》的演出之后，我作为北京人艺几个重点培养的演员之一，非常有幸跟夏淳老师参加了保留剧目《雷雨》和《北京人》的排练。一个刚毕业的学生，能够在夏淳老师的麾下排练北京人艺的经典，是作为演员的荣幸。当时，我跟濮哥——濮存昕一起

吴　刚

在《雷雨》中饰周萍（左）

演 AB 角,那时候他刚调到北京人艺不久,我们俩他演三场,我演三场……非常享受。我觉得我还真是挺幸运的,正赶上我演出的那一天,曹禺先生来看戏,所有的演员们被招到休息室。曹禺先生给我们讲:这个戏是我们剧院的看家戏,青涩一些,这是肯定的、必然的。但经过岁月的打磨,你就会慢慢地丰富自己,丰富人物。大家一定要放手去演,这个戏一定要传承下去。这给了大家很大的鼓励,所有人都非常开心。我在舞台上演周萍的时候,曹禺先生坐在底下看,给我们进行一些点评,对我真的是一种荣幸。其实,演《雷雨》很累,特别累。尤其是最后枪响自杀的那一段,每次演完,我就好像跑了 1 万米似的,精神高度紧张,费气,真的是很累,内心有一种极大的压力。我现在还能清楚记得每次做完最后的舞台效果,我就会长出一口气:今天结束了,绷着的神经可以松下来了。

那时候有幸跟顾威老师一起同台演出,向他请教了很多,向夏淳老师请教了很多,也向我的对手演员请教了很多。北京人艺就是一个大家庭,大家走进这个大门,就是一辈子的交情。家里人长期在一起,演戏的时候就会非常默契,举手投足大家就都知道我的判断应该是什么样的,他的反应应该是什么样的。这就比在外边拍影视剧要舒服百倍,因为在那边都是生人,大家今天刚认识了,明天就演夫妻,或者演哥儿们弟兄,这个磨合的过程还是差了很多。而我们剧院这边,那真的就是兄弟姐妹,不用去演的,用句《茶馆》里的台词——"一辈子的交情"。

二、没有小角色,只有小演员

在话剧舞台上,我演出过很多小人物,他们都是配角,戏份不大,但不是说小人物就可以潦草创作。塑造人物,一定要踏踏实实,无论是大角色还是小角色,小角色两三句话,大角色七八句话,怎么能够在非常短的时间内把人物演鲜活了，这是演员的工作。编剧把人物写在纸上，这是一度创作。演员接到剧本之后进行二度创作，把人物立体化，使他的性格饱满丰富，这是我们的工作。

怎么完成工作？我希望可以漂漂亮亮地完成，可以精彩地完成，希望完成的时候可以获得观众的认可。小角色和大角色一样，都要充分理解剧本，了解时代背景，把握人物性格特征……案头工作不能少，生活体验也少不了。其实这些都是我在北京人艺学习班学习的时候，经过跟先生们摸爬滚打，在舞台上看着他们怎么塑造人物的时候，一点一点悟到的。比如说我的老师林连昆先生，以前也演了很多小的角色，我的班主任童弟老师也演过很多小的角色，但是他们每一个角色都那样的精彩，人物塑造那样细致，往往这也是最见功力的地方。我接触比较多的夏淳导演，在剧院里面是数一数二的导演，他会告诉你怎么样演戏，怎么样准备戏，怎么样能够把这个人物演活，怎么能够让观众记住，对于一个非常有特点、有鲜明特色的人物，从哪里入手……还有张瞳老师、任宝贤老师这些周边的老师，我都请教过，他们都会告诉你要从什么地方入手，才能够进入到角色当中去，能够把人物演好。角色在他们心中没有大小，每一个角色在他们心中都是最重要的，值得全身心投入，去体验，去创造。

比如剧院的老演员舒绣文，在抗日战争时期的重庆大后方，她就是与白杨、张瑞芳、秦怡齐名的话剧"四大名旦"之一，多有名的大演员哪，在我们剧院，跟着一块儿跑龙套，在《带枪的人》里面，她演一个打字员，一句台词都没有。她的一招一式的认真、对角色的深刻把握、与戏剧情境的有机融合，让外国戏剧专家大为赞叹，他们一眼就认出了这是一位大演员。

在剧院工作，不是说你有名了，龙套就不演了，演员都不演龙套，不为别人挎刀，那剧院不就只能演独角戏了？北京人艺的演出，讲究的就是"一棵菜"精神，这棵菜我理解就是包心菜——每一片叶子都紧紧地包裹在一起，形成一个整体，互相依存，彼此成就。作为演员，你要做的不是来衡量角色的大小，而是要在演任何一个角色的时候，赋予他鲜活的生命力，并且充满独特的魅力。演员干的工作就是这个，干不好说明你的责任心不强，创造力不够，甚至还徘徊在角色的心门之外。排练俩月你找不到感觉，形象塑造完不成，演员这个职业你还干不干了？你还就这么一小角色，人家大角色都演得非常好，你的角色为什么演不好，那就是你的问题了。其实表演不是能哭会笑就可以完成的，用心演戏是最重要的。只要你用心去体验，对扮演的人物动了心，观众一定会看出来。

今天晚上我演《茶馆》里的唐铁嘴儿和小唐铁嘴儿，这个戏演了很长时间，台词都进入到我们的血液当中了，不用过多准备什么，但我们所有的演员都会来得很早，这是我们剧院一个非常好的习惯，7：30演出，大家陆陆续续5点多钟就到了，来那么早干嘛呀？其实就是心里有个事儿，晚上7点要演出，大家随时会自己提醒自己：6点了，别瞎聊了，该化妆了……焦菊隐先生要求我们演员自己给自己化妆，因为妆对了，才能说明对人物的解读是正确的，一直以来，这就成了我们剧院的传统。我走进化妆室，开始化妆的时候，已经进入到戏中人物的状态了，等我再睁眼的时候，应该已经是那个人物了。每次一点一点化完妆之后，我会仔仔细细地照着镜子看一会儿，看看这个人物是什么样，是不是哪里还欠缺点儿什么。我们剧院的镜子非常多，不是臭美，天天照镜子，这是让演员来审视镜像里的自己、审视角色中的自己。

我们剧院的后台，上场门的旁边，有一面大镜子，临上场之前，穿上服装、化好妆的所有演员都要照一照，看看自己是不是人物，哪里还有没有一点不妥。对镜子里的那个人认可了，转身上台。从化妆开始，演员已经进入到人物了，等把所有的手持道具全拿好了之后，我一定会在上台前，好好照照镜子，每个戏都是如此。看到镜子里的唐铁嘴儿，他耷拉着肩膀，眯缝着眼睛，有几分落魄，几分邋遢，还有几分无赖，几分奸诈。得，就是他了。这仿佛是一种仪式，让我暂时告别日常生活和心尘杂念，将自己的灵魂装进角色的皮囊，唐铁嘴儿站在这儿了，我就是唐铁嘴儿，于是我

吴　刚

在《茶馆》中饰小唐铁嘴（右）

平心静气，迈步右转，走进舞台。

三、认识人物，形象很重要

舞台上的任何一个人物，都不是个概念，而是以一个形象存在，至于什么样的形象，这就要靠演员去塑造。有时候，演员对于角色的准备过程还是挺长的。

林连昆老师曾经说：一个演员的肚子里一定有一个杂货铺，各种生活体验全往里放，等你用的时候，这就是你自己的，你可以跟老牛反刍一样，把吃进去的东西反复咀嚼，再把它吐出来。记忆的映现，会帮助你塑造很多人物。我们以前很多戏剧所表现的年代都离我们比较远，但我很荣幸和许多老先生在剧院里共事。先生们离以前的年代很近，他们知道那个年代的人怎么说话，怎么行动，言谈举止都很清楚。我们离那个时代虽然非常远，但我可以随时拉一位先生向他请教，他们会毫无保留地告诉我应该怎么做：那个时候人的眼神是什么样，那个时候人说的话是什么样……我刚来院里，走上舞台的时候，正是这些先生们壮年之时，他们正在舞台上释放光芒。

夏淳导演是我很崇敬的一位老师，在排《北京人》的时候，在排戏之余，他给我讲很多戏中那个年代的事情，告诉我那个年代大家庭的人物关系是什么样的，怎么在大家庭里边生活……夏淳老师的家庭解放前是大家族，不姓夏，姓查，查家。他在一个大家族里边生活，知道大宅子里面的生活样子，我们不懂。有时候当天的排戏任务完成了，不排了，夏老就会跟我们讲一讲，大宅门是什么样的，大家什么样，查家什么样……这个时候，我们才会知道，原来，我们对传统的大家族的认知太欠缺了，太无知了。先生们为什么演戏如此之好？他们有极丰富的生活积累，极深厚的艺术底蕴。

吴 刚

在《北京人》中饰曾文清（中）

　　张瞳老师是第一代唐铁嘴儿和小唐铁嘴儿的扮演者。我演《北京人》的时候，也和张瞳老师在一起，跟他关系特别好，经常聊天，也随时可以向张瞳老师请教。大家可能都不知道，张瞳老师解放前在天津演过京戏，是著名小生。那可是见过大世面、大场面的人。你肯定想象不到，解放前就有外卖了，各种大饭庄子的餐盒，直接背着，哼，担挑一挑，送进后台。张瞳老师就享受这个待遇。天津的小生头牌，好厉害。观众后来认识张瞳老师，应该是因为《编辑部的故事》，里边有个戴着套袖、戴着眼镜的老编辑，不显山、不露水、少不了、缺不得，有点小心机、小世故，在整个喜剧氛围中，他是一个恰到好处的间色人物，那就是张瞳老师演的。张瞳老师跟我讲过，解放前就有唐铁嘴儿这样的人，给人抽个签，算个命，四处乱窜。茶馆是五行八作的集结地，三教九流都来，唐铁嘴儿也混在此间，在这儿能碰着生意，说两句就能够赚个几文钱，用来养家糊口。

　　虽然我不曾经历过唐铁嘴儿的生活，但是通过跟那些接触过那个年代的人聊天，我可以尽最大可能实现间接记忆、回忆、想象，进而形成心象，特别是张瞳老师还曾经演过这个角色，对我而言是多大的福气！这种请教算是感性上对人物有了了解，在这样的了解之上，我才能够对角色进行艺术创作，思维联想也才能有据可依。这样出来的人物才是丰满、生动的，而不是刻板、概念化的。

　　我们剧院还有一个得天独厚的图书馆，藏书应该是所有文艺团体里边最全的，有很多画报和图片，我们可以沉浸其中吸取知识，丰富自己，找到很多角色创造所需要的灵感和能量。

四、好的角色，是磨出来的

　　排《天下第一楼》的时候，我们每天9点开始排戏，大家都会很早来到排练场。到了以后，自己就先在舞台上溜达，寻找感觉，默诵台词，就怕跟先生演戏的时候丢份；没有自己戏的时候，就在后台看先生们怎么排。我们每出戏在排练场要排两个多月到三个月，平时大家都一起生活，一起工作，中午也都在食堂吃，聊的都是戏。

其实先生们做案头工作的时候，排练的时间比我们要长很多。我是听他们说的，焦先生给他们排戏要花费很长时间，每个人下的功课比我们要下的功课多多了，桌面工作不能只做一次，随着排练的进行，对人物的认识由模糊到逐渐清楚，这种理解是要在排演的过程中逐步进行的。闭门造车，关着门找角色，那肯定是主观的。只背台词不思考，那也绝对不行。先生们对以前那个年代了解得都挺清楚，再加上那么一批优秀的艺术家在一起，工作时间又如此之长，人的注意力集中点如此之精准，那个年代对舞台执着的那种劲之强烈，都比我们现在要加一个"更"字。所以，人家才出现那样的成绩。

先生们不论是谁，只要一进排练场，一定是在戏里面。林连昆先生排戏的时候有一个习惯：那时候我们有一个长条儿桌子，轮到我们演的时候他永远就坐在尽边上那一块儿，跨过座位，他自己摆椅子坐那儿，很少说话。所以，我演完了就会问问先生："我这段您看怎么着？"他一定会仔仔细细地告诉我。有次在排《天下第一楼》的时候，我们俩演对手戏，我就请教："先生，您跟我说说这个气势怎么能不掉？""您的台词我怎么接过来才合适？""我说台词的时候您接得太好了，我这个就比较弱，怎么办？"因为当时我年轻，但演得老，情绪总是拿捏不到位。先生就一点一点教我："不走，你得往前面靠……"具体怎么做，其实都在三个多月排练当中一步一步磨合出来的，千万不能着急。

五、小剧场戏剧，对演员是一种锤炼

　　小剧场戏剧跟大剧场戏剧最大区别就是：小剧场更真实。因为观众就在你眼前，你所有的表演稍微有一点点出戏，观众一定会看得很清楚。我曾经看过林连昆先生演的《绝对信号》，那是小剧场戏剧中的经典，魅力无限，不得了。当时我们这一批新人的《茶馆》刚刚建组，我和何冰、冯远征都在，李六乙拿给我们一个剧本，说："师哥，这儿有个剧本，你看一看。"我一看，真棒！我说："老六，这剧本谁写的？"李六乙说："我写的，一个星期写完了。"一个星期写了一个剧本！太好了！当时我们哥仨跟打了鸡血似的，自己要求加班儿，说排就排。我们仨在《茶馆》排练之余，开始排《非常麻将》。这个戏是当时小剧场反响非常大的一场演出，后来又去日本、中国香港等地参加了几个艺术节，反响也非常好。

　　我觉得小剧场戏剧要求表演更加真实，不能有任何瞬间的出戏，一定要全神贯注于这场戏，这样才可能完成，是一个很要紧的环境。

　　李六乙真的是很有才华。我记得特别清楚，我们到日本演出，日本的戏剧大师铃木忠志给了我们一个场子，舞台上有两个柱子，这样的场子怎么做？我没见过这样的场子。可李六乙却用灯光把它营造出了一种氛围，绝不亚于我们在国内剧场演出的效果，一种不一样的效果。当时铃木忠志看完之后对李六乙说："所有来过我这个剧场的人，没有一个人把我这个剧场用得如此之完美，从今以后，只要是你的戏，随时来我剧场演出。"我们转到东京演出，他特意请我们所有的演员一块开了个party，给了我们这个戏很高的评价，当然更多的是对李六乙导演才华的肯定，对他舞台的展现、舞台的使用给予了极高的赞美。

　　演小剧场的戏，我觉得对演员是一种锤炼、一种磨练，表演上一定要达到精准，你才可能打动观众，因为距离实在是太近了。这个戏演了很长时间，可以说在国内的小剧场戏里面是有一号的。

　　随后我看了一本中篇小说，叫《合同婚姻》，作者是潘军。潘军是我

吴　刚
在《合同婚姻》中饰苏秦（中）

的好朋友，是当时一个很先锋的作家，写了很多小说。他每次出版小说都会告诉我，我就看到了《合同婚姻》。看完之后，我忽然有一感觉，这个故事可以改编成话剧。当时，我就跟潘军说："你写过话剧吗？"他没写过，但想试试，说应该问题不大。我赶紧给任鸣打了电话，我说我看了一个好的中篇小说，让他闲暇的时候看看。任鸣看完之后给我回电话过来："师哥，故事挺棒的，你要演？"我说："如果剧院允许的话，我们可以把它搬上舞台。恰巧这个编剧我也认识。但是，他唯一的缺点是没写过舞台戏，愿意尝试。"他说："你要演，咱就可以在剧院里边立个项，审查一下，只要剧本在艺委会通过，咱就可以上。"剧院觉得这个小说基础还是挺好的，也反映了当时那个年代的人的状态，可上了，这时候他就找到我，说我必须得演。我一定演呀，就应了。潘军是真没写过戏，出了一稿，大家觉得不好，又写了一稿，大家觉得还行，就按第二稿先报上去了。剧组成立了，当时大家都非常兴奋，我和任鸣也提了很多的意见，怎么能够把这个戏更丰富一些，再加一个结尾应该是什么样的……当时跟编剧一聊，第二天就把结尾弄出来了。然后边排边改，边改边排，最后呈现出我们观众所看到的那一版《合同婚姻》。大家反响还不错。

其实，小剧场对我是一个挺大的锻炼，大剧场你还有喘气的时候，小剧场没有。演大剧场的时候你可以松一口气，然后必须提起来，可小剧场你松了半口气就必须提起来了，因为距离实在是太近了。你面部的任何改变，观众都能看得见，这就要求所有的演员必须得全神贯注，你的注意力必须得集中，不能有任何的松懈，不能有任何的散神。在舞台上，你一瞬间的散神，都会被看出来。大剧场一样，只是放大了。你任何的走神儿，或者是说错词了，都会被看出来。

我们现在在演《茶馆》，一些粉丝连续看了 5 场，所有台词他都知道，今天你说错了一句词，或者吐字不清，观众全都有反馈。人家花钱来看你的戏，你要对得起人家。大幕一拉开，你就不是你，你是人物，观众欣赏的是你所呈现的人物，这个人物的成与败，是由你来操控的。你怎么赋予人物灵魂，你不能说演的时候思路它出去了，周游列国半天又回来了，虽然这时候你说的还是台词，但你的台词是没有生命力的，是没有魂的，魂都跑了。

因此，无论是在大剧场还是小剧场，或者在镜头前，或者大银幕上，所有的瞬间的表演，一定要是准确，力求精准。

六、一人一格，是我的追求

2006 年我参加《哗变》的演出。其实我在 1988 年就背过剧中人格林渥的台词。那时候，中美建交 10 周年，我演的是马瑞克，但在演马瑞克之前，我最先准备的是格林渥的台词。因为任宝贤老师突然失声了，剧院觉得吴刚这孩子表现还行，就让我准备。我跟任鸣老师两个人一起，他给我排戏。台词量太大了。一个星期，格林渥的台词基本没问题了；之后，还得把先生一个个请来，由先生们陪着我一个人演，那真是叫"陪公子读书"。一切都准备好了，还差两天演出，任宝贤老师的嗓子好了。我没演成。那我也在边上看着，万一有机会让我上去练练呢，结果任宝贤老师的小亮音一出口——嗓子完全没问题了。

此后，又有一个演员突然身体不适了，说："吴刚，你来，顶着这个，你的台词熟。"我又用两天的时间来弄这事，应该是修宗迪老师，任鸣继续帮我排了排。后来修宗迪老师身体又恢复了，也没我事了。再后来，剧院有一演员叫肖鹏，他演的是马瑞克，后来他离开《哗变》剧组。剧院领导说："吴刚，你来演马瑞克，行不行？"我觉得这太行了，从此以后我参加了《哗变》剧组，扮演马瑞克。

我记得特别清楚：第一场演出的时候，我站在任宝贤老师边上，因为老师先上场，他没台词，紧接着我再上场。上场前，他拍了我一下，"小

吴　刚
在《哗变》中饰格林渥（中）

子，加油！放松！"他提溜着包就上去了。印象深刻，就两句话。

后来复排的时候，任鸣导演给我打了一个电话，说现在剧院因为这么些年有很多先生身体都不适了，想要排演年轻版的《哗变》，要把这种阳刚之气给它排出来。当初赫斯顿导演亲临现场排练的时候，任鸣是副导演，从头到尾跟着，所以他来执掌这戏。当时我就跟任鸣说："我有一个请求，排这个戏我就演格林渥，如果剧院里边觉得还有谁比我更合适的，就让他演这个戏，我就不参加了。如果说同意我演格林渥，这个戏我就参加。我就这么一个要求。"他说："没问题，你来演格林渥。"我说："那行了，咱俩就不说了，就这么定了。"因为，我觉得这个戏跟了这么长时间，我有一种情结。再有一点，格林渥这个人物是锻炼演员在舞台上把控节奏最好的一个人物，演出节奏、心理节奏全都是，是对演员的锻炼，一定要演这个人物。

我从来不在乎是不是主演，我演的人物一定要对我有所锻炼，只要是对我有锻炼，对我今后塑造的人物是有好处的，能带给我艺术创造的快感，我就去演。如果没有锻炼，即使是主演，我也不会选。我会演很多小角色，出发点就是这样的。

我们剧院要求"一戏一格"，这是我们剧院对每个戏的一种追求。我要求"一人一格"，也是我的一种追求。作为一个演员，我希望我能做到"一人一格——一个人物一个风格"，因为我觉得最好的表演应该把自己藏在人物的身后，让观众永远记住人物叫什么，忘记你吴刚叫什么。这样才是观众认可了你的人物，有些我可能做到了，但是还不够。不同时代、不同阶层、不同类型的人物，凡是没有饰演过的角色，我也都想演演看看。

七、演员要有独立思考的能力

不管塑造怎样的角色，真正把人物演活是重要的，让观众记住你这个人物是重要的，其它都是皮毛，不值一提。只有真正撼动人心的，才是最紧要的。因此，我还是希望能够饰演没演过的角色。前段时间我在影视作品中连续演了两个警察的形象，一个是《破冰行动》里面的李维民，一个是《海外行动》中的高笑天，后面还有一个形象也是公安的，那么接不接这个戏，接的话这个戏从哪突破，怎么能让观众觉得不一样，就是我要思考的。

其实，演出当中，我在家或者晚上睡觉的时候，我就会在脑子里过这个人物，人物就在我心里边来回地游走，没有一个特别固定的形象。就像焦先生和于先生说的"心象"，他们说得非常好，我一直在用，用"心象说"来进入角色，找感觉。你接了一个新角色，你心里边得有这个人物，这个人物长得大概什么样，他的言谈举止什么样，他有什么特点，他的心理动机是怎么样的，他的外部动作是什么样的……这个人一直在我心里边画着一个像，我在每接触一个人物的时候，自己都会给他摹画，在心里面画像。

作为演员，经验和技巧都可以靠练、靠学来习得，但是思考是要独立存在于心中的。人都是孤独的。也许，孤独才是人的本质。作为一个搞艺术的人，内心应该是很孤独的。在家的时候，我有时就会去想准备要拍的人物，我妻子岳秀清和我说话我根本就听不着，会陷入到那样一种状态，完全沉醉到对人物的思考当中。当然，她将我唤醒后，我会仔细听她对人物的看法。我也饰演了很多有担当、干大事的人，其实他们都是孤独的。这里面有编剧赋予他那样的一种人物性格，也有我的思考，是作为演员将自己的表达放在某一个所饰演的人物当中的思考。演员应该首先要有天赋，然后还得勤奋，好学习、多读书，肯下功夫，独立思考也很重要。

此文由中国艺术研究院陈樱之整理。

何 冰

"演员在舞台上要做到
内心的松绑"

何冰，1968年生于北京，北京人民艺术剧院演员，中国电视艺术家协会演员工作委员会副会长，第十二届、十三届北京市政协委员会委员。

1991年毕业于中央戏剧学院表演系，同年就职于北京人民艺术剧院。自工作以来，排演话剧三十余部，1995年话剧《情痴》中饰埃迪，1997年话剧《鱼人》中饰三儿，《古玩》中饰黑山，1998年《雨过天晴》中饰某男，1999年话剧《茶馆》中饰刘麻子、小刘麻子，2000年话剧《风月无边》中饰蒲松龄，2002年话剧《狗儿爷涅槃》中饰苏连玉，2003年话剧《赵氏孤儿》中饰程婴，2009年话剧《鸟人》中饰三爷，《窝头会馆》中饰范国钟。参演电影二十余部，如《甲方乙方》《大腕》《洗澡》《十二公民》等；参演电视剧近百部，如《大宋提刑官》《白鹿原》《情满四合院》《刘墉追案》等。

在三十余年的演艺生涯中，何冰塑造了很多令人印象深刻的角色，也因此斩获诸多表演奖项：1999年获得第十六届"中国戏剧梅花奖"，2004年获得第二十一届"中国戏剧梅花奖"（二度梅）、第五届"中国话剧金狮奖"，2008年获得第十八届上海"白玉兰戏剧表演艺术奖"主角奖；2004年、2006年、2018年三次获得中国电视金鹰奖观众喜爱的男演员奖；2018年、2019年两次获得上海电视节"白玉兰奖"最佳男主角奖等。

一、　艺术启蒙与初登舞台

童年时有几个艺术形象在我心中留下了深刻印象。当时上海电影制片厂的演员队办春晚，我记得主持人一位是赵丹，一位是孙道临，他们俩居然弹着钢琴唱了一首德国歌曲。那会儿我已经看过他们演的电影了，突然发现他们在生活中是那样有风采，那么帅，那么迷人。对我的冲击其实总结起来就是：我太想成为他们中的一员了，太渴望那样的生活了！小时候的我以为他们的生活中充满了钢琴、歌声、表演、玩笑、邀请、喝彩、秀手艺……那样的生活太让我迷恋了。

我十八岁考大学之前只接触过三出话剧。一个是当时中国青年艺术剧院王景愚先生主演的《可口可笑》，还有当时中央实验话剧院韩童生先生主演的《命运的拨弄》，第三出就是我现在所在的单位——北京人民艺术剧院演的《女人的一生》。我不知道这算不算命运的召唤，但我心中模模糊糊地有了一个方向，我要做一个演员。八十年代初期，咱们国家的电影一时红火，涌入大家眼帘的都是一些电影明星，比如刘晓庆老师、唐国强老师，那时候我也不知道话剧演员和电影演员的区别，但就是想当演员。当时听说电影学院对于形象有很高的要求，觉着自己肯定不行。这可能就是命运的安排吧，我考入了中央戏剧学院北京人艺委培班，这是一个"团带班"的教学模式，剧院和学院联合培养。

在中戏，有一个训练让我觉得受益终身，就是我的班主任朱彤老师给我们做的解放天性练习。这个练习其实所有表演系的学生都会做，但他做的跟别的老师不一样。大家在简单的热身之后，全体在表演厅里站成一个随意阵形，朱彤老师就开始给我们放他事先编排好的音乐。这个音乐有抒

何 冰
在《舞台上的真故事》中饰梁铁耙（左）

情的、激烈的、凄凉的，各种情绪色彩的。在这个音乐当中，我们要听老师的口令。他的口令在不停地规定情境，比如他现在放一个阳春三月的音乐，并告诉同学们："我们要去踏青，我们带了什么吃的吗？有人要唱点什么啊？大家心情真好啊。"同学们根据这样的规定情境去表演。突然音乐就变了，电闪雷鸣，"下雨啦！刮风啦！冰雹下来啦！台风来啦！"他不断加强规定情境的严苛性，使我们做出一个反应，以至于到后来喊"狼来啦"，所有人都在疯狂地奔跑。朱彤老师的反应训练，要求我们做出的动作幅度非常大，也就是我们常说的"戏过了"，过得一塌糊涂。他不是要我们简单做反应，而是在做反应的同时要触摸到自己的极限。老师其实是要把我们的身体拉开，让我们知道戏剧表演对身体、声音和内心的要求幅度都是非常大的，这也远远超出我一个十八岁青年对于表演的想象。当时不懂，感觉这就跟疯了一样。可现在我明白这样做的道理了——老师用了短短三个月的时间，把那些所谓的"演技炸裂"的表现，都让我们感受了一番，让我们感受到在舞台上表演到底需要多大的幅度和张力。当我们在这样高强度的训练之后，再回到舞台上正常地表演，就会发现自己的身体会处于一种很轻松的状态。这个课直至今日对我来说都有很深刻的影响。

毕业后我就进了北京人艺。到剧院一年后，我出演了《舞台上的真故事》中的男主角梁铁耙。剧本改编自孟冰老师创作的《来自滹沱河的报告》，梁铁耙是个三十多岁的退伍军人，回乡带领乡亲们致富。这个戏是林兆华先生导的，剧院让李世龙和周铁贞两位老师带着我们排这部话剧。现在回想，这个戏就是剧院用心良苦地为我们班18个孩子量身打造的，其实就为了让我们"比划"一下，感受一下在中国话剧的"甲A"舞台上演戏是一种什么感觉。我当时完全不会演这个角色，也没有通向这个人物的途径，但巧合的是这个戏写的是关于河北的故事，我姥姥是河北保定人，我从小是听河北话长大的。林兆华先生也愿意让演员们用方言去表演。当语言不陌生之后，就让演员很方便地找到了一条通往角色的道路。我最后也就很顺利地把这个角色演下来了，他还是比较认可我的表演。当时这出戏卖票演出，演了大概三十多场。

二、融合稳定的北京人艺表演体系

回忆在剧院的时间，开始十几年我一直是非常恐惧的。其实很早我就建立起了对表演的自信心，但有一种恐惧始终没有消失——人艺的那些伟大的名字对我来说实在是遥不可及。比如当时林连昆先生演得最盛的时候，剧院的每个戏基本都是他在领衔。当我拿到剧本的时候，花了一个礼拜都搞不清剧本讲的到底是什么，可林连昆先生往往第一次进排练厅就能找到角色的状态，直到首演也没有任何区别，他的这种状态一直让我记忆犹新。他是怎么做到的？这太让人羡慕了，我直到今天也无法企及。还有吕齐先生，在《李白》那出戏里，他饰演一个道士，从排练到演出，第一次演就能找到角色最合适的感觉。这对于年轻的我来说是一件多么恐怖的事情，我眼中的好演员是这样的存在，但我却连理解剧本都觉得困难，这是时间上可以弥补的差距吗？我整个人就迷茫了。

我像个没头苍蝇一样寻找答案多年，直到现在这个年纪，我才敢说自己稍微有一点明悟，这是我多少年来都没能总结出来的一些东西。我想说我非常有幸进入北京人艺，因为在我看来，北京人艺真的存在一个体系，一个非常稳定的逻辑框架，就如同分子结构一样，稳定地一直存在。七十年前，北京人艺创立之初，第一批演员来自五湖四海：既有刁光覃先生、舒绣文先生这样的电影明星，也有来自抗敌演剧二队、鲁迅艺术学院的，还有北京戏校学京剧的，这种构成让北京人艺于创立之初就在表演艺术上形成了一个非常复杂的环境。话剧进入中国才多少年？从春柳社算起到建国初期，不过四五十年，大家对话剧又能有多少经验可供总结？这批演员带着各自的生活经验和表演体会，把它们放在一起融合，互相碰撞，就进发出很多好东西，于是乎就形成了一个立体的表演结构。我个人常说，北京人艺有一个"母亲"和一个"父亲"，"母亲"是老舍和曹禺，"父亲"是焦菊隐。北京人艺就像个家，家就得过日子，"父亲"和"母亲"就要带着院里的孩子们生活下去，谋生是第一要务。北京人艺有非常多的、散乱在每个演员身上的表演方法和经验，当这几位艺术家从学术角度把这些东西"一拎"，可能就形成体系了。有焦菊隐先生学贯中西的导演方法，再加上老舍先生、曹禺先生文学上的滋养，他们一起创造了一种属于北京人艺的生存方法。今天总结起来可以说是：以生活为来源的、以鲜明的人物形象带动的、接地气的北京人艺表演学派。这个表演学派就像一个"保护机置"，一直护送北京人艺的表演艺术走到今天。人类社会文化多样，种族各异，语言千变万化，但生命外在的表现是有共同点的，而这套保护机置就可以找到并放大这些共同点。为什么叫保护机制？它一直能存在，否则做演员就非常危险。老天爷给你个模样，社会就开始选择，哪天您这模样不流行了怎么办？哪天流行秃子了，我还真得刮头去吗？

剧院的老先生们总结了一套"武功套路"，甭管是来了什么对手，我们都能从容应对。我觉得一个剧院也好，一个体系也罢，一个人也好，就怕没这一"招儿"。有这一"招儿"，就什么都好办了。所谓吸纳、学习，再去碰撞，总得是有东西才能碰撞。七十年来，人艺的演员们可能对这套表演体系描述得七嘴八舌，不能见其全貌，但我们内心都清楚这种套路，因为这种套路到现在为止行之有效。我们用这种套路处理了《茶馆》，同样也处理了《哗变》，直到今天我们还在用这套方法处理很多类型的舞台表演。我并不想把它说得多高，但这就是北京人艺自己的文化。这个文化的第一功能就是保护，一个行之有效的生存体系，把这个吃透，再去接触其他的表演、艺术形式就都好办了。

一个演员最多要做的是什么？不是训练声音、不是减肥，不是！是建立自己的逻辑结构，要把自己的三观、甚至"四观"建立起来。把它建立起来，你才有那一招。北京人艺的表演体系有很多名字，但是都不准确，

何　冰

在《喜剧的忧伤》中饰编剧（左）

因为这个名字是挂在逻辑体系上的，而这个逻辑结构你是看不见的，它是一整套模式。你能看见分子结构吗？你能看见 H_2O 是怎么形成的吗？你不能，但你能看见水！于是我们就说演戏要像水一样。不对！那是表面，你要去看到那个结构。大到一个剧院，小到个人，我们都要去建立一个结构体系，你才能去梳理那个角色。举个最简单的例子，我们要找到自己那副眼镜，比如说您戴的是近视镜，那你就是为了调整距离；如果我找到的是个墨镜，那我看这个世界就全是黑的。这是物理界定的，是没问题的。当有了自己的"观"之后，文本再跟进来，吃进去再吐一遍，就是我演的，不可能两个人演出一个戏是一样的。更何况作为演员，你真正的贡献就在于你的理解，如果你没有基础理解你演什么？

有人说我塑造的形象有类似的地方，我从没有回避过这件事，而且非常引以为荣。自己的风格是一定不能丢的，丢也丢不掉。这也回到我说的演员的"观"上，这就是属于我个人的丢不掉的"观"。作为一个北京孩子，进了北京人艺，我学习了这套表演体系，它也深深地跟我融合在了一起，我丢不了，也不想丢，这就是我安身立命的表演方式。目前这一套方法，我认为是行之有效的。我用这个方法演了契诃夫的《论烟草有害》，也用这套方法演了《白鹿原》中的鹿子霖，我没有第二招了。就像你让一个京剧演员肃清他自己的戏曲训练，这是不可能的事，他演什么都会带着他自己的风格。我们要抛弃"成功学"这个参照系，表演不能唯成功论，即使一个表演风格不成功了，就能证明它不好么？

三、建立自己的表演逻辑

我认为有两个东西对演戏来说非常重要：第一是吃透剧本到底要说什么，角色到底能说什么、怎么说，把这些处理明白了，这戏就能演了。第二是不论演什么戏，也无论运用布莱希特的还是斯坦尼斯拉夫斯基的表演体系，首先要建立的第一个信念是：它是假的。有些人总强调真实，说得好像戏剧中的"真实"真的存在一样。戏剧中有太多的东西无法用语言去描述，所以我们只能强调"真实"二字。一切的真实都应该是来源于自己内心的真实，绝非外部世界简单的真实。想把真实靠在一个人物形象上？一对人物关系上？一块布景上？一种审美上？这些是都靠不住的。在这种"假"的基础之上，只有我的表达是真的。这是表演的基础，我自己用了很多年才建立起来。当我内心把原来认为的"真实"推倒的时候，我内心突然变得轻松了，在舞台上也彻底放松了。

演员在舞台上要做到内心的松绑，而这个松绑要靠自己去完成。"活在当下"、"内心松绑"其实都是一件事，一出戏里十个演员要有六个人都能把这个问题解决好，那这出戏绝对可以称之为表演艺术了。在那个状态里就离开了导演、离开了编剧，这两个伟大的职业就只剩给演员们打工了。遗憾的是演员很难获得这种纯粹的自由，没有这种纯粹的自由，演员就还要靠导演和文本。而且新的表演总会带来新的挑战，也就带来了新的烦恼和紧张。直到今天我在面临更大的表演挑战时，也一样会面临紧张这个问题。但表演之所以称之为艺术，就是因为它的最终形态是可以脱离开外部的一切而单独存在的。这种状态经常会在生活里见到，比如说京剧名家，他们难道是靠文本和导演来表演的么？他们站在舞台上，就已经浑身是戏了！

当然演员在舞台上也不可能完全处于心如止水的状态，舞台事故也会时常发生。比如有的演员说自己在演出时吃了个"栗子"，于是他觉得这一整个晚上都无法入戏，并且拼命想去弥补这个失误，最终反而获得了更好的观众评价。这个问题其实可以从另一个角度来看：演员在舞台上犯错了之后，想要表现的完美不存在了；可当完美被打碎了，演员怎么就演好了？这难道不是个悖论么？事实上演员接下来所做的一切事情都是要去弥补它，要去把演出修饰成原本的样子，他在舞台上就呈现出了一个和平常完全不一样的状态，并且有很强的主观能动性，反而呈现出更好的表演。这也就是活在当下，所有的训练，所有的经验，无非是要让我们在舞台上的两个小时内最长时间地活在当下，抛开一切杂念。很多时候在出现舞台事故之后反而是最"安全"的，所以我们要把尽量多的问题在排练厅里解决，在舞台上就能更好地活在当下。对完美的渴求、对喝彩的渴求、对完美表现的渴求，全都是妄念，虽然我们不可能把这些念头完全肃清，但尽可能一点点解决这些问题，这也是作为一个演员一生之中每天都要去解决的问题。

如何才能让角色不停留在文本上呢？我们通常用的词叫感受，我们要去拼命地感受那个"人"，感受对方同时感受自己。或者叫感受自己，同时接受对方。感受对方之后，人物才能不停留在纸上。比如说濮存昕演的那个糟老头子（编者注：濮存昕在《窝头会馆》中所饰演的古月宗），那个角色对他来说是一次挑战性的表演，他本人离那个角色是非常远的。刘恒先生写这个人物跟苑大头（编者注：何冰在《窝头会馆》中所饰演的苑国钟），他想达到一个什么目的？停留在纸上，一个人一个理解。可能刘恒先生有自己的解释。但是当这两个角色落到我们手里的时候，我们只能按照自己的方式去处理它。比如说濮存昕演的这个角色：老主子，一个糟老头子，学问不成的老举人，也许刘恒先生是在嘲讽这个角色。但是濮存昕饰演这个角色的时候，无可避免地带入他的家教，他的学养，如果换另外一个演员，可能就不是这么一个解答方式。回到刚才说的问题，这才是真正舞台上发生的事，那个事是逃离文本的，是逃离解释的，是个人对个人的，是仅仅此刻我对你的，我们感受到什么就接收到什么，你反映出来是什么就是什么，那个东西是以一个看不见的方式散播给观众的。

北京人艺的先生们还教过我一个好习惯——观察人物，在任何环境里不停地观察。这个习惯我现在还保持着，比如我和媳妇在楼下喝咖啡或者吃饭，我媳妇总是会说我"你别老看人家"！我习惯性地看人，观察人。想一眼把一个人看透了那不可能，但是可以观察他的外部特征，哪怕是一个很有特点的习惯，比如他是那样走道的！你观察，这个种子就会在生活

何　冰
在《窝头会馆》中饰苑国钟

中不知不觉地埋进心里，不知道哪一天你演戏的时候就突然拎出来了，那个细节和这个形象一搁，水乳交融，在你身上融会体现，一个形象就诞生了。

1999 年，我在小剧场戏剧《雨过天晴》里饰演一个男旦，里面有不少戏曲的东西。戏由李六乙先生编剧并导演，他请了一个旦角演员给我说戏，我自己也请了中国京剧院的资深武生董志华先生来给我说戏。他们各来了一个下午，就迅速打消了我学习戏曲的念头——不是因为他们教得不好，而是我真的学不会。戏曲如果两三个月就能学会，哪还有一代代戏曲演员八年坐科？最后还是我自己想法解决了这个问题：通过观察京剧演员的典型特征、展示性动作，我想象一个京剧演员大概的形象，自己去编一套动作，然后我去演他。这是到今天我都在使用的方法，只要在表演上逻辑自洽，能够自圆其说，其他的内容想象即可。在舞台上有一点要非常清楚——我要演的不是一个京剧演员，这只是角色的外壳，京剧的动作有那么一两个就足够了，对于观众来说并不是想审视你的京剧动作，而是希望看到演员通过这个外壳所要表达的内容。观众如果真要看京剧，也不用来看我的表演了。

四、话剧与影视触类旁通

我本人不认为舞台剧和影视剧有本质的区别。我刚毕业的时候拍了很多电影，连续拍了七八部，后来重心就回到舞台剧和电视剧上了。我认为电影表演和戏剧表演的区别是比较大的。电影分很多门类，有的戏剧色彩强的电影，演员在其中就是戏剧演员，比如周星驰的表演，我几乎认为他百分之百是个戏剧演员，可他演了一辈子电影。还有另外一类的电影，比如《花样年华》里面的梁朝伟先生，与周星驰先生关系非常好，也是同期

何 冰

在《鸟人》中饰三爷（中）

出道，可他就更贴近"艺术片"电影的表演风格。

　　我学习表演的受训过程告诉我，戏剧是要"演点什么"，而艺术电影是"别演什么"，这是我个人认为戏剧表演与电影表演的区别所在。电影贯彻的导演的艺术理念，里面的逻辑体系也是导演个人的，表演只是挂在电影上，演员甚至不需要去统观全剧，通过剪辑就可以表达导演所想。当然在电影中，演员也一样会对角色有自己的理解，但这样的理解会被剪辑得支离破碎；而话剧表演中，演员必须整体地去看角色，前后的逻辑衔接非常重要，人物是要有一条统一的行动线。这也是后来我拍电影少的原因，我演不了那些上天入地的动作戏，最多就是演一些安安静静的文艺片，可文艺片跟我在戏剧学院的学习是截然相反的。

　　电视剧表演则介于电影和戏剧之间，但我认为演员在电视剧里还是要"演点什么"的，观众们拿着遥控器随时可以换台，为了留住观众，演员多少也要演点什么。

五、让剧场成为观众的心灵故乡

　　什么事情都有一个门槛，就像看戏就需要有对于戏剧假定性的一个基本认知。也有一些文学上门槛比较高的戏，比如存在主义戏剧，一些观众没接触过这样的作品。但无论对于什么样的观众，一句话就能解决所有的问题——这个戏的娱乐性在哪？没有人能拒绝娱乐。观众们进剧场最核心的需求其实就是娱乐，这门槛高么？一点都不高。再回到北京人艺的表演系统上，为什么说它是保护机制？保护机制就是在削低戏剧的门槛，让更多的观众走进来。解决了娱乐性的问题，就解决了观众们走进剧场的需求问题。娱乐有低级的娱乐，也有高级的精神娱乐，但总之是娱乐。如果你面向普罗大众的话，娱乐性可能要向大众倾斜。我们不能直接在舞台上给观众讲道理，而是要用娱乐性包裹着道理，通过故事讲给观众听，这是老生常谈的问题了，如果说我们给观众一服药，那一定要把糖衣包厚一点，戏剧工作者如果意识不到这个问题，那么做戏的人就是有问题的。一个作品里面没有精神纲领，没有所谓的精神心灵的营养，不能称之为一出戏；可是你直接把这给人家又不行，戏剧工作所学所练，就是要做这一层"糖衣"。

我不同意给观众分三六九等的行为。人的精神世界是非常复杂的，比如一个中国老百姓进了庙，他不一定懂佛经，但一定明白那是神圣的，能感受到那一刻的清净和安详，而我们要给观众的也是这样的感受。《茶馆》演出中纸钱撒起来那一刻，观众们心里到底能感受到什么？那是不可名状的。不要总是试图用各种的标准去把观众划分成几类，这都是人为做出来的。作为人，下到两岁的孩子，上到八十岁的老翁，神圣的那一刻来临的时候，所有人都能感受到，这也就是戏剧的终极目的。戏剧是什么？演员和观众，大家一起现在就做梦！钟声响起！来！走！在黑压压的房子里，每个人默默地低头看着自己的内心，旁边人想什么大家都无从得知，可大家的终极目的就一个，回故乡。故乡在哪？故乡就在你心里。

六、关于成功与自我的认知

我觉得对于一个演员的表演生涯来说，总要有那么几个拿得出手的角色，这也是衡量演员是否成功的唯一标准。在北京人艺有很多优秀的演员，比如林连昆先生、朱旭先生、黄宗洛先生、马恩然先生，这些老前辈可能在社会上没有特别大的知名度，可他们塑造的角色是无可替代的。说夸张一点，有时候一个演员的离去可能就会直接带走一出戏，这样的情况也是不少见的。

　　敞开心扉地说，我认为到我们这一代，北京人艺的排面代表是濮存昕先生。其实我是没有资格评判他的，我之所以这么斗胆地敢评判他，因为他带给舞台的不光是表演本身，还是他的家教、他的学养、他的为人，这些都是一个人的本真。在舞台上，当聚光灯打给你的时候，你是藏不住的，是什么样就是什么样，你是无处遁逃的。

　　还有一个我认为目前北京人艺最好的技术大师，就是梁冠华先生。他的内心节奏、他在舞台上表演的顺畅！做演员的应该懂，我们在台上有两个甚至是三个节奏，一个节奏叫整个戏的大的节奏，二是跟其他演员配合出来的一个节奏，还有一个你自己内心的节奏。大家都在小步紧倒，都在调着，全是运动的，一旦你不在这个节奏里，你就不在这场戏里了。我认为这三个节奏目前为止在他身上是统一得最好的。

　　就我来说，我的形象条件并不好，就不能只演一种类型的角色，得多预备几个。但我演喜剧形象还是多一些。我认为喜剧就像是我们饭桌上的糖，如果没有糖，这饭吃起来肯定不香。人生是荒诞的、行为是可笑的，喜剧是必须要有的。既然人生如此可笑，那我们到底该哭还是笑？我认为诉说丑恶不叫本事，诉说美好才叫能耐。无论别人怎么看，我永远选择诉说美好、诉说欢笑。众生皆苦，观众们好不容易看会儿戏，还是要给观众看些美好。所以回到角色塑造上，如果让我演，我就一定要在角色里找出那么一点美好的、喜剧的部分，这也是我作为演员的"观"的问题，这是我的艺术观。

　　可能是我过于贪心，我并不觉得自己塑造过哪一个非常成功的角色，反而还受到过质疑。1999 年的《茶馆》演出，不仅是我，还有其他演员，包括林兆华先生都受到了巨大的质疑。现在人艺演出的《茶馆》是"焦版"，当年搬上舞台的叫"林版"，整体布景都不一样。林兆华导演说如果观众喜欢原来的《茶馆》，那就还按原来的演。我认为这是大导演高风亮节的地方，大师从来不会固步自封，或者去责难观众不理解自己。没有林兆华导演这样的人，我们的戏剧不就永远只是原地踏步了吗？该前进就

何　冰

在《茶馆》中饰刘麻子（中）

前进，该质疑就质疑，这是两档子事。当然对于观众的质疑，也会思考该如何改变。我们尊重观众的批评，但没有什么事情是一成不变的，戏剧也一样，很多时候观众在剧院里寻找的不是当下，而是回忆。很多时候我们想象过去是什么样的，其实我们不太能准确地界定过去。但我们要认识到的是，今天的《茶馆》演出是要为今天的观众服务，如果今天的观众里有接受它的，那就是它存在的意义和价值。

此文由中国艺术研究院李一赓整理。

徐　帆

"戏不求满，但求恰到好处"

徐帆，北京人民艺术剧院演员。北京市第十二届人大代表，中国文学艺术界联合会第十届全委会委员。

1979 年就读于湖北省艺术学校京剧科，1987 年考入中央戏剧学院表演系，1991 年毕业后进入北京人民艺术剧院工作。1992 年在话剧《舞台上的真故事》中饰柳春燕，《红白喜事》中饰小珍；1993 年在《鸟人》中饰小霞；1994 年在《阮玲玉》中饰阮玲玉；1995 年在《哈姆雷特》中饰皇后；2000 年在《风月无边》中饰雪儿；2001 年在《蔡文姬》中饰蔡文姬，2003 年在《赵氏孤儿》中饰太后；2009 年在《窝头会馆》中饰前清格格金穆蓉；2010 年在《原野》中饰花金子；2019 年在《林则徐》中饰郑淑卿。代表作品有话剧《阮玲玉》《蔡文姬》《原野》等，电影《甲方乙方》《不见不散》《一声叹息》《唐山大地震》等，电视剧《青衣》《结婚十年》等。

1995 年因出演话剧《阮玲玉》获第十三届"中国戏剧梅花奖"，1998 年因出演电影《不见不散》获第五届"中国电影华表奖"最佳女演员奖，2000 年因出演电影《一声叹息》获第二十四届开罗国际电影节最佳女主角奖，2003 年因出演电视剧《青衣》获第二十三届"中国电视剧飞天奖"优秀女主角奖，2004 年因出演电影《手机》获第二十七届"大众电影百花奖"最佳女演员奖提名，2010 年因出演电影《唐山大地震》获第四十七"届台北金马影展金马奖"最佳女主角奖提名，2012 年因出演电影《唐山大地震》获第三十一届"大众电影百花奖"最佳女主角奖提名。

一、戏曲学习的体验与运用

　　我的父母都是楚剧演员，从小我就在台下看戏。小时候看他们在舞台上表演，看到演员头上永远金光闪闪，服饰漂亮，动作飘逸，觉得舞台特别吸引人。从小耳濡目染，舞台上呈现的美感和所演绎的故事，都深深地吸引着我，梦想着自己长大后也能成为一名演员，像父母一样在舞台上为观众表演，于是我报考了湖北省戏曲学院，后又转入武汉市戏剧学校。

　　现在回头想来，从小学习戏曲的经历，对以后任何一台演出都具有潜移默化的深刻影响，给予我表演上莫大的帮助，成为我舞台演出的内在根基。

　　学习戏曲的这三年，每天都要练习毯子功、翻跟头等动作，经过这种严格刻苦的训练，打下了牢固的基本功。现在回想，真是特别辛苦，这种严格的训练在我上大学时都不曾经历过，对于演员来说是一项扎实的基本功锻炼，不仅在演出时的身段、形体、节奏的把握上，而且在表演创造过程的每个阶段都有重要影响。

　　演出话剧《蔡文姬》时，蔡文姬身穿古装。在我早年戏曲学习中，古装穿在身上就像自己的衣服一样，身穿古装的精气神自然流露，这就是戏曲学习的益处。如果没有戏曲的功底，这种宽袍大袖的古装就很容易被穿"泄"了。它不像我们现在的衣服比较贴身，可以看到人体动作的线条，这种古装是不行的。衣服一穿上身就要提着一口气，才不会有"泄"的感觉。最重要的是舞台上对服装的运用，古装在舞台上如果不能够合理运用，即使服装再漂亮，也只是艳丽的布匹而已。要让服装成为身体的一部分，在舞台上加以运用和展示，成为人物塑造的重要组成部分，这时运用戏曲身

徐　帆

在《蔡文姬》中饰蔡文姬

段就会游刃有余。

早年学习戏曲时，我就穿着古代装束，潜意识中就告诉自己是女人，在表演时手足都不能出袖子和裙子，走动时的步伐是小碎步，并且在舞台上行走起来像飘着似的，所以饰演蔡文姬时，很自然地就把戏曲表演的经验和角色的言行统一起来。

饰演蔡文姬角色时，台词上除了韵白的运用外，还有唱功，都或多或少自然地融入我早期戏曲的学习内容。戏曲需要多年持久的学习，如果现学，所展示的言语、动作肯定会虚飘。在演出中，早期戏曲练习的内容会慢慢地、无形地运用到表演之中，表演的整个过程很"润"，这个字所表现出的内容已经远远超出字义本身，是一种由内而外的自然流露的感觉，在观众看来，也许会觉着这个角色充满弹性和张力。

学习戏曲的经历，对于演出节奏的合理性的把握也颇多裨益。一般来说，戏曲舞台上的节奏比较明显，体现在锣鼓点上，节奏的把握比较容易，可是话剧舞台上所有的节奏都在演员心里，如果话剧表演的节奏感不好，一出戏就会拉长，本来两个小时就可以结束的戏，就会演成两个半小时，而多出的半个小时其实就是废戏，演员演起来不带劲，还会影响台上配戏的其他演员，观众看得也沉闷、烦躁。对于节奏感的把控和训练，在学习戏曲后，会有更加清晰的感受和合理的运用。

戏曲的学习还能让我更容易理解和把握角色的内在心理。饰演电视剧《青衣》中的筱燕秋时，早年的戏曲学习让我很容易走进这个角色的内心世界，我特别能理解她这种爱戏如命，甚至对艺术执着到了分不清生活和舞台的特点。这部电视剧拍摄的过程，就像把以前的生活和感受一点点"倾倒"出来似的。虽然我理解这个角色的执着，但也会带着不同的眼光看待和审视这个角色。海绵干的时候吸水力不强，只有在浸湿的时候才有迸发力，演员在塑造角色时也一样，不能固化了自己。在我看来，表演是一辈子都需要认真思考的事情，没有固定模式，只能不断去创造。

二、由内而外的自在表演

1994 年，我在话剧舞台上饰演了人生中的一个重要角色阮玲玉，并且在时隔十九年后，重排《阮玲玉》时再次饰演这个角色，多年后的再次饰演让我对表演有了全新的理解和感悟。

第一次饰演阮玲玉的时候，我还很年轻，能够把编剧写的这些台词都表达出来，完成舞台上所有的调度，总体完成度不错，因饰演这个角色我获得了第十三届梅花奖。

十九年之后，再次饰演阮玲玉，复排时我看了之前的演出影像，觉得那时的表演真是惨不忍睹。现在来看，那时的演出对角色的体会和理解还是很肤浅的，好多表演只是在一个完成的层面上。所以复排演出的时候，在表演上我做了许多调整，减少了面部表情的运用，更多配合外部形体来诠释人物，让角色的悲剧性往人心里走，向人性深处走。

随着自己阅历的增加和对表演理解的加深，再次饰演阮玲玉这个角色，我理解了阮玲玉死时有诸多无奈，她所感受到的"人言可畏"，她对情感的渴求和不得，让她对人世彻底绝望。这种理解让我更容易深入到角色的内心深处，在表演时和角色的内心融为一体，在舞台上演出时，情绪真的是从内往外"溢"的那种感觉，表演上不再那么"紧"了，而是会松弛一些。这里的松弛当然不是松懈，而是表演时对角色状态的恰如其分的度的把控，是一种由内而外的自在表演。一个角色的诞生，是源自于心、形之于身的一系列行动过程，我喜欢把人物演绎得真实、自然、鲜明、生动，这对于观众而言可能不可言喻，但会觉得我所塑造的形象更富有美感和张力。

重排《阮玲玉》时的所有变化，其实都源自我内心的变化。年轻时对表演的体会和理解不足，在演出这部戏时就会"使劲"在演，在每一个细节上都会用力，唯恐别人看不到。十九年后对阮玲玉的理解是发自内心的，有了生活阅历和对表演深入的理解，就会比以前的演出要成熟得多。虽然观众可能觉得我的外部表演没有什么变化，但整体会觉得这部戏演得特别

徐　帆
在《阮玲玉》中饰阮玲玉

"润"，因为我的内心强大了，内在表演的一些状态和情感，很多时候都压抑不住，处于往外"溢"的一种状态。阮玲玉因为出身卑微，内心自卑、自尊又敏感、多情，虽然成功演出了一系列悲剧电影，但是爱情不幸，所托非人，绯闻缠身，她内心是怯懦的，是忧虑的，找不到自我的充实与平衡。因此，再演这部戏时，我感觉许多状态都是靠压抑住自己的情绪去自然而然表现出来的，而不像之前没有情绪却要使劲往外"抽"，这是表演上的两种不同境界。

在人物塑造上，是无法完全改头换面表现另一个阮玲玉形象的，这是不可能的，但是不同状态的阮玲玉的呈现是可行的。演出这个角色时，我内心的一些感觉慢慢地建造，慢慢地在表演里注入新的内容，可能戏演多了，我不再拘泥于表演细节上和上一次演出时具体哪个手势不同，哪个转身不同，这已经不再重要，最重要的是内在的感觉，以真实的内心感应带动我的言行。

体现在表演上，在分析某一个具体人物时，不再是从她的哪个表情或手势或情绪出发，不再局限于某一点或局部，而是站在更高层面上，审视这个角色的全貌。庆幸的是，这种感觉和体悟都与年轻时打下的表演基础有关，随着戏龄的增加，早年学到的内容慢慢地在表演中得到释放和展现，我会一点点地在戏里加内容，这是一种慢慢悟的感觉。"阮玲玉"对我而言，是一个非常重要的角色，不仅是表演得到肯定，获得了梅花奖，增强了我的信心，更重要的是让我领悟到表演中由内而外的自在状态。

三、"我不是蔡文姬"

郭沫若曾说过："蔡文姬就是我"，但我要说"我不是蔡文姬"。在我的舞台经历里，相比于其他角色，"蔡文姬"这个角色并不是我的最爱，但却称得上是迄今为止最让我费神的一个。对我来说，因为"蔡文姬"太"正"了，这让我和这个角色之间不够亲近。

在我的想象中，蔡文姬应该是一个虽然貌不惊人，但才情卓绝、胸怀坦荡、颇具大家风范的女人，在舞台上我要给观众呈现的却是一个品貌俱佳、举手投足之间魅力无限、从外在到内在都接近唯美的人，一个既是女人又是伟人的形象。就我个人而言，我比较喜欢可能也更擅长那种情感细腻、表达复杂、"女人"味儿饱满的角色，比如阮玲玉，比如《风月无边》中的雪儿。但蔡文姬这个角色线条比较硬朗，并且有太多民族、文化和政治的大概念围绕在她身边，似乎让她成了一种超越了"女人"的"伟人"形象。这种角色表演起来不仅不讨巧，而且相当费神。

饰演蔡文姬之所以难度大，我认为一个重要原因是情感元素难以彰显。演员要想演好一个角色，最好先被这个角色感动，然后才能让这个角色去感动观众。但蔡文姬这个角色，也许是因为年代，也许是因为具体情境和生活境遇离我们生活太远，我自己很难在第一时间被感动，这就使这个角色对我来说具有了相当大的难度。

然而，尽管我对这个角色的先天认同度比较低，却不得不说，这个角色很适合我。接下这个戏对我而言是个必然，我要把它演好，给观众一个完美的舞台呈现也是必然。那么，如何纯技术性地找到一个角色的切入点，从而把自己融入到角色当中？我给自己找到的解决途径之一就是挖掘情感支点。

我要演的不仅是一个生活的人，还是一个政治的人，而政治是最不易演出来的。作为演员，依附于情感才是塑造人物的最佳途径，我只有抓住她的情感，比如战乱离别之痛和夫妻离别之情，对故土深厚的依恋、对留

徐　帆

在《蔡文姬》中饰蔡文姬（左）

在匈奴的一双儿女的牵肠挂肚和对董祀欲说还休的缱绻情意……透析这些情感并将之外化，才能在舞台上给观众一个有血有肉的蔡文姬。

《蔡文姬》是一出很吃功夫的戏，台词方面不仅量多，而且难度大。郭老作为一个文学家，他的作品具有很强的诗性，大量台词具有较强的韵律感，并不是生活化和口语化的。有些戏的台词，即使错一点，演员也可以凭着舞台经验进行弥补，往往可以做到让台下观众没有感觉，但这出戏不行，错一点都找补不上，这使得演员的压力很大。每位演员都花了大量时间在台词上面，因为同样一句话一件事，不同的场合下，可能会用不同的语气、节奏加以诠释，所以在台词处理上很需要功力。

此外，在这个戏里，很多时候人物台词既不是抒情，也不是叙事，而是在说理。这就要求演员在表演时，必须把人物的每一个细节处理合理化，在动作设计上尽量让台词和行为相吻合。

这个角色虽然难演却很适合我，原因就在于我原本的戏曲功底，幼年学戏，虽然后来转行，但童子功是时间抹不掉的，戏曲的一些元素已经化在我的表演风格中，这一点在话剧舞台上尤为明显，对戏曲元素运用的要求之多之高，还是以《蔡文姬》为最，这是我给自己找到的另一个解决途径，那就是从外部形体入手。

比如在第三幕中，蔡文姬感怀神伤，在父亲墓畔黉夜歌咏《胡笳十八拍》，董祀前来劝导，终于使蔡文姬打开心结，放下了精神上的包袱。临别时二人互道"明天见"。这三个字，要说三遍，每一遍的节奏、韵律和走位各不相同。如果不使用一些戏曲中程式化的身段，不在台词上多一些戏剧化的处理，是不可能好听好看的。正是因为从擅长的地方下手，我第一次觉得和蔡文姬的距离变近了。

这个戏还有另一方面的难度，来自于它是一出复排剧目。复排等于把一盘菜回锅再炒，做得好可以保持原有的色香味，搞不好就容易弄成剩菜。所谓复排，舞美、道具，甚至舞台调度都可以还原最早的版本，但是表演就如同一千个人有一千个哈姆雷特一样，一千个演员自然也有一千个蔡文姬，完全复原前人的表演是不可能的，那么我就一定要加进自己的理解，让这个角色在自己的演绎下鲜活起来。

我一向希望自己演绎的每个角色都能有一些原发的东西，所以一直忍着，不敢看原版艺术家的录像，怕看了就会模仿，反而限制住自己。我还希望能有一点自己的东西，同时也想通过这个戏确认自己有能力把这个角色演好。

我不喜欢看前人的录像，也不喜欢看自己的。我主张演完一出戏就"扔掉"。所谓"扔掉"，就是将记忆清零，这样才能更好地从头开始。这样一来，哪怕是复排，也一样是全新的创作。不过，这次我打破了自己的这个习惯，把六年前自己演出的录像找出来，细细地看了很多遍，发现有很多地方现在看来不够"从容"。也是阅历的增长吧，当年的自己似乎不知道怎么"沉下来"，给人感觉有些浮躁。尽管这个层面的感受观众可能察觉不到，但是我能，很多时候表演是指向演员内心层面的。这次复排，我又在很多地方都做了微调。比如，四幕二场的时候，蔡文姬在曹操面前为董祀清洗冤屈，有好几大段台词在叙事讲理。以往在这个时候，我太多关注于把台词说得清晰明白，很多地方都有点儿"赶落"。闭上眼听，感觉好像是一个男人在说话，或者说听不出是一个女人在说，这可能是因为我太想把蔡文姬处理成一个"大人物"的缘故。现在我认为，还是希望能够是一个女人在说话。首先是一个女人，然后才是一个具有强大人格的女人，一个兼具女人柔情和男人的豪气的具有儒家风范的女人，这是在复排中我对这个角色的理解和定位。

要强调一点，我在处理蔡文姬这个角色时的根本原则是：尽量站在角色之外。其实我演戏一向都不喜欢所谓"沉浸在其中"的演绎方法，我觉得，这样容易失去客观的眼光，无法批判地看待每一个角色；而与角色保持一定距离，则恰好可以让自己拥有冷静的审视目光，可以看到角色的弱点。我与蔡文姬这个角色之间的张力，正好使我处于这样一种状态，既不会游离于角色之外，也不会沉浸到角色之中。我不是蔡文姬，但我是一面镜子，可以让台下的观众从侧面看到不同的蔡文姬。

四、形体表演的释放与突破

2010 年在陈薪伊导演的话剧《原野》中，我饰演敢爱敢恨的角色金子，我特别喜欢这一版的《原野》，更喜欢金子这个形象，因为她和之前我所饰演的角色完全不同。金子鲜艳、妖冶、泼辣，洋溢着浓厚的乡土气息，嫁到焦家后，饱受焦母的咒骂与羞辱，压抑的氛围使她时刻都想脱离藩篱，不甘屈服于命运安排，时刻都在寻找转机，渴望有一天能自由自在地生活。

陈薪伊导演的《原野》，我认为是最好看的一版，因为她把每个角色的性格等方面都挖掘得特别深入。作为导演，陈薪伊会把自己的一些想法和理念，包括她对每个角色的理解等，传达给每一位演员，演员再加上自身的一些体验，把各自角色完美地呈现在舞台上。

《原野》的舞台空旷，薪伊导演要求每位演员表演时形体外化，给演员们不断加码一点点往外释放自身的能量。如果没有她的要求，可能我更多会以自己的理解演绎这个角色，因为她的要求是我不习惯的演戏方式。有了她的慢慢引导，我对金子形象的感觉一点点地往外延展、拉伸，然后她说"这就是我所要求的"。所以在演出《原野》时，我感觉类似一场考试，演出中你要把自己所学的东西最大化地呈现到舞台上来，如果之前学过并且掌握了，表演时你就能呈现出来；如果没有学过或者没有掌握，那对不起，你完成的可能只是导演所要求的浅层次言行，达不到内在的肌理。

《原野》的演出，让我对表演的理解进入了一个新的阶段。这部戏的每个角色之间的互动都做得特别好，不仅是金子和大星、焦母、仇虎之间，甚至和白傻子之间的互动都拿捏到位。金子可以用她的手段，能够把白傻

徐　帆
在《原野》中饰金子（后）

子镇住，如果导演不说，我是意识不到这一点的。好多演员原来没有发现的曹禺《原野》剧本深处的内容，陈薪伊导演都给发掘出来了，这样展示在舞台上的人物形象极其生动，包括焦母在内，虽然大家认为她是一个很不好的婆婆，但陈薪伊导演的《原野》让焦母的形象在舞台上也极具美感和张力。

通过这些我意识到，对于表演的体悟需要优秀的导演去挖掘演员内在的积淀和潜力，所以我喜欢和不同的优秀导演合作，吸收他们的宝贵经验，这些经验并不是每个演员都能感受到的，需要不断去挖掘，加上自己的理解和感悟，这样会让演员的表演技巧和经验越来越丰富。我很庆幸那个阶段，在北京人艺遇到这么多优秀的导演，让我能够在专业上不断提升，越来越自信。

在表演中，我喜欢和演技好的演员合作，在表演上更能吸引对手，如果演了半天戏，我的对手都不愿配合或配合不默契，这是非常糟糕的情形。只有自己本身具备吸引力，表演上的互动和默契，才会让自己得到提升和锻炼。这种良好互动的演出表现在舞台上，也会深刻地感染观众。

五、表演需要不断学习和体悟

如果演员有机会的话，我建议去尝试一下电影和电视剧的演出，对于演员来说这是不可或缺的，因为不同艺术样式的尝试会让演员不断学习、反思自己的表演，从而获得更大的进步。

电影演出会让演员感受到整部戏的情绪分布点，电视剧演出会让演员学会分布角色的精力，让角色在每一集里都是满格状态。在电影中，演员要在两个小时左右的剧情里 "发光"；在电视剧中，演员需要在几十个小时内出彩；而话剧，则要在与观众面对面时吸引住对方的眼睛。从表演上来看，电影的表演会含蓄一些，而舞台上的表演就会外化一些，电视剧的表演则介于二者之间，我认为都有必要去尝试和感受。

从节奏上来讲，电影、电视剧的表演节奏掌握在导演和剪辑手中，但如果把戏演活了，节奏就在自己手里。京剧演出中的锣鼓就是节奏，在影视表演中虽然没有锣鼓，但是节奏应在自己心里，演员要在不同的艺术形式中去感受并发挥自身能力。

在参演了电影、电视剧后，我再回来重新饰演阮玲玉和蔡文姬的时候，很多感受就不一样了。这两出戏的共同点，都是我从年轻青涩的时候接受这个角色，后来慢慢随着自己阅历的增加和对表演理解的深入，又重新再来演绎这两个角色。六年后重排《蔡文姬》，我曾说以前演出该剧时"感觉是浮在表面上，现在更多地在揣摩人物的心境"，这需要演员不断地去感悟，把学到的内容予以外在展现。只不过在话剧《蔡文姬》中，演出时更多地运用了戏曲的积淀，复排时增加了一段蔡文姬边弹琴边演唱的情节，以使人物形象的塑造更加丰满。

"阮玲玉"也好，"蔡文姬"也罢，这两个角色仿佛一辈子就带在我身上似的，感谢剧院的选择，老师们的眼光还是挺准的，就像我刚开始学戏曲，虽然自己很喜欢唱花旦，但是老师们让我学青衣，他们第一眼就看出我之后的发展方向，对我而言，他们是我一辈子的引路人。

不管是影视演出还是话剧演出，作为一名演员，需要把注意力集中在所饰演的角色上，如果你不去主动地学习和思考，只是浮于演出的表面，可能拍多少戏都没有用。要善于发现这三种艺术样式的特点和精髓，深入思考和挖掘，才能演绎创造性的角色。

演出是要把自己所学到的东西外化，不管是斯坦尼斯拉夫斯基的表演理论，还是布莱希特的表演体系，或是中国戏曲的表演，都需要把各种优点适当融合，找到适合自己表演的路径和方法，回归到饰演的角色之中。比如我们看梅兰芳先生的表演，舞台形象非常丰满，虽然外在服饰相差不大，可演出来的贵妃或仙女，每个人物都有所区别。这些表演理论我有幸

徐　帆
在《窝头会馆》中饰金穆蓉（右）

都学习过，所要做的就是在表演中一点点地释放，呈现于舞台之上。

　　每个人都有一个抒发自己情感的方式，对我而言，表演就是我抒发个人情感的方式，很幸运从事了自己喜欢的职业，可以不断地思考和感悟，把自己学到的内容一点点地融汇到表演之中。

　　此文由中国艺术研究院毛夫国、李唅整理。

后　记

　　"剧本的生命在于演出"，剧作家创作出一部话剧，导演的二度创作把它搬上舞台呈现给观众，离不开导演、演员和舞美设计等通力合作。对于观众来说，他们最先直观感受到的是演员的表演，可以说，演员对角色的精彩演绎和诠释，构成了观众鲜活的舞台记忆。

　　话剧研究所的重要职能之一是话剧史论研究，我们的责任在于重点考察和描述中国话剧的历史进程，对剧作家、剧作、戏剧现象以及艺术问题进行学术探讨，总结中国话剧发展的深层规律及其所蕴含的文化价值。以史鉴今，以今溯史，史论结合，深化学理。话剧演出史、表演理论是研究的重点之一，《北京人艺演员谈表演》给我们提供了这个宝贵的机会。

　　《北京人艺演员谈表演》的阶段性工作暂告一段落，在本书编撰过程中，每位艺术家访谈内容的编选、整理分工情况如下：

　　于是之：宋宝珍

　　刁光覃：毛夫国

　　朱　琳：赵红帆

　　郑　榕：陈樱之

蓝天野：宋宝珍、李一赓

英若诚：张耀杰

董行佶：毛夫国、丁明拥

朱　旭：李一赓

林连昆：潘晓曦

谭宗尧：高　尚

濮存昕：刘　琳

冯远征：陈　曦

吴　刚：陈樱之

何　冰：李一赓

徐　帆：毛夫国、李　唵

　　最后，感谢北京人艺对话剧研究所的信任，在建院 70 周年之际把这样一个项目交给我们。感谢每位艺术家的大力支持，祝您艺术之树长青！感谢出版社的同志们在时间紧张的情况下，保质保量地完成了本书的出版，感谢责任编辑的辛劳付出。

话剧研究所
2022 年 3 月